化创新思考

2年北京市宣传系统领导干部研究文集

中共北京市委宣传部　编

北京出版集团公司
北京出版社

图书在版编目（CIP）数据

文化创新思考：2012 年北京市宣传系统领导干部研究文集 ／ 中共北京市委宣传部编. — 北京：北京出版社，2013.12

ISBN 978－7－200－10324－3

Ⅰ．①文… Ⅱ．①中… Ⅲ．①文化事业—建设—北京市—文集 Ⅳ．①G127.1－53

中国版本图书馆 CIP 数据核字（2013）第 287164 号

文化创新思考

2012 年北京市宣传系统领导干部研究文集

WENHUA CHUANGXIN SIKAO

中共北京市委宣传部　编

*

北京出版集团公司
北京 出 版 社　出版

（北京北三环中路 6 号）

邮政编码：100120

网　　址：www.bph.com.cn

北京出版集团公司总发行

新 华 书 店 经 销

北京京都六环印刷厂印刷

*

787 毫米×1092 毫米　　16 开本　　22.25 印张　　385 千字

2013 年 12 月第 1 版　　2013 年 12 月第 1 次印刷

ISBN 978－7－200－10324－3

定价：68.00 元

质量监督电话：010－58572393

目录

CONTENTS

一 思想建设

二　研究探索

三　创新实践

四　# 传承交流

一

思想建设

坚持人民主体地位
是党对宣传思想工作的本质要求

○ 韩 凯

党的十八大报告指出，在新的历史条件下夺取中国特色社会主义新胜利，必须牢牢把握"坚持人民主体地位"等一系列基本要求。在论述"社会主义文化强国建设"时，报告还开宗明义："文化是民族的血脉，是人民的精神家园"，进一步阐释了社会主义先进文化建设必须以人民为主体。

坚持人民主体地位，有助于我们增强道路、理论、制度上的自信和文化上的自觉，更好地探索和把握新时期宣传思想工作的各种规律。

一、人民群众是历史的创造者

世界上物质财富和精神财富的创造过程，决定了人民的主体地位。马克思主义创始人始终强调，人们为了能够创造世界，首先需要吃、喝、住、穿，然后才能从事政治、科学、艺术、宗教等。因此，"第一历史活动就是生产满足这些需要的资料"，而"任何历史观的第一件事情就是必须注意上述基本事实的全部意义和全部范围，并给予应有的重视"①。我国改革开放后，物质生产长足发展，经济连年高速增长，一跃成为世界第二大经济体。城镇化的快速发展，推动传统的第一、二、三产业布局发生巨大变化。据国家统计局的数据显示，截至 2012 年年底，全国已有 2.63 亿农民转变为进城务工人员。没有亿万人民的辛勤劳动、艰苦创业，这些根本是不可想象的。尽管高新科技极大地解放了生产力，对经济的贡献率也越来越高，但它仍然是建立在人的素质提高的基础上，丝毫没有改变"人是生产力中最活跃的因素"的基本事实。无论什么时候，社会都离不开物质生产及劳动者（包括知识分子）。

精神财富同样是人民群众创造的。唯物史观指出，人的正确思想、科学文化只能从社会实践中来，只能从社会的生产斗争、阶级斗争和科学实验这三项实践中来。作为实践主体的人民群众，既创造物质财富，又创造精神财富。当人们"已经得到满足第一个需要本身，满足需要的活动和已经获得的为满足需要而用的工具又引起新的需要"②。这种"新的需要"，不仅包括更高级的物质需要，而且包括逐步增多的精神需要。人们的生存一方面是自然关系，另一方面是社会关系。在"双重关系"的作用下，人们的思想意识随着人之间交往的增多和社会关系的建立而产生和发展。与此同时，社会分工也细化和发达起来，物质劳动和精神劳动逐渐产生分离的趋向，反映人们思想意识的精神财富及其文化成果日益丰富。

然而，人类文明和优秀文化都是人民群众创造的。人民群众的实践既是科学、文学、艺术的"源泉"，又通过自己当中的杰出人才直接创作了可以传世的文化瑰宝。在我国，凡是冠以"人民"的文化机构和文化人士，除了显示"人民主体地位"的政治含义，一般还代表着国家的文化水准。如：人民日报社、人民出版社、人民广播电台，还有人民教育家、人民艺术家等。需要特别指出的是，从事精神生产的知识分子不是一个独立阶级。马克思把受雇于资本家的诗人、

---

① 《马克思恩格斯选集》第一卷，人民出版社 1995 年版，第 79 页。
② 《马克思恩格斯选集》第一卷，人民出版社 1995 年版，第 79 页。

学者、作家、艺术家、医生、律师等，称为生产劳动者、雇佣劳动者、生产工人。而在社会主义的中国，邓小平说："他们绝大多数已经是工人阶级和劳动人民自己的知识分子①。"而且在人类文明社会中，当奴隶社会、封建社会、资本主义社会处于上升阶段，剥削阶级及其知识分子留下的文化成果，也属于人民群众创造的一部分。可见，说人民群众创造精神财富，是有坚实的理论基础和事实根据的。

二、坚持人民主体地位，必须加强和改善党的领导

人民主体的力量，在中国社会主义革命建设和改革开放中都发挥了决定性作用。如：推翻旧中国、建立新中国，靠的是"人民战争"；建设社会主义，需要掌握先进思想的人民群众这个"改造社会、改造世界的物质力量"；② 改革开放以来，我们在制定各项方针政策时，都是像邓小平说的那样，把"人民拥护不拥护""人民赞成不赞成""人民答应不答应""人民高兴不高兴"作为出发点和落脚点。

然而，改革开放以来，我国的社会阶层构成发生了重要变化，出现了新的社会阶层，许多传统意义上的工人、农民、知识分子和干部转换了身份，成为民营科技企业的创业人员和技术人员、受聘于外资企业的管理技术人员、个体户、私营企业主、中介组织的从业人员、自由职业者等。这些新的社会阶层是改革开放政策的产物，导致"人民"的内涵呈现出复杂性的变化。随着改革的深入，人们在不同所有制、不同行业、不同地域之间频繁流动，人们的职业、社会身份经常变动。这些新的社会阶层中的广大人员，也是中国特色社会主义事业的建设者。"社会阶层构成的变化，需要在坚持党的先进性、阶级性的同时更加强调党的代表性和执政基础的广泛性；需要党在增强

---

① 《邓小平文选》第二卷，人民出版社 1994 年版，第 89 页。
② 《毛泽东文集》第八卷，人民出版社 1999 年版，第 320 页。

阶级基础的同时进一步扩大群众基础，做好群众工作。"①

因此，在新形势下坚持人民主体地位，必须加强和改善党的领导。中国共产党作为马克思主义同中国工人运动相结合的产物，是中国工人阶级的先锋队，同时是中国人民和中华民族的先锋队，是中国特色社会主义事业的领导核心，代表中国先进生产力的发展要求，代表中国先进文化的发展方向，代表中国最广大人民的根本利益。中国共产党的根本宗旨是"全心全意为人民服务"。对于党和人民的关系，毛泽东从唯物史观出发，做了精辟的论述，他指出，"剥削阶级讲'爱民'同'爱牛'差不多，为的是用牛耕田，从牛身上挤奶。我们不同，我们自己就是人民的一部分。我们是人民的代表，要使人民组织起来，为自己的利益奋斗。"② 刘少奇在《论党》中也曾对党和人民群众的关系做过论述。他说："人民群众必须有自己的先锋队，而且必须有如我们党这种性质的先锋队。人民群众的彻底解放才是可能的。"

党在新时期面临的新形势、新任务，凸显了宣传思想工作的重要性。当前，我国已进入改革发展的关键时期，经济体制深刻变革，社会结构深刻变动，利益格局深刻调整，思想观念深刻变化，人民群众不仅文化需求多样，而且对社会主义先进文化的认可度也是参差不齐。如何用社会主义先进文化去"化"社会上的各种人群？这是摆在我们宣传思想工作者面前"似曾相识"而又相当陌生的课题。我们不能回避，必须知难而进，争取考试合格。宣传思想工作，说到底，就是用先进的思想和党的正确主张去掌握人民群众，将中国特色社会主义的道路、理论和制度变成为广大人民群众的主导意志和自觉行动，进而影响和支配其他社会成员的实践活动，使他们由"自在"状态持续不断地转变为"自为"状态，真正形成"绝大多数人的、为绝大多数人谋利益"的运动。③ 这就是党坚持人民主体地位对宣传

---

① 范平、姚桓：《中国共产党章程教程》，中国方正出版社 2010 年版，第 87 页。
② 转引自中宣部：《干部群众关心的 25 个理论问题》。
③ 《马克思恩格斯选集》第一卷，人民出版社 1995 年版，第 283 页。

思想工作提出的本质要求。

三、探索新时期宣传思想工作的基本规律，需要把握"人民主体"的本质要求

马克思在《〈黑格尔法哲学批判〉导言》中明确指出："理论只要彻底，就能说服人。所谓彻底，就是抓住事物的根本。"[①]"抓住事物的根本"，就是要把握事物发展的规律性。在党的新时期的宣传思想工作中，有不少问题需要深入探讨其规律性和解决办法，并从"人民主体"的本质要求出发，在实践中认真把握。

一是在社会思想意识多元、多样、多变条件下，用中国特色社会主义凝聚思想共识的规律。党的十八大报告中旗帜鲜明地指出，"我们坚定不移高举中国特色社会主义伟大旗帜，既不走封闭僵化的老路，也不走改旗易帜的邪路"。社会存在决定着人们的社会意识。改革开放以来，"正路"与"老路""邪路"的冲突始终存在，更需要我们毫不动摇地坚持马克思主义对思想意识形态的一元指导，教育人民群众充分认识"中国特色社会主义是亿万人民自己的事业"，沿着这条正道坚定不移地走下去。把握住这个关键点，凝聚社会思想共识就有了坚实基础。

二是在改革开放条件下，社会主义核心价值体系建设的规律。党的十八大报告指出，"改革开放是坚持和发展中国特色社会主义的必由之路"。同时，报告也明确，"社会主义核心价值体系是兴国之魂，决定着中国特色社会主义发展方向"。围绕中国特色社会主义，"必由之路"和"兴国之魂"是相互贯通、相互依存、不可分割的统一整体。改革开放调整利益格局，必须保证人民主体地位，使广大群众充分享受改革开放的"红利"，坚定不移地跟党走，实现"两个百年"的宏伟目标。而社会主义核心价值体系，是党的意志、国家的意志和人民意志的有机统一。只有牢牢树立人民主体地位，才能将改

[①] 《马克思恩格斯选集》第一卷，人民出版社 1995 年版，第 9 页。

革开放和社会主义核心价值体系建设统一到中国特色社会主义实践中。

三是在舆论生态、媒体格局深刻变化条件下，思想舆论引导的规律。虚拟社会是现实社会的延伸。据中国互联网信息中心（CNNIC）发布的《第30次中国互联网络发展状况统计报告》显示，截至2012年6月底，中国网民数量达到5.38亿，其中手机网民规模达到3.88亿。改革开放尤其是经济体制的市场化转型，在传媒业等众多领域引发了从生存方式到思想观念的变革。传统的宣传思想工作的体制机制、管理方式、人员素质都面临前所未有的严峻挑战。尤其"以互联网为代表的新媒体在世界范围内快速推进，使今天的受众已不再是游走于不同媒介之间的读者、听众或观众，也不再是单纯的信息接收者。应该从历史和社会等多个维度全面描绘受众的各种面相和角色，分析其特点，把握其变化的规律"。① 分析广大人民群众（或"受众"）的特点，把握其变化，已成为舆论生态、媒体格局深刻变化条件下思想舆论引导规律的重要内容。要深入研究各类群体的心理特点和接受习惯，增强宣传思想工作的亲和力、吸引力、感染力和舆论引导的针对性、时效性，发挥新闻宣传的社会效益。

四是在社会主义市场条件下，精神文化产品创作生产的规律。"统治阶级的思想在每一时代都是占统治地位的思想。""支配着物质生产资料的阶级，同时也支配着精神生产资料，因此，那些没有精神生产资料的人的思想一般地是隶属于这个阶级的。"② 宣传思想工作的功能，是将执政者代表人民群众的思想上升为统治社会的思想。因此，在社会主义市场经济条件下，精神文化产品创作生产仍应遵循"人民主体"的意志，并主导其生产、分配、交换、消费等各个环节。党的十八大报告指出："要坚持把社会效益放在首位，社会效益和经济效益相统一，推动文化事业全面繁荣，文化产业快速发展。"社会效益就是广大人民群众的根本利益，在任何时候和任何条件下都

---

① 丹尼斯·麦奎尔：《受众分析》，中国人民大学出版社2006年版，第10页。
② 《马克思恩格斯选集》第一卷，人民出版社1995年版，第98页。

要把社会效益放在首位。社会效益与经济效益的矛盾是对立统一的，根据精神文化产品的生产规律，能够协调两者矛盾的关键在于广大的人民群众（或受众）。作为文化产业，具有商品的特殊"二重性"，既受社会主义精神生产规律的支配，同时还受市场调节规律的支配。其实，有很多文化产品的业态，是需要呈现为规模经济的。如没有经济效益，就很难持续保证社会效益；而有了稳定的社会效益，往往也能够带动经济效益。满足广大人民群众精神需求的文化产品，不仅会有好的传播、教育、欣赏、娱乐效果，而且还会有高收视率、高发行量、高票房数，可以是"双效""双赢"的。

四、宣传思想工作者要围绕"人民主体"，提高角色意识和素质本领

习近平同志在党的十八大结束后的记者见面会上，引用了一句俗语："打铁还需本身硬"，朴实而深刻。党的宣传思想工作者要坚持党的"二为""双百""三贴近""三个面向"的方针，在为"人民主体"鼓与呼的同时，也需从"人民主体"身上不断汲取营养，接受社会实践的洗礼，改造思想，增强角色意识，提高素质，提高服务本领。

首先，要把群众路线当作党宣传思想工作的生命线和根本工作路线，深入到人民群众中去"走、转、改"。探索规律不能"坐而论道"。列宁曾提出："我们应当既以理论家的身份，又以宣传员的身份，既以鼓动员的身份，又以组织员的身份'到居民的一切阶级中去'。"① 当下，要完成探索宣传思想工作基本规律的任务，除了列宁所说的以上四种身份，还应加上"文化人""文艺家""改革家""事业家""实业家"，甚至"外交家"等更多的身份。也就是说，宣传思想工作者需要具备复合型的时代角色和能力——通晓理论、富有才艺、擅长表达、锐意创新、勤于公益、具有国际视野等。但是，

---

① 《列宁选集》第一卷，人民出版社 1995 年版，第 366 页。

具备了这些是否就一定能做好工作呢？不一定！列宁的意思十分明确，宣传思想工作者不仅需要若干身份，更需要深入"到居民的一切阶级中去"，即深入到工人、农民、知识分子、工商业者、市民等不同的社会阶层中去。也正如毛泽东当年在延安文艺座谈会上的讲话，热切倡导"中国的革命的文学家、艺术家，有出息的文学家、艺术家，必须到群众中去，必须长期地、无条件地、全心全意地到工农兵群众中去，到火热的斗争中去，到唯一的最广大最丰富的源泉中去"，① 同他们打成一片，血肉相连，呼吸与共，才能完成自己的使命。

其次，要努力用社会先进文化掌握人民群众的思想。当下，祖国大地涌动着"中国梦"的春潮。在"国家富强，民族振兴，人民幸福"的"中国梦"中，"人"无疑是关键要素。习近平同志在第一次出国访问前夕，接受了"金砖国家"和国内媒体的采访。在回答新华社记者关于"中国梦"的提问时强调："'中国梦'首先是13亿中国人民的共同梦想。"习近平同志的重要论断，"阐明了'中国梦'的核心价值，也指明了'中国梦'的动力源泉。"② 我们要把美好图景的"中国梦"描述给人民群众，告诉他们一个朴素的道理："大河有水，小河满"，国家富强了，民族兴旺了，百姓就幸福了。我们每个人的前途与国家命运息息相关，同时，每个人的努力奋斗，也都是"中国梦"的组成部分。亿万人民群众齐心协力，中华民族伟大复兴的"中国梦"就一定能够实现。

最后，要改善与人民群众沟通的方式，大力弘扬蕴藏在人民群众之中的优秀民族文化，将其融合进社会主义先进文化。中国特色社会主义理论体系正因为吸纳了中华民族的精华，才易于被人民群众所理解、所认同、所接受、所信仰。时代发展和社会变化使新情况、新问题不断出现，人民群众需要释疑解惑，滋养心智。宣传思想工作要适应人民群众多样化的需求，既坚持马克思主义的指导，又坚持与民族

① 《毛泽东选集》第三卷，人民出版社1991年版，第861页。
② 引自2013年3月27日《人民日报》。

文化及传统特色相结合。中国特色社会主义理论体系，是马克思主义中国化的产物，它成功地实现了古今中外不同的优秀民族文化的转换及融合。现在，我们还需要继续付出努力，把社会主义先进文化转变成为人民群众实现中华民族伟大复兴的"中国梦"的正能量！

（本文作者为北京市社会科学界联合会党组书记）

关于首都公民道德建设情况的调查与思考

○ 陈 冬

为深入了解首都道德领域突出问题，增强首都精神文明建设工作的针对性和有效性，首都精神文明办联合有关单位，于 2012 年年底至 2013 年年初对 3100 位市民进行了"首都公民道德形象"问卷调查。64.9% 的受访市民认为北京市社会风气比十年前更好，首都公民道德建设水平整体呈上升趋势。但也有一些市民认为，道德领域仍然存在一些突出问题。调查显示，市民最反感的四大不道德现象是"违法乱纪""诚信缺失""不尊重别人"和"奢侈浪费"，五大不文明陋习是"不文明出行""公共场所争吵喧哗""网络不文明""放任宠物"和"乱贴乱扔"，这些问题需要认真研究解决。

一、首都公民的道德理想和道德评价

（一）首都公民的道德理想和社会主义核心价值观高度吻合，爱国爱首都最受市民认同，且多数市民能以实际行动表达爱国愿望

问及首都公民应该具备的品质时，75.7% 的被访市民选择爱国爱首都，70.3% 选择文明有礼，64.0% 选择遵纪守法，选择乐于助人、诚实守信、爱护环境的市民约 40%。数据表明，在经济发展和社会

转型时期，爱国精神仍最受市民重视，文明有礼、遵纪守法等品质也得到市民的较高认同。

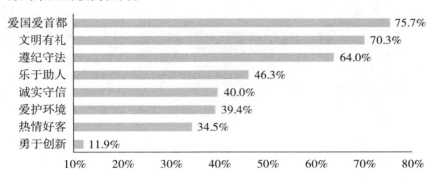

图 1　首都公民应该具备的品质

（注：该题为限选题，在 8 个选项中市民最多可选 4 个）

　　大部分市民能从做好本职工作、维护社会秩序等方面出发，表达爱国愿望。34.8% 的被访市民表示干好本职工作是实现爱国愿望的主要方式，23.6% 选择遵纪守法维护社会秩序，20.7% 选择积极参加公益活动，13.9% 选择爱护环境和公共设施，6.7% 选择关爱弱势群体、支持老少边穷地区。

　　市民对改善民生状况、促进社会公正的措施能够给予理解和支持。67.8% 的被访市民支持车辆限行，64.0% 对支持老少边穷地区表示赞同，43.6% 对关爱来京务工人员表示赞同。在家庭人均月收入 5000 元以上的市民中，仍有 54.8% 支持车辆限行。

　　48.6% 的被访市民做人立足于多作贡献，绝大多数市民帮助他人不图回报。做人标准集中体现了市民的人生观和价值观。调查显示，48.6% 的被访市民做人标准立足于多做对社会和他人有益的事，45.4% 表示安分守己、做好本职工作，5.0% 表示利己、但不危害他人和社会，0.6% 表示不惜一切代价、追求个人利益最大化。助人、奉献是绝大多数市民帮助他人的初衷，而并非只为得到他人的认可和好评。调查中 46.7% 的被访市民表示提升自己、快乐自己是自己做好事的目的，28.9% 出于行善积德，23.1% 单纯只为了帮助别人，1.1% 希望得到他人的认可和好评。

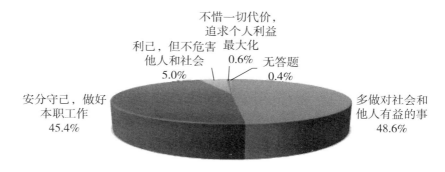

图 2 市民做人的标准

当别人需要帮助时，多数市民表示愿提供帮助；在遇到陌生人对自己不礼貌或冒犯时，七成市民选择"礼让、不计较"。

若看到小偷在公交车上行窃，近八成市民会设法报警或给予提醒；看到老人跌倒，市民愿意扶起老人或提供其他必要的帮助。假如市民看到小偷在公交车上行窃，多数市民愿提供帮助。其中，11.6%的被访市民表示会上前制止，43.4%表示会设法报警，34.7%表示会设法提醒被窃者，说明市民的帮助以报警或提醒等侧面制止不道德行为为主，而直接上前制止的不占多数。多数北京市民在路上看到老人跌倒时会提供帮助，"老人跌倒，北京愿扶"。39.1%的市民会上前扶起老人，如需治疗，帮助送往医院；27.8%的被访市民会保护现场，及时报警；21.7%为防止被讹诈，会找周围的人一起帮助；10.5%会先看看怎么回事，不轻易行动；仅0.9%的被访市民表示会悄悄走开。说明多数市民遇到老人跌倒会采取帮助行动，而不是旁观或走开。

当遇到陌生人对自己不礼貌或者冒犯时，69.5%的被访市民选择

图 3 市民遇到陌生人对自己不礼貌或冒犯时的态度

礼让、不计较，22.2%选择以和蔼的态度进行劝说，8.0%会据理力争、绝不让步，0.3%表示会通过多种方式报复。

看到他人的不文明行为，超过四成市民愿意进行干预或纠正，从自身做起营造文明风尚。当市民看到有人在大街上随地吐痰、乱扔垃圾时，25.4%的被访市民表示会去提示对方这样做不好；18.9%表示会自己把垃圾捡起来扔进垃圾箱；46.5%表示反感、想阻止，但怕引起麻烦。

（二）老一辈革命家深受市民崇敬，各类道德模范和先进人物深入人心

问及市民最崇敬的人物时，69.0%的被访市民崇敬毛泽东、周恩来等老一辈革命家，13.0%崇敬英雄人物和道德模范，崇敬科学家、学者和企业家的市民分别占7.9%、4.0%和3.3%，1.5%的市民崇敬文体明星。当具体问到对某位榜样的知晓度时，93.3%的被访市民听说过焦裕禄，86.5%听说过李素丽，74.2%听说过时传祥，68.3%听说过张秉贵。

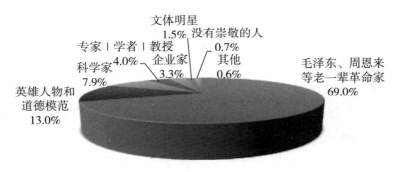

图4　市民崇敬的人

电视、报纸、杂志和广播等传统媒体是市民了解好人好事的第一途径，网络是第二途径。95.9%的被访市民通过传统媒体如电视、报纸、杂志、广播了解好人好事，58.1%通过网络了解，31.0%通过周围人的传闻了解，12.3%通过会议和报告了解。邻里相传的方式在农村发挥较大的作用，而对年轻人和高学历人群而言，网络的作用与传

统媒体势均力敌。45.6%的农村居民通过周围人的传闻了解好人好事，是城镇居民的两倍。在共青团员和本科以上文化程度的人群中，近九成通过网络了解好人好事。

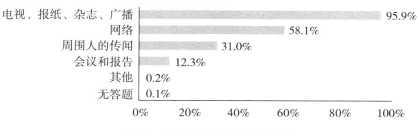

图5 市民了解好人好事的方式

（三）社会风尚逐步好转，道德建设水平整体呈上升趋势

64.9%的被访市民认为社会风气比十年前好转，且60岁以上更认为社会风气在好转。38.0%认为北京目前的社会风尚比十年前明显变好，26.9%认为稍有进步，11.5%认为变化不大，10.4%认为有所退步，3.8%认为明显变差，另有7.4%不了解十年前的情况。在60岁以上的市民中，42.1%认为社会风气比十年前明显好转，31.0%认为有所好转，两项比例之和比全市平均高8.2个百分点。

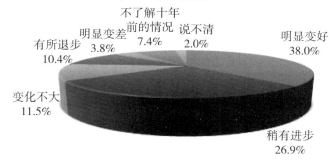

图6 北京的社会风气与十年前相比的情况

56.1%的被访市民对窗口行业的服务表示肯定。9.8%很满意北京窗口行业的服务水平，46.3%表示比较满意，38.4%表示一般，4.4%表示不太满意，0.9%表示很不满意。

市民对所接触人群在诚实守信、工作态度和孝敬老人方面的评价总体良好。71.3% 的被访市民认为周围大部分人诚实守信，72.4% 的市民认为所接触人群工作精益求精或尽职尽责完成分内任务，41.7% 认为身边的熟人都能孝敬老人。问到身边交往的人在诚实守信方面做得如何，19.9% 的被访市民认为所交往的人都诚实守信，71.3% 认为大部分人诚实守信，7.8% 认为少数人诚实守信，0.2% 认为所交往的人都不诚实守信。在市民对接触人群的工作态度做出评价时，21.8% 的被访市民认为所接触人群爱岗敬业、工作精益求精，50.6% 认为他人能做到完成分内任务、尽职尽责，19.7% 认为他人不求有功、但求无过，5.9% 认为他人工作时只做表面文章、作风不扎实，2.0% 认为他人工作敷衍了事、不负责任。在市民的熟人圈子中，47.1% 的市民认为熟人中没有不孝敬老人的情况；46.0% 的市民认为熟人中有不孝敬老人的情况，但不多；3.2% 的市民认为熟人中存在很多不孝敬老人的情况。

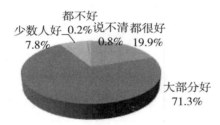

图 7　所交往的人在诚实守信方面的评价

图 8　熟人中不孝敬老人的情况

市民与邻居的关系基本良好。50.3% 的被访市民与邻居"经常交往，互相帮助"，27.6% 选择"认识，偶尔来往"，17.3% 选择"见面能打招呼，但没什么来往"。可见大部分市民和邻里的关系是比较和睦的，还有一定比例的市民与邻里的关系保留在"没有冲突、但交往不多"的层面。

二、市民最不愿意看到的社会道德现象和反感的不文明陋习

（一）损人利己、诚信缺失、不尊重别人和奢侈浪费是被访市民最不愿意看到的四类社会道德现象

在市民不愿意看到的各类不道德现象中，60.6%的被访市民选择损人利己，43.7%选择诚信缺失，29.1%选择不尊重他人和奢侈浪费。文化程度高或职位高的"双高"人群，最不愿意看到诚信缺失现象。在本科及以上学历、机关/社会团体中高层领导、企业中高层管理人员、专业技术/教科文卫人员这四类群体中，选择不愿意看到诚信缺失道德现象的比例最高。

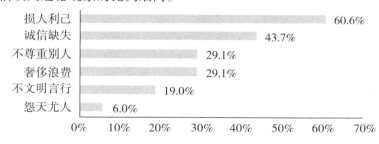

图9　市民不愿意看到的社会道德现象

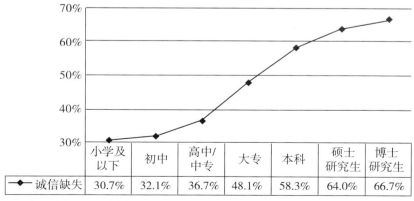

	小学及以下	初中	高中/中专	大专	本科	硕士研究生	博士研究生
诚信缺失	30.7%	32.1%	36.7%	48.1%	58.3%	64.0%	66.7%

图10　不同学历人群选择不愿意看到诚信缺失现象的比例

市民对食品安全、公众人物代言和出租车运营等行业领域表示出担心和不信任，不少市民遇到过出租车拒载、食品安全问题，许多市民不信任公众人物广告代言的真实性。在出租车运营方面，13.8%的被访市民经常遇到出租车拒载，40.6%偶尔遇到过，即遇到过拒载的市民超过一半。在食品安全方面，73.2%的被访市民担心地沟油，68.5%担心滥用食品添加剂，半数以上的被访市民对农药残留和以假充真、以次充好问题表示不放心。在公众人物广告代言上，67.9%的被访市民认为公众人物为了赚钱做虚假广告，影响不好；只有14.8%认为真实可信；17.3%认为不好说。

为了解道德问题发生的原因，调查加入了对社会道德现象归因的询问。调查显示，市民认为道德风尚问题产生的主要原因是法制不健全、执法不力。具体来看，59.4%的被访市民认为是法制不健全、执法不力；54.9%认为是道德教育不及时、没有针对性；53.6%认为是领导干部不率先垂范。以上三方面均为外因。另有40.4%的被访市民从内因方面找原因，认为人们普遍不重视个人修养是原因之一。

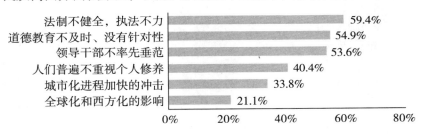

图 11　道德风尚问题产生的原因

（二）乱吐乱扔、乱发小广告、不文明出行、宠物随地便溺、公共场所争吵或说脏话是市民最反感的不文明陋习

调查显示，市民最反感公共卫生和公共秩序方面的不文明行为。问及市民反感的不文明陋习时，76.5%的被访市民选择乱吐乱扔，72.2%选择乱发小广告，72.0%选择不文明出行，63.5%选择在公共场所遛狗不牵绳、宠物随地便溺，48.2%选择公共场所争吵、说脏话。由于乱吐乱扔、乱发小广告和宠物随地便溺均涉及公共卫生领

域，可看出市民对公共卫生不文明行为比较反感。

行人和非机动车乱穿乱行、车辆乱停乱放是市民比较反感的不文明出行行为。有41.6%的被访市民反感行人和非机动车乱穿乱行，39.6%反感车辆乱停乱放，另有29.7%反感开车乱并线。值得注意的是，在城乡接合部地区有45.9%的居民反感车辆乱停乱放，比例较高，侧面反映出该地区车辆乱停乱放现象相对比较突出。

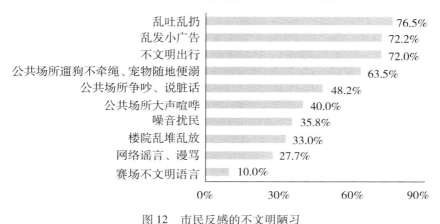

图12　市民反感的不文明陋习

非机动车和行人闯红灯现象是一类比较典型的不文明行为，具有发生概率高、安全隐患大的特点。调查对闯红灯行为进行了归因分析。结果显示，遵纪守法意识不强是市民认为闯红灯现象严重的原因。近九成市民认为主要原因是市民的遵纪守法意识不强，比例最高；选择人车太多、实属无奈占七成；选择交通道路基础设施不够完善、路口交通管理不够合理等客观原因的占六成以上。说明市民认为闯红灯主要需从市民的主观意识方面找原因，而客观原因居其次。

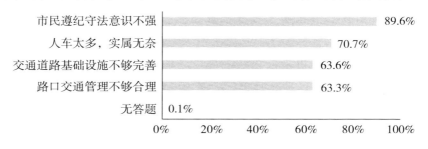

图13　被访市民认为行人和非机动车闯红灯的原因

传播虚假信息是最突出的网络不文明行为。近些年随着网络的快速发展，网络文明越来越受到重视，对网络谣言、谩骂表示反感的市民达到被访市民的 27.7%。在诸多网络不文明行为中，被访市民认为传播虚假信息问题最突出，55.3% 的市民选择此项；其次是散布淫秽信息，谩骂、侮辱、攻击他人，传播垃圾邮件，约 1/3 的市民选择此三项。

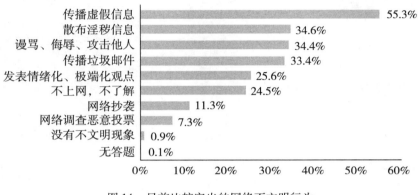

图 14　目前比较突出的网络不文明行为

三、关于进一步加强公民道德建设的思考

（一）深入开展"中国梦"和社会主义核心价值观学习教育

习近平同志提出的"中国梦"，是凝聚和团结全国各族人民共同奋斗的强大精神力量。要把"中国梦"学习教育与弘扬中国精神、培育社会主义核心价值观紧密结合起来，深入开展"学雷锋"活动和"道德模范"评选表彰活动，用榜样的力量教育和激励广大市民见贤思齐，弘扬中华美德和中华民族优秀文化。要引导广大市民把坚定走中国道路、实现中华民族伟大复兴"中国梦"的远大理想与构建社会主义和谐社会"首善之区"统一起来，与建设"美丽首都""做文明有礼的北京人"统一起来，以奋发向上的精神状态努力做好首都各项工作。要引导广大市民把实现"中国梦"的远大理想落实到爱岗敬业、助人为乐、孝老爱亲、爱护环境等具体道德行为之中。

（二）针对群众反映的突出问题，持续推进公共文明引导工程

公共文明是公共生活领域市民文明素质和城市文明程度的集中体现，是文明风尚、公共秩序、社会服务、环境面貌的综合反映。从近年来市民对城市建设的意见来看，反映最强烈的问题大多集中在公共场所的不文明现象。为此首都精神文明建设必须以"做文明有礼的北京人"为主题，坚持不懈地推进环境、秩序、礼仪、观赏、服务、网络等文明引导行动。其中，建设优美环境和优良秩序，始终应当作为重点任务来抓。要持续推进环境文明引导行动，继续纠正乱吐乱扔、乱发小广告等传统顽固陋习，特别是在城乡接合部，要针对流动人口多、卫生死角多的特点，采取多种措施，加强综合治理。宠物随地便溺是近年来逐渐突出的新问题，要把文明养犬作为创建文明社区的重要内容，加强文明养犬教育，发动养犬者共同制订"文明养犬公约"。要持续推进秩序文明引导行动，加大对机动车驾驶员的教育和引导。要把"中国式过马路"作为秩序文明建设的一个突出问题，加大综合治理力度。

（三）加强诚信体系建设

诚信问题涉及产品质量、产品信誉、服务质量、群众利益和社会安定，必须作为道德领域突出问题进行专项教育和治理。要重点抓好政务诚信、商务诚信、社会诚信和司法公信建设。在党政机关开展"创文明机关、做人民满意公务员"活动，教育党政机关干部和国家公职人员争当诚信表率，始终恪尽职守、廉洁奉公、诚信办事、热情服务。加强商务诚信建设，深入发掘北京特色商业和老字号企业长期形成的诚信文化资源，宣传推广诚信品牌。开展"诚信经营示范街""诚信市场"创建活动，继续推进"百城万店无假货"活动，努力培育以诚信为核心的企业文化。加强社会诚信建设，着力形成讲诚信的良好人际关系和社会风气。要抓紧建立健全覆盖全社会的征信系统，加大对失信行为的惩戒力度，通过建立诚信档案和公布不良信用记录等方式，约束、规范行业和个人行为。要把解决诚信领域突出问题纳入创建文明城市、文明村镇、文明单位和"爱首都、讲文明、树新风"活动之中，作为评比

考核的重要内容，运用评价激励机制，推动形成廉洁高效的政务环境、公平诚信的市场环境、健康向上的文化环境、安全稳定的社会环境。

（四）发挥法律对道德建设的保障支持作用

公民道德建设是一项复杂的社会系统工程，既要依靠思想教育，又要依靠法律、政策和规章制度。必须综合运用各种手段，把提倡与反对、引导与约束、奖励与处罚结合起来，通过严格科学管理，促进扶正祛邪、扬善惩恶社会风气的形成、巩固和发展。要把道德建设与法制建设有效结合起来，运用法律维护正常的经济秩序、社会秩序，切实为公民道德建设提供有力的法律支持。在加强法规建设的同时，要加大文明规范体系建设力度，发动广大市民积极修订《首都市民文明公约》，制定《首都市民公共文明公约》，建立健全市民日常行为规范，修订各类公共场合的文明公约，推动文明礼仪教育覆盖社会各类不同群体和城市公共生活领域的每个具体场合。

（五）进一步扩大精神文明建设舆论宣传影响力和覆盖面

要继续保持传统媒体（电视、报纸、杂志、广播）在宣传好人好事方面覆盖广的优势，注重发挥互联网、手机等新兴媒体的作用。针对市民对新榜样人物认知度不高的问题，可将传统媒体宣传常态化，通过专栏、专版、专题节目等常设阵地，实行高密度、大范围宣传推广，加深市民对新榜样人物的印象。要充分发挥网络互动性强的优势，强化宣传效果，营造良好的网络道德氛围。要加强讲文明、树新风，"做文明有礼的北京人"公益广告宣传，鼓励市属各类媒体利用重要版面、黄金时段刊播优秀公益广告，积极协调在全市重要窗口地带设立公益广告牌，形成规模和声势。加大农村精神文明阵地建设，大力宣传道德模范和群众身边的榜样，加深居民对好人好事的印象，构建出一个积极有效的口头传播网络。

（本文作者为中共北京市委宣传部原副部长、首都精神文明建设委员会办公室原主任）

发挥主流意识形态功能
维护社会稳定

○陈志强

社会发展是以稳定为前提和基础的。社会政治与经济的发展，都需要在稳定的环境中进行。稳定是基础，是保证，是首都北京压倒一切的政治任务。没有稳定，其他一切都无从谈起。主流意识形态，直接统领和维护着统治阶级的利益，制约和影响着社会的稳定和发展。充分发挥主流意识形态的功能，提升主流意识形态的控制力和影响力，实现主流意识形态对多样化社会思潮和整个社会意识的成功引领，对于确保社会大局稳定和国家长治久安，特别是对首都北京具有重要的现实意义。

一、马克思主义意识形态的理论内涵

唯物史观认为，意识形态是一定的阶级、集团基于自身利益对现存社会关系自觉反映而形成的认知体系，由一定的政治、法律、哲学、道德、艺术、宗教等社会学说、观点构成，反映了一定阶级或集团的利益和价值取向，并为其服务，成为其政治纲领、行为准则、价值取向的理论依据。

意识形态是以表现一定阶级的利益、意志和要求为核心内容，自觉地反映社会经济形态、政治制度和文化传统的一种理论化的思想观念体系，它是建立在一定经济基础之上的观念上层建筑。作为观念上层建筑，意识形态可以发挥其能动的反作用，具有自身独特的功能。所谓"意识形态功能"是指意识形态在社会历史发展进程中所起的作用，是意识形态本质属性的外在表现形式。总的说来，意识形态为其所隶属的特定形态的经济基础和政治上层建筑的建立、巩固和完善服务，为其所依存的阶级或国家利益服务，具有调控维护、批判导向和整合凝聚三大功能，它们各有侧重、相互作用，实现意识形态为一定阶级、民族和国家利益服务的基本功能。作为社会的上层建筑，意识形态的变迁和发展与社会的开放变革相互渗透、相互伴随。

在阶级社会中，意识形态具有鲜明的阶级性。任何社会的意识形态都有主流和非主流意识形态的差别，而主流意识形态都只能是统治阶级意志的反映和表现。主流意识形态构成一个社会思想文化的中枢和支柱，构成一个民族精神信仰的基础和载体，起着扩大政治认同、进行政治整合、规范政治行为、增强政治体系的合法性、促进政治稳定的作用。

马克思主义是我国的主流意识形态，也是中国共产党立党执政的指导思想。习近平同志曾指出："在前进道路上，我们一定要加强全党的理论武装，按照建设马克思主义学习型政党的要求，深入学习和掌握马克思列宁主义、毛泽东思想，深入学习和掌握中国特色社会主义理论体系，牢固树立辩证唯物主义和历史唯物主义世界观和方法论。"逐步通过自身的科学性、艺术性及先进性，渗透到社会的各个领域和层面，推动全党特别是各级领导干部坚定理想信念，对整个社会和文化起到一种教育和示范作用，增强为党和人民事业不懈奋斗的自觉性和坚定性，真正做到坚定不移、矢志不渝。

二、主流意识形态是实现社会稳定的生命线

社会稳定一般指社会运行有序可控、内部激活整体平稳的一种积极状态，它建立在社会矛盾比较缓和、社会关系比较融洽的基础上，

社会稳定不是拒绝发展的因循守旧，而是在发展中保持政治体系的动态平衡。社会发展必须以社会稳定为基本前提。由于社会利益主体的矛盾冲突和中西文化碰撞而滋生的种种不稳定因素乃至社会动荡，要实现现代化和社会稳定的协调统一，我国也不得不同其他发展中国家一样把社会稳定摆在压倒一切的位置上。

一个社会的稳定，社会生活的正常运转，实质上就是社会基本矛盾的正确处理和调整。社会主义社会的基本矛盾仍然是生产关系和生产力的矛盾，上层建筑和经济基础的矛盾。矛盾的不断产生、正确处理和解决，就使整个社会保持正常稳定的发展。从这个意义上说，作为经济基础的生产关系和政治、意识形态等上层建筑都具有对社会的控制和调节的作用。因此，社会主义生产关系、人民民主专政的国家政权和以马克思主义为指导的意识形态，就构成社会主义社会一整套完整的调控系统。

在这套系统中，生产关系起着基础作用。当它适应生产力时，便能促使生产力迅速发展，保障社会的稳定，而政治是经济的集中表现，生产关系的调整又须通过国家政权来进行。因此，经济稳定发展是整个社会稳定的基础，解决发展中的矛盾必须用更好更快的发展来创造解决发展所产生的各种问题的条件，调节乃至化解利益矛盾。国家政权是社会极其重要的调控力量，它通过政策法令，通过各种职能部门，直接地、强制性地发挥着调控作用。而有计划、有步骤地推进政治民主建设既是市场经济发展到一定程度的必然要求，又是满足公众合理政治诉求、维护社会稳定的现实路径。

意识形态对社会生活的调控作用也是极端重要的，在维护社会稳定的诸要素中，社会主流意识形态则具有"生命线"的意义。因为一种意识形态的产生虽然是由政治和经济决定的，但它一旦产生之后就会对政治和经济起巨大的反作用，在一定条件下甚至可以起决定性作用。如果我们不充分地、深刻地认识这一点，如果在加强经济、政治工作的同时不能切实有效地加强意识形态领域的工作，那么，我们就很可能会由于意识形态的失控造成社会的思想动荡乃至社会动荡。

意识形态是为社会稳定提供深层次理论和价值支持的重要力量，是社会稳定的思想和价值基础。作为上层建筑的意识形态涉及社会精神生产和精神生活的各个层面，它以倡导的主导价值观念为标志，反映社会制度和发展模式。其主要借助一种凝聚、塑造和引导社会成员思想和行为的文化力来支撑社会大厦，通过思想灌输、精神激励、人文关怀、利益协调、行为规范来塑造社会主流价值观念、提高人的素质、消解矛盾冲突、排除社会隐患，从而将其功能渗透于社会稳定结构机体，最终实现社会稳定。"中国长期的统一必须依靠社会风俗，即通过社会中已根深蒂固的思想与行为习惯来解释。对社会的控制方式大半是靠意识形态、风俗、道德素养之类，而不是诉诸武力。"

早在 1955 年毛泽东就提出"政治工作是一切经济工作的生命线"的著名论断，在三年之后的《工作与方法（草案）》中又指出："只要我们的思想工作和政治工作稍微一放松，经济工作、技术工作就一定会走到邪路上去。"意识形态工作不仅要为改革进行社会动员，调动人们参与改革的积极性、主动性，调整现实利益冲突，更重要的是保证经济建设改革的正确方向。而经济有序发展、政治民主建设因素对社会稳定作用的发挥必然要通过一个社会心理和政治文化的中介来体现。可以说，主流意识形态是实现社会稳定的一个重要桥梁。

三、意识形态领域面临的影响社会稳定的新问题

由于复杂的国际国内环境，各种思想文化的交流、交融、交锋更加频繁，各种经济利益、政治利益、文化利益相互矛盾、相互交织、错综复杂，因而导致意识形态领域的斗争更趋激烈，掌握话语权的任务更艰巨。维护社会稳定必须时刻关注意识形态领域的变化和发展动向，高度重视意识形态工作。

（一）利益阶层分化，社会矛盾凸显

改革开放 30 多年来，经济体制改革和市场经济体制的建立、社会政治生活的日趋开明催生了社会阶层的分化和多样化。转型阶段，社会经济和管理体制的改革导致社会资源在公众之间进行重新分配，原有的社会群体的社会地位发生了不同程度的转变，这使得我国原有的政治、经济、意识形态统一的"一元化"的社会结构不断分化。利益群体分化导致的社会矛盾与冲突，使人们原有的利益归属、思想观念、价值判断和情感亲疏受到冲击与震荡，价值取向呈现出多样化趋势，导致了社会思潮的日益多样化。社会阶层分化也意味着思想观念、价值取向的多元化。这无疑削弱了主流意识形态的主导作用，从而加大了主流意识形态社会整合的难度，不利于对主流意识形态的认同。

（二）社会文化多元，价值观念混乱

改革开放以来，文化领域的人为控制被打破，出现了百花齐放、百家争鸣的现象。所有制结构、分配形式、就业方式日趋多样化，必然会对意识形态领域产生较大影响，反映不同所有制关系和不同利益主体的意识形态必然会产生和流行。在经济诉求差异化、文化多元化格局下，人们的价值观念、思想意识也多元化，社会成员对理想信念、价值取向、道德观念等的选择产生困惑、迷茫和混乱。社会的价值基础、政治共识、权威认同等都呈现不同程度的缺失，"精神空虚"和"信仰危机"并存。从长远来看，社会上存在的疏离感、不信任乃至不服从的情绪对政权的持续和稳定是一种致命的危机。在改革和发展进入攻坚阶段的背景下，中国社会已经进入矛盾多发期。在价值纷呈，甚至彼此冲突的情况下，党的主流意识形态要在多元价值之间实现合理整合，保证最大限度的社会团结，以维护社会的稳定和发展。

（三）网络快速发展，科技冲击严重

网络是一把双刃剑。网络已成为舆论交锋的最前沿、社会热点的最前沿、意识形态斗争的最前沿，成为思想文化信息的集散地和社会舆论的放大器。网络的发展，一方面为马克思主义意识形态的宣传普及，为其更好地行使为社会"立言"的权力创造了有利条件；另一方面又为各种非马克思主义、反马克思主义观点的传播提供了便利。信息的快速递增和传播渠道的多样化，传统意义上的由国家控制的信息发布权趋于弱化，主流意识形态说服民众、为民众所信仰的难度越来越大，网络化的负面作用等都削弱了马克思主义意识形态话语权的权威性。当代科学技术的迅猛发展，不断地向社会生活各个领域广泛渗透，也不断改变着社会上层建筑领域的面貌，给意识形态工作提出了新的更高的要求，并且产生了深层次的影响。

（四）意识形态淡化，敌对势力渗透

在全球化趋势下，对外开放是我国长期坚持的一项基本国策。随着国门的打开以及与世界各国政治、经济、文化交流的日益深入，西方社会必然会通过各种途径直接或间接影响我国社会稳定。少数发达国家对中国采取遏制和接触政策，利用经济、科技实力以及对全球各种主流传媒和信息网络的垄断性经营渗透西方的文化、价值观念和生活方式，从而侵蚀我们的主流意识形态。

四、发挥主流意识形态功能，维护社会稳定

主流意识形态主导作用的发挥不能仅仅依靠统治权来维持，也并不必然随着经济发展自动完善，而是需要主动而积极的建设过程。探索主流意识形态发挥作用的现实路径，才能保证我国社会主义主流意识形态的作用和功能得以在维护社会稳定的过程中不断完善和拓展。

（一）坚定中国特色社会主义理论自信

理论关乎党的性质，关系国家发展，关系民族复兴和人民安康。坚持用马克思主义为主流意识形态指导我国社会主义现代化建设的实践，是保持党的先进性的本质要求，是我们党在世界形势深刻变化的历史进程中始终走在时代前列的正能量，是中国特色社会主义的历史进程中始终成为坚强领导核心的现实需要。自信源于独立自强，自信源于实践检验，自信源于不断创新，坚持和丰富马克思主义理论体系，需要我们有巨大的理论勇气和敏锐的理论自觉，勇于推进实践基础上的理论创新，不断丰富中国特色社会主义理论体系，毫不动摇地坚持中国特色社会主义，只有如此，才能将全党全国各族人民凝聚在中国特色社会主义伟大旗帜下，全面深化改革开放，在复杂的世界格局和国内复杂矛盾中，始终保持自身特色、开辟新的发展前景。

（二）增强主流意识形态的社会认同

意识形态对于政治稳定的影响主要是通过论证国家制度的合理性来塑造认同。一个成熟的国家机器要尽力保持社会稳定，使冲突各方实现对共同利益和目标的认同，弥合因利益分歧而引发的诸多矛盾，调和各阶层之间的关系，造就共享价值基础上的社会团结。因此，要积极地推行意识形态建设，努力强调社会成员利益和政治信仰的共同性。在尊重差异中扩大社会认同，在包容多样中形成思想共识，在社会民众共同的价值归属和文化认同中增强主流意识形态的说服力、感召力和亲和力。对主流意识形态所倡导价值的普遍信仰，就是对政治稳定的最有力支持。

（三）发挥主流意识形态的引领作用

要坚持指导思想的一元化，充分发挥主流意识形态的动力功能和整合功能，必须维护主流意识形态的主导性和统一性，坚持先进文化的导向性，有力抵制各种错误思想观念，有效抵制落后文化和腐朽文化的影响。强化主流意识形态对社会稳定的引领作用，就是用社会主义核心价值体系引领多样化的社会思潮，控制和引导整个社会意识走向，坚持并保证社会主义意识形态在当代中国多元化文化取向中的统治地位，以维护社会的思想稳定和政治稳定。

（四）掌握媒体舆论的话语权

胡锦涛同志在党的十八大报告中指出："牢牢掌握意识形态工作领导权和主导权，坚持正确导向，提高引导能力，壮大主流思想舆论。"牢牢把握舆论导向，掌握传媒舆论的主动权，正确引导社会舆论，有助于进一步提升主流意识形态的掌控力和影响力。推进新闻宣传的主流化转型，牢牢把握宣传主阵地和舆论主渠道，强化新闻宣传对社会舆论的引导力。加强互联网等新兴媒体的网络平台建设和网络监管，整合各级各类网络资源，并不断占领技术制高点，形成网上正面舆论的强势攻势。我们党之所以高度重视话语权，正是因为谁真正掌握了话语权，谁就能引导舆论，引导社会心理，引导思想理论潮流。

（五）培育意识形态工作者队伍

社会主义意识形态工作者（各级党政机关干部、思想政治教育工作者、各类媒体工作者）作为意识形态宣传的主体，对增强主流意识形态的吸引力和凝聚力起着非常重要的作用，他们承担着主流意识形态宣传教育的重任。我们要注重培养和造就一大批理论工作者队伍，加强和发掘中国特色社会主义相关思想，传播社会主义主流意识形态，确保党在意识形态领域的主导地位，保持社会稳定，继而使党在执政地位上更加稳固。

虽然马克思主义已经成为我国主流意识形态，但这并不意味着主流意识形态建设的任务已经完成。在改革开放和发展社会主义市场经济的新时期，主流意识形态面临着许多新问题，经受着许多新考验，承载着许多新任务。一方面随着我们党从革命党转变为执政党，我们国家从革命战争年代转变为和平建设时期，主流意识形态面临着长期执政与和平建设的考验。另一方面随着以"阶级斗争为纲"转变为以经济建设为中心，从传统的计划经济转变为社会主义市场经济，从闭关自守到改革开放再到融入全球化的浪潮，主流意识形态面临着市场经济和对外开放的考验。主流意识形态作为社会的主导意识形态，对社会起着"稳定器"和"调节阀"的作用。因此，我们要坚定自信，勇于创新，坚持以马克思主义为根本，让主流意识形态成为社会稳定的重要精神支柱和思想保障。马克思主义过去曾是我们革命和建设取得胜利的思想保证，现在和未来也必将是继续推进中国特色社会主义事业的行动指南。

（本文作者为中国电影博物馆党委书记）

加强首都网络诚信制度建设的新思考

○佟力强

诚信不仅是一个道德范畴，还是一种社会规范。朱熹认为，"诚者，真实无妄之谓"；《说文解字》释义，"人言为信"。"诚"与"信"结合要求人们"内诚于心""外信于人"，即在社会交往中做到诚实无欺，讲求信用。网络诚信是社会诚信的一种特殊表现形式，它要求人们在网络中也要讲究诚实信用。网络诚信不是自然而然产生的，它需要人人参与、共同维护。加强网络诚信建设，营造诚信网络环境，对于提高网民道德素质、规范网络传播秩序、维护社会和谐稳定等都具有非常重要的意义。

近年来，北京市非常重视网络诚信建设，不仅将实施网络文明引导工程作为"十二五"规划的一项重要内容，还在全国率先开展"文明办网、文明上网"及"文明网站创建评选"活动，使得属地网站的责任意识逐步提高，网民的诚信观念不断增强，网络诚信状况总体有所好转。但也要清醒地看到，在网上诸如传播谣言、舆论暴力、网络诈骗、黑客攻击等不诚信现象还时有出现，网络诚信建设面临着这样或那样的困难。

一是社会诚信文化尚未形成。改革开放以来，我国经济发展取得了举世瞩目的成就，但社会诚信文化建设却没有跟上。一些人信仰迷失、价值扭曲，无视诚信原则，不择手段追求私利，屡屡突破道德底线。互联网是现实社会的反映，社会中的负面思想和行为不可避免地会在网络蔓延，网络诚信建设缺乏社会诚信文化的强力支撑。

二是社会诚信制度体系不健全。这主要表现在反映网络社会交往关系特点的网络道德体系还没有建立。目前，我国尚未建立起覆盖全国企业和个人的诚信档案系统和信用服务行业，也没建立统一规范、约束力强的失信惩戒机制，这就给失信和欺诈行为提供了可乘之机。在互联网这个超越传统"熟人"圈子而形成的"陌生人"社会中，网民之间的在线交往、交易更容易脱离道德规范的约束，进而出现不诚信行为。

三是网络信用立法相对滞后。在美国，已出台了10多部与信用管理直接相关的法律，如《公平信用报告法》《电子资金转账法》等，将信用产品的生产、销售、使用全过程都纳入法律范畴，对各种失信行为的规定具体明确，惩罚相当严厉。而我国信用法律尚无一部，除了全国人大常委会去年颁布的《关于加强网络信息保护的决定》，网络信用管理主要依据《互联网信息服务管理办法》等少数几部层级较低的法律法规，网络信用的法律规范还很不完善。

四是网络主体自律程度不够。人们之所以在现实生活中对诚信还相对较为注意，是因为大家日常生活在亲属、朋友等熟人中，处在家庭、学校、单位等相关群体的监督之下。一旦进入网络社会，由于其身份的虚拟性，再加上相关监督和约束机制的缺位，使得一些网民忽视了自身在网络中的责任、义务，进而产生网络失信行为。就网站来说，少数网站为了提高点击率、跟帖量，不惜制造新闻噱头、炒作负面事件、传播不实消息，带坏了网络氛围。

五是网络伦理道德教育不足。我国网民系统接受的网络伦理教育主要来自中小学时期的"信息技术教育"课程，网络诚信教育缺乏全面性、连贯性，教育的途径、方法也比较单一，缺乏与学校道德教育、家庭美德教育、社会公德教育的紧密结合。对网络从业人员的网络伦理道德教育，主要是为深化"文明网站创建"活动而开展的"文明办网培训班"，网络诚信教育的覆盖面、有效性还有待进一步提高。

从根本上说，网络诚信源于网民的自律意识，但自律意识的培养不是自发完成的，也不是短时间能够实现的。要使诚信观念深入人心，必须加强网络诚信制度建设，借助外在硬性规范推动网民内在道德自律，从他律角度规范和引导人们在网络中的言行。我们应从建设社会主义网络文明的高度出发，着力完善网络诚信制度，着力形成长效工作机制，努力使"文明办网、诚信上网"成为网络风尚。

一、以完善组织工作体系为基础，建立健全网络诚信建设责任制度

建议全市互联网工作领导小组将网络诚信建设纳入议事日程，构建以市网信办和首都文明办为主导、属地网站为主体、首都互联网协会为依托、相关部门紧密配合的"四位一体"工作格局。市网信办、首都文明办负责研究制定全市网络诚信建设工作规划，协调市教委、市文化局、市广电局、团市委、市法工委等相关部门加强本领域涉及网络的诚信建设，指导和推进首都互联网站的网络诚信建设工作。各级党组织和各政府部门都要以对党、国家和人民负责的精神，遵循线下线上履行同样职能的原则，做好自己的事，管好自己的人，团结有责任心的网民群众共同维护社会诚信、网络诚信。建立完善网络诚信建设工作奖惩制度，强化网络诚信建设目标管理，坚持把网络诚信建设工作情况作为对各部门负责人业绩评定、奖优罚劣、选拔使用的重要依据。

二、以完善长效工作机制为关键，建立健全网络诚信管理制度

建立网络诚信建设专题会议制度，定期召开、专题研究网络诚信建设的部门联席会议，对网络诚信建设进行责任分解和任务分工，并按照计划推动落实。建立网络诚信建设工作督导制度，各相关部门要将本部门贯彻落实网络诚信建设工作专题会议精神的年度计划上报市互联网工作领导小组，每年两次向市互联网工作领导小组报告计划执行情况并接受检查指导。市网信办和首都文明办统筹规划、首都互联

网协会具体负责属地网站的诚信建设工作，指导网站加强诚信文化建设，宣传网络诚信典型，放大网络诚信正能量。督促网站完善内容审核机制，健全失实报道纠错机制，实行重大失实报道、上传违法和不良信息的责任追究制度。

三、以提高诚信意识为目标，建立健全网络诚信宣传教育制度

坚持日常教育与重点教育、学校教育和家庭教育、行业教育和社会教育、个人教育与集体教育相结合，广泛开展正确价值观和网络诚信教育活动，努力用社会主义核心价值体系凝聚网络诚信共识，用社会主义荣辱观培育网络文明新风，推动网络诚信观念深入人心。积极运用文字、图片、视频等形式，采取互动、说理、解读等方法，帮助网民提高道德判断、评价和选择的能力，主动营造网络诚信氛围。建立网站从业人员网络诚信教育制度，坚持示范教育和警示教育、自律和他律相结合，完善网站党组织学习制度和网站从业人员培训制度，不断加强对网站高管和重要岗位、重点部门工作人员的理想信念、法制观念、职业道德、社会公德和自律公约教育，着力培养网络从业人员良好的诚信品格和道德修养，引导他们积极投入到网络诚信建设活动中去。

四、以完善网络信用体系为抓手，建立健全网络征信制度

信用体系是由法律约束体系、社会征信体系和自律诚信体系共同构成的。要以贯彻落实十一届全国人大常委会《关于加强网络信息保护的决定》为契机，抓紧推进网络实名制，在网站接入服务、移动电话入网、信息发布、微博、论坛等环节推行网络真实身份信息管理。协调有关部门通过司法解释将现有法律法规涉及诚信建设的条文向网络延伸，适时制定出台《首都网络信用管理暂行规定（或办法）》。市网信办、首都文明办要会同市通信管理局抓紧研究制定网

络信用指标体系、网络信用信息采集和使用管理办法，研究制定网络信用行业监管制度、失信惩戒制度和守信激励制度，推进网络信用管理标准化和信息化建设。建立网络信用信息数据库，完善企业资源备案库、公民身份信息库、电子商务交易库等对接查证功能。建立健全网络信用信息汇集分析机制，提高分析研判水平，不断增强工作的预见性和针对性。支持组建企业信用服务行业协会，发挥行业自律和服务功能。

五、以强化网络诚信监督为着力点，建立健全网络诚信奖惩制度

建立健全政府主管部门、行业协会和举报平台的协同监督机制，实现政府监管、行业自律和社会监督的有效对接，确保政府调控指令和社会举报在网站得到顺利执行。建立健全行业自律制度、网站内部第三方监督制度和社会举报督办制度，指导网站完善与网民协议，推动网络社区和网民自我约束、自我管理；督促网站在首页、群组、圈子、个人主页上提醒"诚信上网"和"110网警服务"标志以及社会举报按钮，登载网站举报电话、举报邮箱，对网民和社会举报及时受理。建立网络诚信行业评议制度，通过诚信评议、责令公开道歉、停止服务、拒绝交易等方式形成全社会对网络失信者的联防惩戒机制，使"网络失信"现象成为"过街老鼠、人人喊打"。做好对曾有失信行为的网站和用户的统一建库、教育转化工作，尽可能地纠正各种网络不诚信行为。建立健全网络失信行为办理和责任追究制度，实施"一案两报告"（即网络失信事件调查报告和整改报告）制度，注重从机制和工作层面查找问题、改进措施。细化文明网站、诚信网站评选办法和实施细则，强化网络正面宣传和舆论引导，推动"文明办网、诚信上网"良好风尚尽快形成。

（本文作者为北京市互联网信息办公室常务副主任）

关于新形势下提高网络视听新媒体舆论引导能力的探讨

○臧增祥

近年来，在互联网的快速发展中，网络视听节目服务网站作为视听新媒体也发展迅速，其舆论传播力和社会影响力日益扩大，已经成为具有广泛社会影响力的新兴媒体，它的舆论导向正确与否将对党和政府的执政基础、执政地位，包括对社会和谐稳定、对社会生活的各个方面带来广泛而深刻的影响。目前，全国持证网络视听节目服务单位已达600余家，其中北京128家，占全国总数的1/5，数量居全国之首。新浪、搜狐、百度、优酷、爱奇艺、酷6、乐视等网站发展规模和影响力处于行业前端。我们承担指导本市网络视听节目服务的发展和宣传，对开办信息网络视听节目（含IP电视、网络广播电视、手机视听节目）服务业务进行审核和监管的职责。不断探索加强和完善对网络视听新媒体的监管，始终重视对新形势下网络视听新媒体舆论引导能力方面的研究，对利用好互联网、管理好互联网十分重要。

一、深入了解和研究互联网发展现状及其对社会各方面的影响，是提高新形势下网络视听新媒体舆论引导能力的重要任务

在过去的一年多里，中国互联网继续保持积极发展态势，网络应用快速增长，移动互联网迅速崛起，互联网在加强和改进社会管理中作用凸显，网络互动交流更加活跃，传统媒体向互联网拓展步伐加快，网络正能量不断推动社会进步，互联网以更加迅猛的势头融入中国社会的方方面面，成为推动中国经济和社会发展、改变人们生活方式的重要领域。互联网已作为最有潜力的大众传媒，在新的舆论格局中具有不可替代的作用，尤其是在重大事件和重要舆情发生时，互联网已成为更为关键的舆论阵地。应该充分认识到，我们早已告别"两报一刊"时代，全国成千上万家报刊，不仅仅是量的增加，更有质的演进。尤其随着互联网的崛起，跨入社交媒体时代，网络的去中心化、去权威化和参与性、互动性的增强，极大地改变了媒体环境。怎样适应这样一个全新的媒体时代，理应成为必备的执政能力。如果在一个"人人都有喇叭"的时代，还以"大喇叭年代"的思维来应对的话，会使得摩擦增多、矛盾加剧。可以说，我们已经进入了全媒体、自媒体的互联网时代，随着互联网等新兴媒体的迅猛发展，互联网越来越深刻地影响着社会舆论的形成。因此，如何认识互联网的媒体功能、如何引导互联网的舆论导向积极传播正能量、如何管理好互联网促进社会的和谐稳定与健康发展、如何加强网络舆论引导，使之在促进社会转型发展、推动社会和谐与提高人民生活质量方面发挥更大作用，已经成为一项重要而紧迫的任务。

二、积极探索网络视听新媒体的发展规律和特点，是提高新形势下网络视听新媒体舆论引导能力十分重要的工作基础

随着网络信息技术的推广和应用，互联网被视为继报纸、广播、电视三大传统媒体之后的"第四媒体"。而网络视听节目的发展更是给人们的生活带来了前所未有的影响，受到社会的广泛关注。据中国互联网信息中心发布的《第30次中国互联网络发展状况统计报告》显示，截止到2012年6月底，中国网络视频用户增至3.50亿人，半年内用户增量接近2500万人，在网民中的使用率提升至65.1%。而手机端视频用户超过1亿人，在手机网民中的占比由2011年年底的22.5%提升至27.7%。与传统媒体节目相比，网络视听节目具有以下特点：

一是具有快捷优势。主要体现在网络视频节目时效性强，便于操作且不易受到时间的限制。例如，网络音频直播和视频直播日益出现，音视频内容在网上可随时点播、分享。

二是海量性凸显。网络视听节目可通过网络媒体实行全天24小时播放，每日播放量远远大于传统媒体。如优酷网、酷6网每日视频上传量达10万条左右。新浪网、搜狐网作为门户网站，点击打开网页，呈现给读者的除新闻的内容之外，还有关键词、相关新闻视频等链接，广为集纳追踪报道和相关信息，全面报道事件始末，极大地丰富了新闻外延和背景资料，让读者充分享受新闻视频盛筵。此外还具有强大的检索功能及易复制、易存储等特点。百度等专业搜索引擎及一些网站自有的检索工具，使网上查找新闻视频变得十分便捷。读者可以通过拷贝粘贴、下载、收藏等方式复制、存储所需视频资料。

三是传播范围广。网络视听节目通过网络媒体的传播，其范围远远大于报纸、广播和电视，传播空间理论上没有国家和地区的限制，是全球性的。任何一个网站登载的内容，都有可能供全球网民访问、浏览和下载。同样，世界上任何一个具备上网条件的地方，均可轻松

浏览全球网站。

四是具有交互性。网络视听节目是媒体与受众之间的多向性、互动性传播，可以让受众有更多的参与。例如：网络论坛、新闻评论等吸引着大量网民积极参与传播信息、评论新闻、讨论新闻话题等活动，不仅在速度上，而且在深度和广度上超过了某些官方网站和传统媒体，有时甚至可以给传统媒体提供有益的新闻线索，极大地提高了网络视听节目的社会影响力。

五是具有多终端传播的特性。网络视听节目伴随着不同的高科技含量的网络媒体形态的日益融合，得到日益广泛的传播。近年来，随着网络流媒体技术的发展，互联网融合电台技术产生了网络电台，融合电视技术产生了网络电视台，融合移动通信技术产生了手机电视以及互联网电视、IPTV等网络视听新媒体。网络视听节目也成为这些网络视听新媒体传播不可缺少的内容资源，吸引着不同的受众。

三、积极探索新形势下提高网络视听新媒体舆论引导能力的有效途径

基于对互联网及视听新媒体发展现状、特点、规律以及其对社会各方面带来的影响的探索认识，深深感受到新形势下提高网络视听新媒体舆论引导能力的重要性和紧迫性，关键在于要切实不断提高网络视听新媒体舆论引导能力。

（一）以党的十八大精神为指导，进一步提高对网络舆论引导重要性的认识

党的十八大报告明确指出，要"加强和改进网络内容建设，唱响网上主旋律。加强网络社会管理，推进网络依法规范有序运行"，表明"积极利用、科学发展、依法管理、确保安全"的基本方针将一如既往地贯彻执行。因此，坚持正确的舆论导向是网络视听新媒体必须始终秉承的基本原则。目前，在舆论环境中，客观存在两个舆论场。一个是党报、国家电视台、国家通讯社等"主流媒体舆论场"，

一个是基于互联网的"民间舆论场"。2012年7月11日，人民网舆情监测室撰写的《打通"两个舆论场"》一文引起普遍关注和好评。文章强调，打通两个舆论场，呼唤民众的理性表达和有序参与，政府显然负有更大的责任。官方媒体和各级领导干部能否认真反映和倾听民意，化解民怨，疏通和激活体制机制，让社会紧绷的神经放松下来，是减少社会舆论反映不平衡性的关键。可以说，党的十八大精神为我们不断提高新形势下网络视听新媒体舆论引导能力指明了方向，两个"舆论场"的观点为探索提高新形势下网络视听新媒体舆论引导能力提供了可以借鉴的思路，对不断深化提高网络舆论引导能力的认识具有重要意义。

（二）为网络传播正能量搭建平台，主动引导网络舆论的方向

为加大"北京精神"的宣传，2012年在本市持证视听节目服务持证网站推出了以"弘扬中华优秀传统文化、践行北京精神"为主题的"北京精神"网上宣传活动。各持证视听网站以视频、文字、图片、红色影视剧、红色音乐等多种形式，开设了北京精神宣传活动专题。专题点击量突破2000万人次，北京精神成为网络热词。同时，市广电局推出了"身边的感动"网络视听节目优秀作品的征集评选表彰活动，组织本市130多家视听节目服务网站，面向社会广泛征集百姓身边体现人间"真善美"的令人感动的人物和事迹，吸引了众多网民的参与。活动共征集作品近6000部，点击量达9000余万人次。所征集的作品集中反映了发生在百姓身边的真善美的感人故事，向百姓传递的是正面向上、积极健康、令人感动温暖的信息，对弘扬中华民族传统美德起到了很好的舆论导向作用，社会效果良好，也受到了各界的好评，同时进一步树立了视听新媒体良好的社会责任和社会形象。此次活动是全国互联网视听节目服务行业举办的首次综合性节目评选活动。这种形式的活动，反映了政府搭台、网站唱戏、政网合作、引导舆论的有益尝试，是加强网络内容建设、唱响主旋律、引导网络舆论导向的有效形式。

（三）坚持依法依规管理，严防导向不正确的有害信息网上传播

不断完善提高对网络视听新媒体的监管水平，严防导向不正确的有害信息网上传播，也是政府不断提高新形势下网络视听新媒体舆论引导能力的重要手段。依据管理规定，我们重点对反对宪法确定的基本原则；危害国家统一、主权和领土完整的；泄露国家秘密、危害国家安全或者损害国家荣誉和利益的；煽动民族仇恨、民族歧视，破坏民族团结，或者侵害民族风俗习惯的；宣扬邪教迷信的；扰乱社会秩序，破坏社会稳定的；诱导未成年人违法犯罪和渲染暴力、色情、赌博、恐怖活动的；侮辱或者诽谤他人，侵害公民隐私等他人合法权益的；危害社会公德，损害民族优秀文化传统的以及有关法律、行政法规和国家规定禁止的其他内容等 10 个方面的视听节目进行监管。2012 年提交市文化执法总队查处违规网站 52 家，提交北京市通信管理局关闭及列入黑名单管理的网站 21 家，删除违规信息 2325 条。同时，根据阶段性工作重点，深入开展了打击非法"网络共享"网站及设备产品专项行动、整治网络政治谣言专项行动和打击网络淫秽色情及低俗信息专项行动。2013 年我们在总结多年监管经验的基础上，根据监管需要，已制定《北京市网络视听节目服务管理办法》，进一步强化监管，增强网络视听新媒体的社会责任，促进网络视听节目健康发展。

（四）发挥行业组织作用，加强行业自律

行业协会组织在加强行业自律引导舆论导向方面具有很独特的作用，因此，政府要重视行业协会组织的建设，给予各方面的支持，促进行业健康发展。2011 年我们与市文联牵头成立了北京电视艺术家协会网络视听节目服务行业分会，围绕行业自律、弘扬真善美、传播正能量以及加强优秀网络视听节目生产制作等方面开展了很多活动，对于网站增强自身的社会责任，多生产健康向上的视听节目，严格节目审核，严防有害信息网上传播，起到了积极的促进作用。2013 年

我们将牵头成立北京网络视听节目服务协会，进一步发挥民间社会组织的作用，引导网络视听新媒体必须坚持正确导向。希望通过协会组织，培养一批在唱响主旋律、传播正能量方面的先进典型，以点带面，推动行业发展。同时，通过行业协会，搭建多种平台，推动精品视听节目的生产制作，为人民群众奉献丰富多彩的精神文化产品。通过行业协会，加强行业自律，号召各网站坚持正确的舆论导向，用马克思主义新闻观指导网络的信息传播，使网上信息传播工作服从和服务于全党全国的工作大局，服从和服务于全面建设小康社会的伟大实践；切实改进对网上舆论热点的引导，理性表达网民的利益诉求，加强对网上舆论的管理，防范非理性舆论场的形成；加强联络与沟通，倡导协作，携手应对重大突发事件；加强网上舆论宣传与引导的队伍建设，努力增强辨别舆情、提炼观点、选择角度、调整文风、转换角色、把握时机等方面的能力，提高网上舆论的引导水平。

（本文作者为北京市广播电影电视局党组成员、副局长）

加强行业诚信建设
不断优化首都新闻出版发展环境

○戴　维

随着人类文明的不断进步和市场经济的飞速发展，诚信早已突破儒家道德思想的躯壳，不再仅仅是个人为人处世、修身养性的准则，而是融入了社会生活的各个方面，存在于所有群体、个体的一切交往过程中，既表现为个人之德，又表现为群体之德，还表现为社会公德，是各行各业都应共同遵守的最起码的道德规范。加强诚信体系建设，是中央的要求，也是行业的呼声。诚信建设关系到企业乃至行业生存。据统计，北京地区印刷企业1840家，发行企业和网点7300余家，网络发行39家，成为行业的主力军。作为首都文化的重要组成部分，必须着眼全局、大胆探索，通过以点带面的形式，使行业诚信建设有序推进。当前，北京新闻出版（版权）行业市场有违诚信甚至违规违法经营行为时有发生，业内关于加强诚信建设的呼声越来越高。规范市场秩序和经营行为，加强行业诚信建设，成为推进首都出版科学发展的一项紧迫任务。

一、诚信体系建设在首都文化发展中的重要意义

(一) 加强行业诚信建设是党和政府的一贯要求

党中央、国务院对社会诚信建设历来高度重视，十六届三中全会指出，"建立健全社会信用体系，是建设现代市场体系的必要条件，也是规范市场经济秩序的治本之策"；中央颁布的《建立健全教育、制度、监督并重的惩治和预防腐败体系实施纲要》，把严格市场准入制度、加快信用体系建设作为源头治腐的一项重要任务；2006 年 3 月，胡锦涛同志提出了以"八荣八耻"为主要内容的社会主义荣辱观，倡导"以诚实守信为荣，以见利忘义为耻"；党的十六届六中全会通过的《关于构建社会主义和谐社会若干重大问题的决定》，要求切实加强政务诚信、商务诚信、社会诚信建设，增强全社会的诚实守信意识；党的十七大重申，要"健全社会信用体系，要以增强诚信意识为重点，加强社会公德、职业道德、家庭美德、个人品德建设"；2007 年 3 月，国务院办公厅又下发了《关于社会信用体系建设的若干意见》，明确了社会信用体系建设的指导思想、目标、基本原则和主要任务；习近平同志指出："各行业要紧紧抓住服务国家建设这个主题和诚信建设这个主线。"这些都为新闻出版行业的诚信建设指明了方向。

(二) 加强行业诚信建设是建立和发展社会主义市场经济的基本要求

市场经济的本质属性之一是信用经济，没有信用作支撑，市场经济体系难以形成和完善，经济运行难以实现规范化和健康态。在经济全球化日益加速的今天，适应世贸组织规则参与国际经济循环的首张入门证就是信用。而且，我国市场经济尚未步入正轨，与西方国家相比，信用建设、规则建设、法制建设都有待进一步完善，面对市场经济的不断深化发展和国际规则的刚性要求，诚信建设更是刻不容缓。

新闻出版行业作为社会主义现代化建设的重要组成部分，在社会信用体系建设中肩负着光荣使命和重大责任，既是诚信建设的宣传者和推动者，更是诚信建设的参与者和实践者，必须立足长远，着眼全局，将加强行业信用体系建设作为建设信用文化的一个重要内容，按照中央关于建立统一、开放、竞争、有序的出版物大市场的要求，努力构建规范健康发展的出版环境，不断推动整个社会的信用体系建设，为落实科学发展观，促进文化大发展、大繁荣作出应有贡献。

（三）加强行业诚信建设是践行"北京精神"的现实需要

诚信蕴含着"包容与厚德"。加强行业诚信建设，强化行业诚信意识，是践行"北京精神"、展示首都文明形象、提升文化软实力和国际影响力的本质要求。北京作为我国的政治、文化中心，新闻出版占据较重的分量。2003 年北京市被确定为文化体制改革综合试点地区后，出版、发行和版权贸易成为文化体制改革和文化产业发展的重点行业。2006 年，新闻出版行业又作为北京市文化创意产业的重要组成部分，被列为文化创意产业重点扶持行业。首都新闻出版行业担负着国家核心地区传播先进文化、建设社会主义核心价值体系、培育文明道德风尚、营造良好的思想舆论氛围、促进社会和谐、推动文化事业又好又快发展的艰巨任务。出版发行业诚信建设成效如何，不仅是首都新闻出版事业和出版产业发展的重要标志，也必将对各地同行业经营、对"北京精神"的丰富和发展产生重要而深远的影响。同时，我们也必须清醒地看到，首都新闻出版市场同全国其他地区一样，是从计划经济体制下脱胎而来的，市场还不成熟，监督制约机制还不够完善，由信用缺失引发的各种矛盾时有发生。加强诚信建设，已成为首都新闻出版体制改革发展的迫切需要。

二、首都新闻出版行业诚信建设的主要问题及原因分析

近年来，我们组织业内专家对出版、发行、印刷、版权等行业 50 多家企业进行了初步调查，总的感觉，首都新闻出版行业多年来

在市场经济大潮中，致力于行业自律，自觉抵制不正当利益诱惑，诚信建设取得了一定的成效。但在一些环节上也存在明显不足和一些需要解决的问题，行业诚信缺失的现象还比较突出。

（一）首都新闻出版行业企业诚信缺失的主要表现

就诚信而言，主要存在三方面缺失。一是企业与读者之间。少数出版发行单位只考虑眼前利益，忽视企业长远利益和行业的整体利益，随意定价，随意打折，以高定价蒙骗消费者，以低折扣诱惑、误导消费者，在群众中造成很坏的影响，严重损害了行业利益，破坏了行业形象。二是企业与企业之间。一些企业在竞争当中，不是在提高服务质量、拓宽市场、优化管理机制上下功夫，而是互不信任，互相拆台，为争夺利益，甚至互相欺诈，造成行业交易成本和风险增加，利益分配混乱，企业整体实力受到削弱。具体表现为拖欠款现象严重，一些单位自有资金不足，靠长期占用上游资金进行周转，更有一些单位恶意拖欠，有钱不还，使得行业资金周转缓慢，运营效率低下，出现行业信用危机，破坏企业与企业间的关系。三是政府与企业之间。个别单位钻政府和政策空子，虚假注册、买卖书号、偷税漏税、一号多书（刊）、制售盗版、骗取版面费、商业贿赂等行为屡禁不止，严重扰乱市场秩序；政府在监管中疏与堵的关系处理不当，奖惩机制不完善，政策制度不配套，制约了行业发展。以上种种现象表明，大力加强行业诚信体系建设，建立新的符合市场经济规律和精神文明建设要求的公平交易规则，形成有效的维护行业整体利益和广大消费者权益的信用约束机制，为各出版发行单位更好地参与国内、国际两个市场的竞争提供有力保障，已成为全行业在进一步深化改革、促进发展中一项重要而急迫的任务。

（二）新闻出版行业诚信缺失的原因分析

企业失信行为对新闻出版行业造成了严重的伤害和影响。如果整个行业信用缺失，就会增加企业交易的难度和风险，降低人们文化消费的信心。从问卷调查、实地调研和日常工作中了解掌握的情况来看，诚信缺失的主要原因如下：

一是对诚信的认识不到位。一些发行企业经营者对市场经济缺乏正确认识，认为市场经济就是追求利润的最大化。这种认识使人们在商业活动中片面追求短期效益，忽视信用的重要作用而使行为失范，导致"唯利是图"成为业内某些经营者心中深信不疑的"商务文化"。调查中发现，往往吃亏的是那些守信用的企业，如新华书店等品牌发行企业，在维护企业形象的同时，面对的是不正当竞争带来的巨大冲击。

二是独立经济主体利益驱动。大多数出版印刷发行单位都实现了企业化管理，其独立经济主体地位在经济体制改革中逐渐得到确立，每个经济主体都有着自己的独立经济利益。近年来，由于产能增长过快，人工及原材料成本上涨，行业竞争更加激烈。在竞争中，有的不良经营者为了争取交易机会，降低交易成本，就会运用其他手段进行商业贿赂，实施不正当竞争。报刊广告业也是如此，近年来产业发展迅速，但相关制度的建立和不断完善却远远跟不上。广告经营和管理上的漏洞和混乱，不仅会造成国有资产流失，而且会给某些人趁机捞取好处、损公肥私创造条件，有可能成为腐败甚至犯罪的"温床"。

三是"潜规则"常态化。在行业"潜规则"的影响下，无论是出版、印刷、发行、物品采购，还是基本建设的一些环节，都存在着不成文的行规，存在着"给"和"收"的关系。比如书店，进货时属买方市场，业务员有足够的选择空间，容易收受对方给予的"好处"，且明折明扣少，暗折暗扣多。久而久之，个别责任心不强的业务人员，不管本单位存量多少、销量如何、质量优劣，受利益驱动，不负责任地购入，导致单位受损、个人得利。

四是政府管理职能未能充分发挥。由于体制机制不合理、评价指标不完善等原因，客观上存在监管难的问题。一方面，新闻出版行政部门具有行政许可权，但却没有执法权，经营单位申请许可时"承诺一切"，一旦获准后就出现我行我素的情况，行政部门对经批准的企业无有效可控手段，实质上出现审批与执法"两张皮"现象，不能体现"谁主管谁负责"的原则。另一方面，信息的不对称、不能共享问题。如企业因注册、注销发生的动态变化，年检情况等，未达到执法部门与许可部门资源共享，许可部门不能在第一时间获得执法部门惩处企业的信息，当许可部门得到相关信息后，企业年检已"过关"，成了"马后炮"，难以对商业主体真正起到有效的监督管理作用。其次，是对一些企业打"擦边球"的界定还不清楚，存在监管上的盲区。

五是行业缺少统一的诚信评价机制。目前，行业尚未建立统一的信用评价和管理制度，不能通过公开、量化的形式，面向社会，及时准确反映出版发行单位诚信状况，从而无法对现有新闻出版行业企业进行科学的诚信度评估，鼓励企业加强诚信建设，引导企业诚信经营，为企业在市场经济中树立良好信誉。社会各方只能被动地了解新闻出版行业诚信状况，难以主动防范信用风险，虽然出版发行印刷行业在建立诚信指标评价体系上作了有益的探索，对现有的出版物印刷、发行企业进行了诚信能力评估，但还仅停留在本行业内试行运转上，无法和整个行业完全对接，因而其影响和作用就受到一定的限制。

三、加强首都新闻出版行业诚信建设的对策建议

加强首都新闻出版行业诚信评价机制建设，必须坚持以党的十八大精神为指导，深入贯彻落实科学发展观，遵循依法治国和以德治国相结合的基本方略，积极推进以道德为支撑、产权为基础、法律为保障的现代信用制度建设，整合资源，齐抓共管，努力形成诚信经营、守法经营的良好氛围。

一是完善企业诚信指标体系，加强诚信评价机制建设。近年来，驻市新闻出版局纪检监察部门会同主管业务部门，在充分调研的基础上，结合行业实际，推出了北京市印刷发行行业诚信评价指标体系，并以印刷发行行业做试点，旨在通过探索诚信评价方法，推进整个行业的诚信建设。指标体系按照政府推动、行业组织引导和企业自愿申报相结合的方式，科学设定指标参数和指标信息采集参数。诚信评价

工作由北京市新闻出版局和北京印刷协会、北京市出版发行业协会共同组织进行。测评设立三个正向信用等级，即诚信优秀企业（A级）、诚信良好企业（B级）、诚信一般企业（C级），而对于得分较低的企业则不予以公开曝光。依据以上企业诚信评价等级评定规则，在实施中科学制定各大类指标权重，各子类指标权重，及各类指标采集的定量定性信用信息分值，从而通过运用科学的评价方法，给出反映企业诚信水准的信用等级。信用等级的确定以百分值设定，在各定性指标中没有信用较差值情况下，按各类指标权重经合成绩算出总分，再按照总分值确定企业信用等级。在实施过程中，根据其得分多少来判定出版物印刷发行企业诚信方面的优劣，得分 80 分以上的为诚信优秀企业，得分 70—79 分的为诚信良好企业，得分在 60—69 分的为诚信一般企业，得分在 60 分以下的企业不评定级别。北京市印刷发行行业企业诚信指标体系建设，对整个新闻出版行业诚信建设具有重要的引领和示范效应，各行业也应结合本行业的实际，建立各自的诚信评价机制和指标体系。

二是加强信息化建设，增强交易的透明度和信誉度。要搭建统一的、贯通上下游的信息交换平台，建立及时有效的信息交流机制，营造公开透明的经营环境，减少企业间因不了解、不信任而产生的摩擦和误解，为诚信指标体系建设提供良好的技术环境。要在全行业健全信用查询系统，尽快建立行业信用资讯库，制定诚信机制管理办法，全面推行企业信用记录制度、信用监督制度、信用警示制度、信用激励制度等，要建立信用等级制度，让信用成为企业的通行证。以完善信贷、纳税、履约、质量四大信用记录为重点，参照行业信用档案逐步完善各单位及人员信用档案，对失信问题及时记录在案、定期予以通报、随时提供查询，按信用记录对各单位信用等级进行评定，使守信者获得社会褒奖和美誉的无形资产，使失信者在市场经营活动中支付高昂的信用成本。

三是简政放权，发挥协会作用。充分发挥行业协会在诚信体系建设中的动员部署、组织协调和桥梁纽带的作用，把政府部门的意图变为行业协会的具体工作要求，把行业从业人员的诉求和行业动态及时反馈给政府主管部门，为领导决策提供依据。推广使用规范合同文本，建立行业诚信公约和行业自律条例，调动市场主体的积极性。同时，政府机关积极争取财政资金，为协会开展工作提供财力支持，激发行业协会的工作积极性和创造性，使诚信评估工作不断向前推进。行业协会要配合行业主管部门建立健全有关法规和规章制度，建立行业诚信档案，准确、及时、全面地记载和反映供货商、经销商的信用状况，引导供货商、经销商加强自律，合法经营。积极探索把信用体系、信用机制的建立和管理以及相关的立法工作纳入立法规划，为协会开展工作提供法律支撑。协会要不断完善管理机制，按照经济体制的要求，建立以企业（法人）准入、市场准入、职业准入、岗位准入为基础的出版业"四大准入"制度，构建公开、公正、平等、规范的行业管理体系。

建立举报投诉渠道，对违规单位要认真核查违规事实，记入该单位的诚信档案；对违规严重、影响广泛的供货商和经销商，在将其情况交由新闻出版行政部门处理（作为年检内容之一）的同时，协会还将提示相关的供货商、经销商，中断与其业务往来。对不属实的举报投诉，要澄清事实，还人清白。对屡次违反规则、情节严重的供货商、经营商或个人，将建议新闻出版行政部门对其暂缓进行年检、不予年检，直至依法吊销其经营许可证。

四是建立长远守信回馈机制，注重结果应用。一方面，利用政府网站搭建统一的、贯通上下游的信息交换平台，建立及时有效的信息交流机制，使诚信企业在服务社会、商贸交易中获得优先信息。另一方面，积极协调有关部门在政府采购、竞标、大型出版物展销等活动中，实行重点推荐、优先考虑、免除摊位费、优先选摊位等政策，让信用成为企业的通行证和"硬资质"。对于诚信度较高的企业，探索从税收、信贷等方面给予支持的路子，不让守信者吃亏。

五是大力开展诚信建设的宣传教育，营造和谐的行业氛围。要利用政府网站、行业网站、平面媒体、行业展览展示平台，在全行业开展诚信宣传教育，把诚信教育作为精神文明建设和党风廉政建设的重要内容，努力培育出版发行经营者的法律意识、诚信意识和责任意识，提高出版发行企业的信用风险防范和自我保护能力。要针对行业内存在的不正当竞争、售假、欺诈、商业贿赂等突出问题，有重点、有计划、有步骤地进行综合治理。要发掘和树立一批行业诚实守信、遵规守纪的模范企业和个人，通过生动、鲜活的事例对全行业从业人员进行宣传、教育、引导。要加强宣传引导工作，利用各种途径和方式开展有关诚信经营的大讨论，吸引广大经营者和消费者共同参与，通过宣传造势、扩大影响，大力弘扬诚实守信的传统美德，大力弘扬重诺守信的优良文化传统，使讲诚信、守规矩的观念在行业内深入人心，努力形成"守信光荣、失信可耻"的良好风尚。

（本文作者为北京市新闻出版局纪检组组长）

弘扬廉政文化　建设首善之区

○谭维克

廉政文化是我们党始终高度重视、大力倡导实施的治国理政方略。党的十八大从坚持和发展中国特色社会主义的高度，再一次向全党发出了"建设廉洁政治""加强廉政文化建设"的动员令，并提出了反腐倡廉一系列新主张、新要求。我们必须认真领会、坚决贯彻、积极践行。

廉洁政治和廉政文化既相互联系，又相互区别。一方面，廉洁政治和廉政文化的主题是共同的，都围绕着"反腐倡廉必须常抓不懈、拒腐防变必须警钟长鸣"这一核心要求，统一于中国特色反腐倡廉的道路和实践，为实现"清正、清廉、清明"的目标而奋斗。另一方面，廉洁政治和廉政文化侧重点又是不同的。廉洁政治隶属于政治范畴，强调反腐倡廉，是我们党一贯坚持的鲜明政治立场，是共产党人永葆清正廉洁的政治本色，是人民关注的重大政治问题。因此廉洁政治是"刚"性建设，是大是大非问题，关乎党的生死存亡，关乎红色江山安危。廉政文化隶属于文化范畴，是社会主义先进文化的组成部分，强调以廉为先，以文化人，以崇尚廉洁、鄙弃贪腐为价值取向，集中反映和表达人们对廉洁政治和廉洁社会的总体认识、基本理念和精神追求。因此廉政文化是"柔"性建设，以教化人、鞭策人、培养人、感染人为手段，培育廉政自觉，铲除腐败土壤，净化社会风气。可见，廉洁政治和廉政文化刚柔相济，相互作用，支撑起了

"标本兼治、综合治理、惩防并举、注重预防"的工作格局。

廉政文化作为一种源远流长的特殊社会现象，在古今中外都能寻觅到它的生成烙印和发展轨迹。中国古代春秋时期就有"廉政而长久"之问，《周礼》有"六廉"（廉善、廉能、廉敬、廉正、廉洁、廉辨）之说，还有宋代欧阳修的《廉耻论》等，在浩如烟海的历史文化典籍中，有着取之不尽、用之不竭的思想财富和智慧火花。当今世界各国也有许多廉政思想、反贪组织、廉洁公约等可以学习和借鉴。我们今天倡导廉政文化，不能简单地走前人走过的路，或搞什么"拿来主义"，而应当登高望远，与时俱进，在继承发扬一切优秀传统思想文化精华的基础上，开辟新的道路。

北京的廉政文化建设，从总体上应当把握时代特征提升新境界，立足中国特色实践新要求，契合首都特点拓展新抓手。具体可以在"四个引领"上下功夫：

——以先进性为方向引领。我们倡导的廉政文化，必须以马克思主义理论特别是马克思主义中国化最新成果为武装，以中国特色社会主义共同理想凝聚力量，以全心全意为人民服务为根本宗旨；必须全面纳入、有机渗透到党的先进性和纯洁性建设的全过程，鞭策党员和领导干部时时处处用党的先进性和纯洁性要求对照自己、约束自己，坚定立党为公、执政为民的政治立场，增强自我净化、自我完善、自我革新、自我提高的能力；必须牢固树立、坚定恪守社会主义核心价值体系中的廉政价值观，用倡廉反腐、廉荣贪耻、扶正祛邪、惩恶扬善的价值理念抢占思想阵地，确立行为准则，构筑文化形态，蔚为社会风尚；必须充分吸收借鉴京内外、海内外一切优秀廉政文化成果，顺应时代发展要求，坚持社会主义先进文化的本质要求和服务方向，将廉政建设与文化建设相结合，以文化建设促进廉政建设，有效发挥廉政教育在反腐倡廉中的基础性作用，有效发挥"以廉为先、以文化人"在建设中国特色社会主义先进文化之都中的不可替代作用。

——以科学性为规范引领。廉政文化建设是个系统工程。主要分为三个层次：一是精神层面的廉政文化建设，比如树立领导干部"为民、清廉、务实"的核心价值观，执政从政人员秉公用权、廉洁为政的价值理念，广大公民廉荣贪耻、诚信守法的道德观念，全社会反腐倡廉的责任意识等，这是廉政文化建设的核心和灵魂；二是制度层面的廉政文化建设，比如建立健全党风廉政责任制，廉洁典型的宣传表彰制度，腐败典型的警示惩戒制度，党员干部的廉政承诺制度等，这是廉政文化的基础性、根本性建设；三是实践层面的廉政文化建设，比如廉政文化品牌创建活动，廉政文化阵地建设，廉政文化产品的创作生产，廉政文化理论研究等，这是廉政文化建设的活力和生机所在。要深刻认识和把握新形势下廉政文化建设的内涵和外延、特点和规律、方式和手段，认真研究、科学回答廉政文化"是什么、为什么"、廉政文化建设"为了谁、依靠谁""抓什么、怎么抓"一系列基本问题，以系统性的思路、建设性的举措，全方位推进廉政文化建设的理论创新、制度创新和实践创新，不断取得新的成效。

　　——以广泛性为实践引领。廉政文化建设，面向全党全社会，既以党政机关和领导干部为重点，又需要人民群众的广泛参与；既以各级党委、纪委为主责，又需要各个领域、各行各业、各个部门协同配合、形成合力；既是反腐倡廉建设的重大举措，又是先进文化建设的重要组成部分；既是党的建设的有机构成和重要支撑，又渗透到中国特色社会主义"四位一体"建设各个领域，作用于党的其他各项建设、各项工作的各个环节。这决定了廉政文化建设内涵十分丰富，外延非常宽泛，具有很强的辐射力、渗透力、影响力和融合性、群众性、社会性。廉政文化建设的重点是各级领导机关、领导干部和公务员队伍，廉政文化教育首先应当在这一主体层面入耳入脑入心入身，鞭策其时时处处做到立政不忘做人之本，为政不移公仆之心，用权不谋一己之私。另一方面，廉政文化必须进机关、进社区、进学校、进农村、进企业、进家庭，与机关文化、社区文化、校园文化、农村文化、企业文化、家庭文化有机结合起来，实现廉政文化全方位、多层次的渗透和覆盖，引导广大干部群众在参与中接受，在接受中感悟，在感悟中升华为自觉行动，从而整合、利用各种社会资源和力量投身反腐倡廉，调动一切积极因素筑牢社会拒腐防变的防线，净化社会土壤，提升社会风尚。

　　——以示范性为表率引领。大力推进廉政文化建设，是加强党风廉政建设的创新之举，也是实现北京"建首善、创一流"的内在要求。"首善之区"同时就是"首廉之区"，北京应当在党风廉政建设特别是廉政文化建设上努力走在前面，发挥积极的示范作用。北京是国家的首都和全国的政治中心、文化中心，肩负着建设社会主义先进文化之都的重任，承担着"四个服务"的光荣职责，这对北京的科学规划、建设、管理，对北京的党的建设、廉政文化建设，都提出了更高的标准、更严的要求。北京的历史文化积淀厚重，科技教育资源丰富，人才高地优势明显，这对北京廉政文化产品生产、活动开展、阵地建设、宣传教育以及理论研究提供了有力的支撑和保障。尤为重要的是，"爱国、创新、包容、厚德"的北京精神与先进廉政文化的内涵有着高度的契合，践行北京精神与发展北京廉政文化相辅相成、相互促进，内化为全市人民的价值认同和精神追求，必将汇聚成推动科学发展、社会和谐的强大力量。

　　当前，北京廉政文化建设，还应当注意抓好以下工作：

　　一是加强领导，形成合力。建立党政统一领导、纪委和宣传部门具体负责、社会各方齐抓共管的廉政文化建设领导体制和工作体系。发挥反腐倡廉工作体系和先进文化之都建设工作体系各自的独特优势和职能作用，加强相互间的协同配合。发挥宣传、文化、教育、党校系统以及各工委、各群团、各区县乃至街道社区、农村村镇、企业的积极性主动性作用，各司其职，各尽其能。发挥高校与科研机构地域性集中的优势，为深化廉政文化建设研究提供智力支持。发挥广大市民的参与作用，整合各级各类各方面资源，为加强北京廉政文化建设提供强大合力。

　　二是明确思路，创新机制。在进一步落实中央《关于加强廉政文化建设的意见》和北京市《关于进一步深化廉政文化建设的实施意见》基础上，研究制定北京廉政文化建设的发展规划、行动计划和实施方案，明确指导思想、基本原则、工作要求、年度任务，下达任务书，建立工作台账，确保各项工作任务有效落实。积极探索建立规范有效的组织协调机制、权责一致的责任机制、科学合理的评价机制、奖罚分明的奖惩机制、严格制约的监督机制、加大投入的保障机制等，确保廉政文化建设广泛、深入、扎实开展。

三是重在建设，务求实效。北京近年来廉政文化建设有了很好的工作基础，特别是建立了一批廉政文化教育基地，创立了一批廉政文化品牌，推出了一批廉政文化理论研究和文艺创作精品，树立了一批廉政文化先进典型，在很多方面走在了前面。廉政文化建设是一项长期的系统工程，需要按照首善的标准，统筹谋划，创新路径，明确抓手，有序推进。不断扩大廉政文化空间，延伸廉政文化视角，挖掘、提炼、整合特色资源，打造多样化、可持续的廉政文化阵地、文化品牌和文化活动。如此一步一个脚印，一年一个台阶，必将开创北京廉政文化建设繁荣发展的崭新局面。

（本文作者为北京市社会科学院党组书记、院长）

大力推进廉政教育基地建设

○沈　强

党的十八大报告明确指出，反对腐败、建设廉洁政治，是党一贯坚持的鲜明政治立场，是人民关注的重大政治问题。这个问题解决不好，就会对党造成致命伤害，甚至亡党亡国。习近平同志在新一届中央政治局常委同中外记者见面会上也用一句中国传统格言——"打铁还需自身硬"形象地表明了新一届领导班子加强党风廉政建设的决心。

作为全国廉政教育基地，中国人民抗日战争纪念馆在加强党风廉政建设方面不断作出新的探索。

一、廉政文化建设是中华民族优秀文化的核心要素和社会主义文化的重要组成部分

廉政文化是社会主义先进文化的重要组成部分，是"廉政"的特殊性与"文化"的普遍性的有机统一，是一种与反腐倡廉工作实践相伴而生的文化现象。加强廉政文化建设，是新时期党中央在领导党风廉政建设和反腐败斗争中的一个重要创新。它是在充分吸收借鉴古今中外一切优秀廉政文化成果，深刻总结我们党长期以来反腐倡廉经验的基础上形成的，是我们党立党为公、执政为民的执政理念在文化形态上的反映，是我们党执政实践的进步和提升，是建设社会主义

先进文化的重要内容。

廉洁是一种高洁的美德，是中华民族优良传统文化中的核心要素。廉洁思想历史悠久，在廉政思想的发展过程中，产生了大量的廉政论述，涌现出众多清官廉吏，流传着各种生动的廉政故事。早在氏族公社时期，皋陶即提出"简而廉"的廉洁思想，廉论被后人奉为主要道德标准；儒家以"仁义礼智信"治理天下，进一步提升了廉在社会统治中的作用和地位，"礼义廉耻，国之四维，四维不张，国乃灭亡"，廉成为支撑国家的四大支柱之一。现代意义上的廉政文化是对中华民族传统思想道德精髓的继承，是中国共产党廉洁从政的重要思想，体现了优秀的文化传统和鲜明的时代精神。新中国成立以来，我党充分认识到"廉政兴邦、腐败误国"的普遍真理，从巩固党的执政地位和实现全心全意为人民服务的根本宗旨出发，创立和发展了一系列廉政文化理论，赋予了廉政文化崭新的内涵，形成了社会主义廉政文化。

廉政文化是党广聚民心、构建和谐社会、实现中华民族伟大复兴的根本保障。贪污腐化、蜕化变质现象的蔓延，在一定程度上损害了中国共产党的形象。最广大的人民群众是腐败的最主要受害者，他们最痛恨、最反对腐败现象。激浊扬清、抑奢崇俭、戒贪立廉，营造廉政的社会风尚，代表了几千年来人们的心理诉求，也是人民自我创造财富贡献社会和社会满足自我享受财富的平衡，索取和给予之间是人民根本利益的反映，廉政文化的核心价值就是清廉为民做事，是中国共产党立党为公、执政为民的执政理念在文化形态上的反映，体现的是"以人为本"的执政理念。

二、廉政教育基地建设对实现全面建成小康社会目标的极端重要性

党的十八大提出了全面建成小康社会的新目标、新要求，而腐败现象的蔓延则会成为制约目标实现的瓶颈。要想破除瓶颈的束缚，就需要不断加强廉政文化建设。通过廉政文化建设，提高党的执政能

力，引导广大党员干部牢固树立中国特色社会主义的坚定信念，树立正确的世界观、人生观和价值观，从而达到洁净党的执政主体、筑牢党的执政基础、提高党的执政能力的目的。

首先，廉政教育基地是廉政文化的重要载体。纪念馆的核心作用是开展爱国主义和革命传统教育，即通过声光电等现代科学技术和复原场景等多形式的展览手段形象巧妙地将历史遗存组合起来，生动真实地再现历史人物的光辉事迹和崇高品质。这其中也蕴含了大量的优秀廉政思想文化素材，从不同侧面、不同角度生动记录了中华民族和我们党清正廉洁的优良传统。2010 年，中共中央书记处书记、中央纪委副书记何勇在第一批全国廉政教育基地座谈会暨授牌仪式上就曾指出，要充分发掘中华民族优秀廉政文化，继承发扬我们党的优良作风和高尚情操，加强廉政教育基地的建设，充分发挥其在反腐倡廉教育中的重要作用，更好地激励、教育和引导党员干部严于律己、廉洁从政，积极投身于中国特色社会主义伟大事业。

其次，廉政教育基地是廉政文化宣传的重要课堂。纪念馆是德育的第二课堂，是宣传社会主义先进文化的重要阵地，强调的是精神上的感召力，潜移默化、润物无声地影响观众的内心世界，使观众自觉比照先烈和楷模，加强自身人生观、世界观、价值观的改造。而廉政教育说到底也是教育和引导各级领导干部及公职人员坚定共产主义远大理想和中国特色社会主义共同理想，牢固树立正确的世界观、人生观、价值观，牢固树立正确的权力观、地位观、利益观和社会主义荣辱观。所以，发挥纪念馆的廉政教育作用，是新时期推进廉政文化建设，健全反腐倡廉教育长效机制的重要途径，是完善惩治和预防体系的重要内容，对提高党员干部拒腐防变能力，增强全社会反腐倡廉意识，形成廉荣贪耻的思想道德基础和文化氛围，从源头上预防和减少腐败现象发生，具有重要的现实意义。

纪念馆是实施廉政教育的良好平台和加强党风廉政建设的重要阵地，有责任担负起这一光荣的职责，推进廉政文化建设，营造清正、廉洁、高效的社会环境，推动社会主义先进文化的大繁荣大发展，为经济社会又好又快发展作出更大的贡献。

三、对廉政教育基地发挥有效作用的实践和思考

（一）创品牌，依托自身资源彰显"新亮点"

"问渠哪得清如许，为有源头活水来。"众所周知，如果展览的内容设计本身很空洞，历史类陈列没彰显出历史文化内涵，就无法真正地引人入胜，形式设计也是无源之水、无本之木。党风廉政建设是中国共产党党建的重要组成部分，贯穿于中国革命和建设的各个历史时期。从建党之日起，中国共产党就从未放弃过同腐败现象、腐败分子作斗争。全国抗战时期更是成为中国共产党发展历程中极为重要和辉煌的历史时期。毛泽东等老一辈无产阶级革命家在领导军民争取民族独立解放的进程中，锻造出了一个艰苦奋斗、克己奉公、勤政廉洁的党，建立了廉洁的政府，形成了一系列党的优良传统和作风，培养了一大批忠心耿耿、为党为民、廉洁奉公的干部。这与国民党及其政府的党纪涣散、贪赃枉法、横征暴敛形成了强烈的对比，这不但使中国共产党赢得了根据地人民的衷心拥护，还获得了国内外友好人士的赞赏："中国的希望在延安。"

抗战馆作为全国唯一一座全面反映中国人民抗日战争历史的大型综合性专题纪念馆，深入研究了抗战时期中国共产党党风廉政建设，举办了"光辉典范——抗战时期中国共产党党风廉政建设"专题展览。为了更好地挖掘抗战时期的党风廉政建设素材，抗战馆一方面从原有资源入手，针对不同受教育群体的实际需求，注重利用重大历史事件、重要历史人物、重要纪念日和节假日等有特殊意义的时期，分别设计不同的参观内容、参观路线和讲解词，进一步增强教育的针对性和时效性。另一方面注重拓宽视野，邀请中央党史研究室等单位专家学者，多次召开展览研讨会，探讨研究大纲编写思路；成立了党风廉政展览考察小组，辗转几千公里，远赴陕西、湖南、湖北、河北等地走访抗战老兵、专家学者，到廉政教育基地搜集材料。经过近一年的努力，在党的十八大胜利召开之际推出了此展览。中共北京市纪

委、市委宣传部等部门还联合发文，要求全市机关单位组织参观该展览。展览开幕四个多月来，平均每天超过 2000 人前来参观。其中，北京市党政机关的参观达 300 多批次，参观人员达到 20000 余人次。为了更好地加强廉政教育的效果，我们还为所有参观的团体提供免费讲解。展厅内讲解员动听的讲解声和展厅外激昂高亢的宣誓声汇合到一起，将展览变成了廉政教育的大课堂。展览还设计了电子留言簿和纸质留言簿等互动平台，观众普遍反映该展览非常好，很有教育意义。

通过资源整合，抗战馆将伟大胜利主题展、党风廉政建设专题展、民族精神大讲堂、多功能厅专题教育片放映及"党风廉政建设"研讨会等活动有机结合起来，组成集看（展览和专题片）、听（报告）、讲（体会）为一体的系列活动，形成了抗战馆开展廉政教育宣传的品牌特色。

（二）抓载体，深度挖掘廉政文化"新看点"

历史类陈列的策展过程是一个深入浅出的过程。廉政文化宣教形式单一、沉滞必然会使展览失去魅力，因此就需要不断深挖廉政文化素材，通过形式多样、内容丰富的新载体来增强廉政文化宣传的亲和力与吸引力，发挥出廉政文化的最佳成效。

一是展览坚持贴近实际、贴近生活、贴近群众。在讲解中，以文物、照片或影像资料等为载体，适当增加在抗战时期能够展现中国共产党主要领导以廉治党、以廉治政、以廉治军的具体内容，如毛泽东"三让汽车"、周恩来与"党员的修养要则"、刘少奇同志谈进城要打"预防针"、朱德不做"特殊党员"，及英雄人物刘胡兰、白求恩、张思德等在抗战烽火中讲党性、重品行、作表率的真实事迹，以文物背后生动翔实、情感深沉的小故事去感染每一位观众，以达到"润物细无声"的效果。二是充分利用现代科技成果拓展廉政文化建设的载体。充分利用抗战馆互联网的优势，有效拓宽对外宣传途径和渠道，积极开展廉政宣传，以扩大社会影响力。在馆网站专门开辟了廉政教育专栏，将抗战馆党风廉政建设具体情况和相关宣传内容以文字、图片、视频等形式呈现出来，增加观众留言等网上互动内容。三是延伸廉政教育的宣传触角。丰富廉政教育的载体，将党风廉政教育宣传融入抗战馆民族精神大讲堂讲座活动中去，在选取"大讲堂"讲座选题上有意识地增加廉政建设方面的内容，不断丰富民族精神大讲堂内涵。设计制作了廉政专题展览系列文化产品，如"廉"字汽车挂件，廉政专题展览画册、邮册。为进一步扩大该展览的受众面和教育效果，抗战馆还拟推出《抗战时期中国共产党党风廉政建设》专题片和口袋书，广泛宣传中共中央和毛泽东等老一辈无产阶级革命家艰苦奋斗、克己奉公、勤政廉洁的优良传统和作风。

（三）巧应用，找准党员干部教育的"兴奋点"

纪念馆必须适应形势需求，在理念上及时跟进，吸纳新式宣教模式，创新教育形式，找准党员干部的"兴奋点"，更好地发挥教育功能。简而言之，就是要结合自身资源特色明确不同受众的教育目的，有了明确的、合理的体验目标和主题，方可整合观众的体验，诱导出其内心潜意识的期许，使观众需求与资源特色达到高度一致，从而形成合力之势，使整体活动不偏离方向。

纪念馆要把观众心理需求和活动内容融合起来，有目的地为观众创设恰当的情境，设计、组合出原汁原味、丰富多彩的产品来，吸引观众，引导观众。近年来，部分纪念馆对此展开了积极的探索和尝试，设计了"清明节的铭记""实景剧演出""吃忆苦饭""重走革命路"等参与性活动，让大家在亲自体验中触摸惊心动魄的历史，感受革命取得成功的艰难，体会中国共产党波澜壮阔的伟大革命精神，收到了良好的展览与活动效果。

此外，在观众参观过程中增加一系列内涵丰富、品牌突出、特色鲜明、具有一定规模和较高服务水准的体验活动，也可以使教育活动寓于参观游览之中，将革命历史、革命传统和革命精神通过体验的方式传输给每一个观众，给观众以知识的汲取、心灵的震撼、精神的激励和思想的启迪。

总之，利用历史资源，开展党性教育，要注重把握历史与现实的

"结合点"，抓住干部学习的"兴奋点"，找准触发激情的"切入点"，增强党性教育的针对性和实效性。要引导观众以科学理论为指导，理论联系实际，在丰富生动的实践体验中感受"抗战"精神，把讲党性、重品行、作表率内化为自我需要和自觉行动，始终保持共产党人的先锋模范作用。

（本文作者为中国人民抗日战争纪念馆党组书记、馆长）

关于发挥党组织在基层社会
服务管理中作用的实践与思考

○韩　昱

如何发挥党组织在基层社会服务管理中的作用，是党的建设和社会建设都要面临的理论和实践问题。深刻认识和探索解决这一问题，对于更好地以党的建设引领社会建设具有重要的现实意义。

一、深刻认识党组织在加强基层社会服务管理中的地位和作用

党的基层组织，扎根于基层，扎根于群众，是团结带领群众贯彻党的理论和路线方针政策、落实党的任务的战斗堡垒，在基层社会服务管理中发挥着领导核心作用。深刻认识、明确坚持这一点，对于加强党的基层组织建设，巩固党执政的社会基础，对于完善基层社会治理格局，创新社会服务管理，具有双重意义。

一是政党和社会关系理论，要求党组织必须在基层社会管理中发挥领导核心作用。马克思、恩格斯指出，共产主义的社会管理，"必须管理的不仅是社会生活的个别方面，而且是整个社会生活的一切表现，一切方面"。政党特别是执政党，扮演着政府与公众的连接者、利益的聚合者、政治体系的整合者、政治社会化的实施者、选民的动员者和政府的组织者等多重角色，把握着社会建设、社会政策的方向

和目标。作为世界上最大发展中国家的执政党，中国共产党肩负着历史和人民赋予的执政兴国的光荣使命，是中国特色社会主义事业的坚强领导核心。创新社会服务管理，是社会领域的一场深刻变革，涉及党与政府、社会的关系调整，涉及整个社会的发展方向，必须坚持党总揽全局、统筹全局的领导核心作用，科学分析和把握社会服务管理创新沿着什么方向、按照什么思路进行的问题，以党组织作用的发挥为社会服务管理提供坚强的思想、组织和制度保障。

二是马克思主义执政党的性质宗旨，要求党组织必须在基层社会管理中发挥服务凝聚作用。胡锦涛同志指出，"社会管理，说到底是对人的管理和服务"，深刻阐述了人民群众在社会服务管理中的主体地位。社会是由不同的利益集团组成的，利益是诱发各种矛盾冲突的直接原因，而社会管理正是服务保障人们的利益、有效地化解利益冲突的过程。作为马克思主义执政党，中国共产党的宗旨是为人民服务，本质是立党为公、执政为民。在当代中国，只有共产党才能最大限度地团结社会各个阶层，才能代表最广大人民群众的利益，因此也只有共产党才能担负起社会服务管理的领导责任。事实也正是这样，我们党一直强调，加强社会建设必须从维护最广大人民群众根本利益的高度，以保障和改善民生为重点，解决好人民最关心、最直接、最现实的利益问题，努力让人民过上更好的生活。发挥基层党组织推动发展、服务群众、凝聚人心、促进和谐的作用，保障人民群众的各项权益，真正实现发展为了人民、发展依靠人民、发展成果由人民共享，才能把社会服务管理工作做好。

三是社会建设形势任务的发展变化，要求党组织必须在基层社会管理中发挥组织协调作用。我们党始终高度重视社会服务管理，特别是党的十六大以来，明确提出了创新社会管理的任务，并不断深化拓展，把社会建设纳入了建设中国特色社会主义总体布局。应该看到，目前我国的社会结构、组织形式、利益格局正发生着深刻变化，社会服务管理面临着诸多新课题，非公有制经济组织和社会组织大量涌现，社会管理主体由单位、农村（社区）二元化向社会共同参与的多元化转变；思想观念、价值取向的深刻变化，社会管理方式由命令式、控制式向服务式、协商式转变；人民群众对美好生活的追求不断高涨，对社会服务的需求越来越高，而且呈现出日趋明显的多样化、个性化特点。在这种情况下，单一的服务主体、单一的服务方式，已很难适应，也不可持续，需要建立立体多元的服务体系，凝聚力量，整合资源，形成合力。应对社会服务管理形势任务的这种变化，必须发挥党组织的政治、组织和密切联系群众的优势，以党的基层组织建设带动其他各类基层组织建设，推动社会价值整合、利益整合、组织整合，保证整个社会的动态平衡、良性运行与和谐发展。

二、在加强基层社会服务管理中发挥党组织作用的探索和实践

按照中央关于加强和创新社会服务管理的一系列决策部署，围绕构建和谐社会首善之区的任务目标，全市各级党组织把党的基层组织建设和社会建设结合起来，把握群众需求，结合领域特点，在加强基层社会服务管理中积极探索发挥党组织作用的方法和途径，取得了新的成果和经验。

一是围绕中心、服务大局，探索党组织在社会动员工作中发挥作用的新路径。结合首都工作大事多、要事多的特点，发挥党组织社会动员的政治优势，构建党组织发动引领、党员模范带头、群众广泛参与的社会动员机制。在北京奥运会、残奥会期间，深入开展在职党员到社区报到活动，全市共组织 23 万名党员到社区党组织登记报到，累计参加平安奥运志愿服务活动 160 万人次，活动时间累计超过 550 多万小时。在新中国成立 60 周年庆祝活动中，发动组织 80 万名以党员为主体的首都治安志愿者队伍，积极参与"国庆平安行动"，担负起社区巡逻、邻里守望、看桥护路、治安防范等工作。总结推广房山区的经验，在全市普遍实行"次序动员"机制，即遇急难险重任务，按照从村党组织书记到普通群众的顺序进行动员，发挥党员干部的先锋模范作用；涉及福利调整、利益分配及安全保障等工作，启动组织动员的倒序次序，由普通群众优先享受发展成果，有效提升了社会动

员的效能。

二是凝聚人心、促进和谐，探索党组织在服务群众工作中发挥作用的新路径。坚持把服务群众、做群众工作作为基层党组织的核心任务和基层干部的基本职责，发挥党组织密切联系群众的优势，以服务群众的实绩保证基层社会管理的成效。引领发展，改善民生，推广密云"希望小镇"发展模式，探索党组织引领发展现代农业、培养新型农民、带领群众致富的工作机制；了解民情，把握民需，推行"民情日记工作法"，人对人、面对面地了解群众需求，建立服务对象动态管理的完整民情体系；强化服务，化解民忧，推行"一刻钟社区服务圈"工作法，科学布局区域服务资源，让社区居民在步行15分钟的范围内享受到快捷、便利的基本生活服务；畅通诉求，协调利益，探索建立"全程办事代理"制度，设立社区（农村）信访代理站，按照委托代理由党组织全程为群众提供帮助，将矛盾纠纷化解在基层、化解在萌芽状态。

三是优化管理、强化功能，探索党组织在基层治理工作中发挥作用的新路径。聚焦首都人口流动性强、社会防控管理难的问题，发挥党组织的组织优势和管理职能，提高社会管理科学化水平。结合城市社区基层治理、公共事务和公益事业管理，探索"网格化社会服务管理"模式，充分运用电子地图和现代信息技术，在不同区域内划出大小不等的网格，把党的组织建在网格上，将人、地、物、事、组织等社会服务管理内容纳入网格中，把社会管理责任落实到网格内。结合城乡发展一体化建设，明确农村基层党组织在加强社会管理中的职责任务，探索"村庄社区化管理"模式，形成社区化管理的组织架构和运行模式。结合非公有制经济组织、社会组织等新兴领域的特点，在商务楼宇推行党建、工青妇建设工作站和社会服务站"五站合一"工作模式，强化对楼宇内企业、职工的党务、政务、社务服务和管理功能。

四是扩大民主、激发活力，探索党组织在群众自治工作中发挥作用的新路径。通过党内民主带动社会民主，健全基层党组织领导的充满活力的基层群众自治机制。改进基层选举方式，让农村（社区）

党组织书记候选人和村（居）委会主任候选人走上台前，通过竞选演讲、公开承诺、互动问答等方式，把选择权真正交到群众手中。2012年社区"两委"换届中，全市95.4％的社区党组织实行了"直选"。完善基层管理制度，推行社区"六方协调议事"模式，建立起由社区党组织主持，居民（业主）代表、物业管理企业、小区开发企业、居民事务办理站、社区警务站负责人组成的协调议事机构，通过引导、合作、互动的方式实现居民参与管理决策。健全决策机制，推广农村"四议两公开"工作法，按照党支部提议、村"两委"会商议、党员大会审议、村民代表会议或村民会议决议的步骤实施决策，保证决议公开，实施结果公开。通过这一系列的制度和机制创新，有效保证人民群众自我管理、自我服务、自我教育、自我监督。

五是整合资源、协调各方，探索党组织在社会参与工作中发挥作用的新路径。针对城乡差异、体制差异、区域差异带来的社会资源不均衡等问题，发挥党组织统筹协调功能，整合各方各类资源，形成推动基层社会服务管理工作的合力。整合区域资源，构建以街道党工委为核心，社区党组织为基础，驻区单位和党员居民共同参与的区域化党建格局，探索实施"大党委"制，在不改变党组织隶属关系的前提下，吸纳驻区单位党组织负责人兼任社区席位制委员，参与社区建设和服务管理。整合政策资源，2009年起，全市广泛开展了机关党组织和党员"进农村、进企业、进社区，促发展、促和谐"的"三进两促"活动，从政策、人才、技术、物资等方面为农村经济发展、社区和谐稳定、企业生产经营提供政策支持和项目服务。整合社会资源，完善政府购买公共服务政策，通过社会建设专项资金向社会组织购买公益服务项目，引导社会组织发挥行业优势参与社会管理，为重点工作提供服务和支持。

三、强化党组织在基层社会服务管理中的作用

党的十八大报告从建设中国特色社会主义总体布局的高度，提出了加强社会建设的原则和任务，强调要"在改善民生和创新管理中

加强社会建设"；同时，强调要"以服务群众、做群众工作为主要任务，加强基层服务型党组织建设"。把这两个方面的精神结合起来学习领会，结合起来贯彻落实，为进一步强化党组织在基层社会服务管理中的作用指明了方向和路径。

一是树立党组织发挥作用的科学理念。作为执政党的基层组织，要履行党的执政使命，完成党的任务，成为坚强堡垒，在基层社会管理中处于领导核心地位，对于这一点，必须明确，毫不动摇地坚持。这里的关键是如何理解"领导核心"，如何实现"领导核心"。尤其是在当前，社会服务管理纷繁复杂，头绪多，任务重，更要科学界定职责定位。领导是责任，要主动承担，责无旁贷；领导是引领，要走在前列，把握方向；领导是协调，要统揽全局，协调各方。在实际工作中，既不能无所作为，推诿搪塞，也不能事无巨细，包揽一切，前者是不负责任，后者会力不从心。要正确理解、善于"领导"，基于职责，发挥优势，团结其他各类基层组织，共同做好社会服务管理工作，在实践中形成并强化"核心"地位。党的基层组织要恪守全心全意为人民谋利益的价值取向，尊重人民群众的主体地位和基础作用，认真研究和把握基层社会服务管理工作的特点和规律，用服务的理念、开放的思维研究和管理社会事务，这样才能把领导核心作用发挥好。

二是完善党组织发挥作用的治理格局。党的十八大报告强调，要"加快形成党委领导、政府负责、社会协同、公众参与、法治保障的社会管理体制"。这一体制落实到基层，最根本的是构建以党组织为核心的基层社会治理格局。基层党组织的核心作用，主要是两个大的方面，一个是对工作，即事，也就是领导落实党的各项任务；另一个是对组织，即人，也就是领导协调其他各类基层组织。过去，我们对前一方面强调得比较多，对后一方面强调得不够。特别是在社会急剧变化的今天，基层社会的组织形式和结构日趋多样化，除原有的城乡居民的自治组织、基层工会、妇联、共青团，还涌现出大量非公经济组织和社会组织，可以想见的是，这些组织形式的占比会越来越大，作用也会越来越强，这些都对党组织发挥领导核心作用提出了新的考验。构建以党组织为核心的基层社会治理格局，其实质就是明确和规范各类基层组织的关系，以党的基层组织建设带动其他各类基层组织建设，实现党组织对其他各类组织的领导，形成各司其职、各负其责，相互配合、协调运转的良好局面。从现实情况看，经过近些年的努力，在农村形成了党组织领导、村民（代表）会议决策、村委会执行的村民自治机制，在城市社区形成了党组织、居民委员会、社区服务站"三位一体"的格局，非公有制经济组织和社会组织党建工作取得明显进展，基层社会治理格局不断完善。要继续加大非公有制经济组织、社会组织党建工作力度，创新组织设置形式，扩大党组织和党的工作的覆盖面，以组织形式实现党组织的领导；要加强制度创新，科学界定职责范围，规范工作程序，完善联系协调机制，以制度保障党组织的领导。

三是创新党组织发挥作用的方式方法。围绕建设和谐社会的目标任务，着眼发挥党组织的领导核心作用，必须立足联系服务群众这一核心任务，切实加强基层服务型党组织建设。只有把自身建设好，领导才有"资格"，说话才硬气，这是党组织发挥领导核心作用的关键和支点。以此为基础，创新方式方法，探索党组织作用的实现途径。要注重抓好队伍，健全党员立足岗位创先争优长效机制，发挥党员的先锋模范作用；完善培养、选拔、管理、激励制度，提高社会工作者队伍的专业素质；大力弘扬志愿精神，壮大志愿者队伍，形成社会服务管理的骨干力量。要注重整合资源，以区域化党建为依托，各类组织联动，合理配置、充分运用组织资源、政策资源和社会资源，把社会力量激活用足，提高社会服务管理的能力。要注重丰富载体，总结已有成功做法和经验，如前文提到的"网格化服务管理模式""民情日记工作法""三进两促"等活动，并不断提高完善，切实解决群众生产生活中的实际困难。要注重搭建平台，通过信访代理、民愿接待室、社情民意网、服务意见箱等形式，畅通和规范群众诉求表达、利益协调、权益保障渠道。

四是健全党组织发挥作用的支撑体系。随着形势的变化，基层党组织面临的情况更复杂，任务更繁重，每遇重大活动和任务，我们总是首先想到基层党组织。但权责不对等，有些问题表现在基层，但根源不在基层，如基层党组织手中无权力、无政策、无资源，虽可以做些工作，却无力有效解决。要想基层党组织在社会服务管理中发挥好领导核心作用，除基层党组织的努力外，上级党组织还要关心爱护基层干部，加大对基层党组织的政策、资源支持保障力度，使基层党组织更加坚强有力。近些年来，全市各级党组织按照工作有力量、办事有经费、活动有阵地的要求，通过选派大学生村官和社区工作者，强化基层工作力量，并不断加大投入，加强农村基层组织活动场所和社区办公用房建设，提高基层党组织活动经费标准，基层党组织的工作条件得到极大改善，提升了服务党员群众的能力。在继续加强人、财、物支持的同时，要重点加强政策支持。从更大范围看，基层党组织主要不是社会政策的制定者，而是落实者。制定政策要更多地征求基层的意见，更好地反映群众的意见和诉求；落实政策要加强对基层的培训，把政策交给基层，使他们更好地理解掌握政策，这样他们工作起来才能更加主动自觉，切实做好群众的工作，不断提高社会服务管理水平，保持基层社会的稳定和谐。

（本文作者为北京市广播电影电视局副局长）

理论走入农民家

——北京市理论宣讲示范基地丰台区花乡的变迁

○崔耀中

北京市丰台区花乡，处于城乡接合部，经济社会发展相对落后。然而，近年来，小小一个乡镇培育出了全国最大的蔬菜批发市场、亚洲最大的构件厂、全国最大的图书物流配送中心、北方最大的花卉集散地，产业结构逐步优化、城镇化稳步推进，取得了发展"佳绩"。谈到成就，很多干部群众说，花乡设立的两个"理论宣讲示范基地"功不可没，正是因为理论走进了农民家，经济社会发展才有了方向，农民才有了精神的家园。

一、让村民吃理论小灶

花乡，其实离天安门不过十几公里，北越南三环、中夹南四环、南邻南五环。然而这个乡，跟中国很多处于快速转型中的城乡接合部一样，很长时间里处在城市与乡村的拉力之中。一边是楼群林立，一边是低矮杂院丛聚；一边是市民的生活，一边是乡村的旧习。

2000年以后，花乡开始实行全面城市化进程。很多农民一夜转身成为市民，搬离旧居，乔迁新居。但是，问题也随之而来，不少人将农具、农作物搬到楼上，还有人在阳台上养鸡养鸭，在公共绿地上养花种菜，造成很多物业纠纷。这成为当时花乡党委政府很头疼的问题。

一次偶然的机会，北京市委讲师团的一位领导去花乡讲党课，课讲得很精彩，很多村民听得都很投入。讲完课之后，趁着热烈的气氛，花乡党委政府一班人邀请讲师团领导一起讨论村民思想素质建设的问题。

"人上楼了，思想素质怎样上楼？"花乡书记向大家发问。你一言，我一语，讨论到最后，都觉得新形势下教育群众要有新的抓手。但是在当时，尤其在教育农民方面，并没有太多的实际先例可以作为参照。

"要不在花乡成立一个理论宣讲的基地吧？"讲师团领导向大家建议。"相当于把讲师团搬到村里来，让村民吃理论小灶。"讲师团是从事干部理论教育的专门机构，让干部教育机构来教村民，让农民来学理论，的确有创意，可是效果怎样，大家心里都不是很有底。花乡和讲师团的领导最后拍板，"试一试"。

理论宣讲有没有实效，要看在最难的地方能不能得到检验。在花乡有一个环境复杂、治理难度较大的村，叫新发地。新发地村主要产业是农产品批发，批发商聚集、流通企业聚集、外地人聚集，流动人口是本地人口的近 10 倍。两边领导所说的"试一试"也包括这个村。因此，在花乡设立理论宣讲基地，一下就设立了两个。

2005 年 9 月，经过紧张筹备，花乡与新发地村两个理论宣讲示范基地同时成立。这是全国第一个建在乡一级和村一级的理论宣讲示范基地。实际上，这样在乡、村两级同时设立窗口，可以观察理论落地效果。按照约定，北京市委讲师团把首都 16000 多名专家与花乡和新发地村对接，每年安排学习计划，每月安排课程、专家。

挂个牌子容易，但是要让农民放下手头的事情，跑到会议室来学理论并不是一件容易的事情。北京市委讲师团专门为两个基地的村民找来北京各大高校、党校的著名专家教授讲大课。花乡的工作人员费了很大的劲儿，一个一个打电话通知，甚至是商量，把村民给叫来了。但是，专家开讲之后，有的人交头接耳，有的人中途跑出去上厕所、抽烟，很多人不回来在外面聊上了，还有的人索性听了几句就溜号，以后的报告会来的人越来越少。

有人开始议论，理论宣讲示范基地到底是不是适合农村，农民对理论有没有需求？

北京市委讲师团和花乡党委一起开始调研，发现了问题所在。讲师团所请的专家的确在相关领域很权威，讲得也很到位，但是理论性过强，很多基层干部群众听不懂。另外，所讲并非所需也是一个重要问题，话题内容普遍离群众需求和切身关注较远。例如有一次请一个"三农"专家，他讲的农业，主要是庄稼种植。但花乡早已是有农村有农民无农业，其中大部分还属于花卉服务业，属于纯农业种植的就很少了。像这样的专家讲得再好，对于花乡绝大部分的基层干部和群众来说，听了还是不解决实际问题。

理论不能解决实际问题，就得不到群众的欢迎。市委讲师团和花乡党委一起商定解决办法，每次组织报告会，都要专门派出几名同志，在旁边跟着，让村民一个一个填问卷，可以收集上来一大堆热点、难点问题。汇总之后，发现乡村干部普遍关注党的重大方针政策和花乡发展如何对接的问题；村民主要关注涉及自己利益的拆迁、物业管理等实际问题。于是基地的课程分成了两部分，一部分针对党委中心组和村两委会的学习，侧重政策对接、产业发展、社会管理等；一部分针对普通村民，侧重利益保护、素质提高等。讲师团还专门组织授课专家提前来到花乡，听当地的同志介绍花乡的发展情况，让专家知道如何对症下药。由此，花乡的理论学习有了一个大的转变，从"没人听"到逐渐"有人听""愿意听"，有一些场次甚至出现"人满为患"的场面。花乡理论示范基地成立当年就举办了11场报告会。

二、奥运大考场

花乡，面积50.3平方千米，下辖15个行政村。其中，新发地是全国最大的"菜篮子""果盘子"，北京市80%以上的蔬菜是从这里批发出去的。这里是一个流动人口达6万人、常住人口达2.5万人的大市场。2004年，市场开始升级改造，但是治理环境的脏乱差，难；治好经营秩序，难；制住假冒伪劣产品，难。

2005年年初，新发地村党委书记在一次学习中了解到我国流动党员的相关情况。新发地市场每天的人员流动量都达几万人，这里面该有多少流动党员，如果能发挥他们的模范作用又会产生什么效果呢？他在市场里做了一次摸底调查，发现商户中不仅有党员，而且还有一些党员迫切要求参加党组织活动。组织流动党员成立党支部，这样一个思路逐渐成型了。

这个想法得到了花乡党委以及上级党组织的高度肯定，并予以批准。2006年1月12日，新发地市场流动党员党支部成立。第一个月，就有20多名流动党员报到，第二个月增加到了71人，并有数十名文明商户主动写了入党申请书。流动党员党支部每月活动一次，学习党的有关文件，落实党的有关精神以及听党课。学习之后，大家还要写心得体会，互相交流。

新发地是迄今为止北京市唯一的一个村级理论示范基地。北京市委讲师团对其格外重视，专门组织专家多次来到批发市场，给大家就北京奥运会、世界城市建设、城南行动计划、社会安全稳定、人格形象魅力等话题进行讲解。村里组织流动党员及群众听课学习。这里面有大量商户感兴趣的内容，有的单位还创建了网站，开辟"流动党员学习专栏"；还有的发放"宣讲家"网站的账户、账号。很多流动党员反映，能听到专家这么精彩的报告，在老家是从来没有的，真是开阔了眼界，受益匪浅。

理论的种子一旦播下，就会扩散传播。在流动党支部中，有一位来自河南省新野县的来京务工人员李峻岭。他2002年来到新发地批发蔬菜，独处异地，倍加怀念集体生活。在新发地流动人员党支部成立后，他积极争取家乡党委也在新发地成立党支部。在两地党委的大力支持下，2006年10月12日，河南省新野县驻北京新发地市场流动党员党支部挂牌成立。2007年8月13日，花乡党委与新野县委达成协议，该党支部由双方共同管理。

抓学习、抓党建、抓党员，新发地抓住了解决问题的牛鼻子。流动党员党支部很快在这里发挥了表率作用。在新发地，市场不少商户的门楣上挂着醒目的"共产党员商户"牌匾，执勤人员的胳膊上戴着红袖标，上面写有"共产党员执勤"，商户的胸前也佩戴着共产党员标志的徽章。这些人对待消费者公平公正、诚信热情，管理过程中认真负责、不徇私情。在几万人的交易市场里，他们逐渐成为市场安定和发展的基石。

2008年北京奥运会期间，新发地村所有党员干部分组昼夜检查食品安全工作，确保了市场交易秩序安全有序，确保了食品安全"零事故"。

农村学理论尝到了甜头。花乡党委理论学习中心组制订周密的学习计划，定期组织学习，在各村级领导班子也设有理论学习中心组，实际学习时间要高于上级要求的12天。新发地村不仅每月开展中心组学习一次，每季度还举办一次全体党员学习大会。学习中不走过场，而是真学习，真思考，真讨论，真出学习成果。这成果，不是一纸论文，而是经济社会发展各方面的实际突破。

奥运会对于北京，是一个脱胎换骨的过程，是一个走向世界的巨大机遇。北京举办奥运会，这个千载难逢的机会，花乡没有放过。

"相逢俱是看花客，日暮笙歌夹道回"，写的就是花乡。这个全国唯一的一个以"花"为名的乡，有着700多年的养花历史，这里的鲜花享誉都城。2008年8月北京奥运会的领奖台上，运动员手中挥舞的"红红火火"颁奖花束，就出自花乡草桥。

为了这一刻，草桥人努力了近7年。奥运会前，草桥人自筹资金1.5亿元，建设世界花卉大观园，并先后举办了五次全国插花花艺大赛，极大地提高了草桥花卉知名度。承诺投资2000万元，不做任何广告，不要赞助回报，免费为奥运会服务。草桥人的真诚，给北京奥组委和国际奥委会留下了深刻印象。在激烈的竞争中，最终确定草桥人设计制作的"红红火火"作为奥运会、残奥会颁奖花束。774次颁奖、6000余束颁奖花束让草桥的鲜花飘香世界，扬名五洲。

奥运会的一场大考，花乡闪亮登场，光华四射。但是，花乡人没有忘记理论学习在其中发挥的无形的作用。在北京奥运会刚刚结束，残奥会还在紧张筹备的间歇，2008年9月4日，花乡就召开了思想政治建设座谈会，专门邀请北京市委讲师团相关负责人来到花乡。花乡党委书记在总结的时候说："通过讲师团理论宣讲等多种形式的思想宣传，目前全乡村级领导的执政能力与意识都在逐步提高与加强，全乡人文环境明显得到改善。"

三、学多少，得多少

在花乡，已经形成了这样一种习惯。每逢党和国家重要会议、重大部署必学习；每逢市委、市政府及区委、区政府重要决议必学习；每逢乡域发展关键阶段必学习；每逢乡域重要决策必学习；每逢解决热点难点矛盾问题必学习。花乡的领导干部，不管是开会、出差，经常带在身边的书籍就是《大讲堂》。这是中央国家机关工委和北京市委讲师团联合主办的理论内刊，一般是提供给司局级以上领导干部参阅的。讲师团专门为理论示范基地开小灶，免费提供。花乡的党员干部见缝插针，开会、出差有间歇的时候，赶紧抽时间阅读理论文章。

村级两委会班子与老百姓面对面，与经济社会发展中的问题面对面，与各种矛盾纠纷面对面，不学不行，不学习就没有发展，就不能为老百姓"把好事办好"。

长期的理论学习，形成了独特的敏感性与发展的思路。当地铁房山线规划一出来的时候，榆树庄村党委马上着手研究经过该村的地铁站的相关情况。通过相关领导讲话等信息，发现地铁的经营思路很像香港的"地铁＋物业"模式，于是立即组织人手搜集相关资料，研究调整榆树庄的发展规划。

榆树庄构件厂，1980 年创办时只有一块沙化土地、一台压力机、30 多名职工，如今已有职工 1000 多人、各种大型机械设备 210 台套、年产值和销售收入近 10 亿元，是亚洲最大的构件厂。奥运会后，榆构又承接了深圳大学生运动会主体育场看台板等大型重点工程，同时进军地铁管片等领域。北京的地铁 4 号线、机场沿线的地下通道都有"榆构制造"。

过去，榆树庄村到处是出租房，收入不少。可是他们不甘心于此，瞄准了物流业，成立了西南物流中心。现在，已经有 200 多家全国知名出版社进驻榆树庄村，年图书出库额约 100 亿元，西南物流成了全国最大的图书物流配送中心。

新发地是全国最大的农产品交易市场，起源于 1988 年 15 名村民连夜用水泥杆、铁丝网当围墙圈起的 15 亩地。在 20 多年的时间里，全国的一些大型农产品交易市场生生死死，但是新发地一直不断突破自己、升级发展，保持遥遥领先。2011 年，新发地市场交易量为1200 万吨，交易额为 400 亿元，交易量已连续 10 年双居全国第一。

奥运会之后，草桥的花卉更上一层楼，2011 年又为世界大学生运动会提供颁奖鲜花服务。如今，玉泉营周边花卉市场，日客流量达上万人次，年交易额达数亿元，已成为我国北方最大的中外名贵花木集散地。

花乡的各个村都成了学习研究的前沿阵地，几乎每个村都有讲堂，每个村都组织讲座。7 年来，每年春节前，北京市委讲师团都要和花乡领导班子进行一次研讨会，研究下一年的发展思路与学习计划。花乡理论宣讲示范基地共邀请院校专家和教授进村为村民讲课100 多次，6 万多人次参加学习。著名演讲家李燕杰、首都师范大学郭海燕等多名专家教授，先后在花乡留下了精彩的宣讲辅导。2008年，基地还组织国家农业部、民政部党组中心组成员与花乡党委中心组开展"国家部委与基层主题联学"，让决策的最高端和执行的最终端坐在一起讨论农村发展。中央国家机关接了"地气"，基层单位触了"天线"。

"理论武装"使花乡统一了思想，理清了思路，形成了共识，凝聚了力量。全乡经济总收入从 2005 年的 46.7 亿元，发展到 2009 年的 62.7 亿元，增长了 34%。多年来，花乡 15 个村党组织换届都是一次成功。花乡连续 3 年被评为市委讲师团理论宣讲先进示范基地，并被授予北京市学习型党组织示范点。

四、启示

处于城乡接合部的花乡，正在快速迈向城市化的进程之中。在这个思想多元、矛盾凸显的过程中，花乡的领导人抓住了问题的关键，与北京市委讲师团一起用理论破解发展难题、用学习寻找破题钥匙，创造了一个将理论贯穿于经济社会发展整个过程中的现实范例。花乡重视理论学习的做法，有如下几点启示：

一、环境越复杂、人员成分越复杂、矛盾越复杂，就越需要理论武装。让理论学习摆脱"说起来重要，忙起来次要，干起来不要"的尴尬，迈向"说起来重要，忙起来紧要，干起来需要"的良性轨道。对症下药，就是要使理论学习真正能够起到凝聚共识、破解难题、解疑释惑的作用。

二、基层理论工作不可能立竿见影、一蹴而就，需要坚持，需要孕育、春风化雨。花乡和新发地乡村两级理论宣讲示范基地，坚持了7年。7年来，市委讲师团与花乡、新发地保持密切联系，不断跟进新情况、新问题，为基地干部群众分层分众进行理论教育，开小灶、吃热饭，点对点开展理论学习，让理论进大脑、进人心，逐步转化为社会经济发展的综合成果。

三、理论只有大众化、通俗化、具象化才能激发广大农民群众的学习热情。理论学习要选好"货"、搭好"桥"、配好"船"。要以干部群众为对象，大话题、小切口，小话题、大道理，让老百姓参与理论传播，成为理论学习的主体、理论传播的主体，只有如此，才能真正激发学习的主动性，才能很好地发挥理论武装工作"面向基层，服务群众"的作用。

四、理论武装要纳入经济社会发展的总体规划。理论武装工作不是孤立的工作，而是贯穿性的工作。要渗透到经济社会发展过程的方方面面，进入顶层设计。做军师、做参谋，用理论统一发展思路的方方面面，用理论指导政策的各个方面，从而充分发挥理论的作用，让理论与理论的来源以及对象真正结合，产生巨大的现实作用。

五、理论武装要明确服务定位。理论武装不是强加，而是服务。理论武装是为了人的全面发展、人的幸福感的全面提升服务，是为了人民的知情权、话语权以及各种民主权利的保障服务。从生活现实来看，如果越学越差，就没人愿意学。理论或者理论传播可能本身也有问题。如果越学越好、越学越明白，那么更多的人就会主动求学、主动参与、主动传播，理论的"软任务"就会真正"硬起来"。真正使理论转化为经济社会发展的物质成果。

（本文作者为中共北京市委宣传部副部长、中共北京市委干部理论教育讲师团原团长）

浅谈改进工作作风

○张 珠

工作作风是什么？是人们在工作中所体现出来的行为习惯，是贯穿于工作过程中的一贯表现。有人认为，改进工作作风不过是形式层面的东西。这个看法实际是有问题的，事实上改进工作作风不只是一种形式，它也是提高执政能力的一个切入点。党政干部尤其是领导干部的工作作风如何，关乎一个服务型政府建设的成败，也关乎整个社会的道德风气。习近平同志在十八届中央纪委二次全会上强调，工作作风上的问题绝对不是小事，如果不坚决纠正不良风气，任其发展下去，就会像一座无形的墙把我们党和人民群众隔开，我们党就会失去根基、失去血脉、失去力量。2012 年 12 月，中共中央政治局制定了改进工作作风、密切联系群众的"八项规定"，各地区各部门制定了相应规定，给干部确立规矩，狠刹不正之风，目的就是净化政治生态，营造廉洁从政的良好环境，使党和群众的血肉联系更加紧密，使执政的根基更加牢固。

一、工作作风问题关乎世界观，必须加强思想教育

世界观的问题是一个根本性的问题。如果我们的世界观发生了扭曲或者偏移，那么思想认识就必然出现偏差。古人说过："求名之心过盛必作伪，利欲之心过强多偏执"。如把工作看成自我表现的舞

台，抓工作是为了取悦上级，看领导的一时评价，而不是着眼于扎扎实实地解决问题，看群体的满意度，此种心态下必然出现弄虚作假、欺上瞒下、报喜藏忧、形式主义、文山会海、奢侈享受等问题；有的同志主观臆断，骄傲自大，随意性、片面性和盲目性较大，工作敷衍了事或应付式完成，得过且过；或满足于按部就班，吃"老本"，凭"老经验"办事，不愿动脑筋，只会走自己和别人走过的路，遇到新问题、新情况时懒于思考，习惯于听从上级和领导指示，没有创新精神，缺乏破解难题的能力。以上种种，其表现形式虽然各不相同，但分析其本质，根源在于理想信念动摇，为人民服务的宗旨意识不强。因此，首先必须加强对党政干部队伍的宗旨意识教育，使大家深刻认识"我是谁、为了谁、依靠谁、利于谁"这个问题，将人民群众摆在首位，强化宗旨意识、服务意识，立志长远，克服短期行为，把工作当作事业来干，而不是当成表现自我的"舞台"，从个人主义名缰利锁的束缚中解放出来，以对事业的执着追求做好每一件事情，从官僚主义、贪图安逸的不良习气中解放出来，牢固地树立起艰苦创业、求真务实的思想境界和立党为公、执政为民的公仆意识。

二、转变工作作风要依靠制度的长效保障作用

从这些年的情况看，在作风建设上，党内外一直没有放松，党内也搞了一些整顿作风的活动，但一些不良作风难以改变，有些甚至更加严重，究其因，就是制度不健全、不完善。在作风建设上，靠教育、号召、提倡，会有一定效果，但难以根本改变不良作风。人们常说，作风建设要"动真格"，怎样才能做到"动真格"，必须依靠制度。制度是激励和约束人们社会行为的规则体系。在社会生活中，人们遵循制度程序、按照规则办事，用制度规范自己的行为，不断重复、反复强化，制度规则就会转化为人们的行为习惯，也就养成了相应的作风。在好的制度环境中，人们可以养成好的作风，因此，我们要充分发挥制度具有的根本性、全局性、稳定性、长期性的特点，用制度来约束人们的工作。

人的行为习惯、作风表现都是具体的，没有抽象的习惯和作风。转变作风，要从改变具体的行为习惯入手，明确指出要改变哪些不好的行为习惯。如果只提出"改变不良作风、培养良好作风"这样原则性的要求，不知道要改变什么不良作风，培养什么良好作风；应该做什么、不应该做什么，必须做什么、不准做什么，这些规定不具体不明确，在实际工作中就难以执行实施。中央政治局关于改进作风的"八项规定"，没有笼统含糊的原则性话语，很具体很细致，应该做什么、必须做什么，不应该做什么、不允许做什么，每一条都规定得明确具体，可操作、可执行，一经实施效果就很显著。因此，具体到我们基层单位，在制订工作制度时，一定要具体、完善，才能科学有效。

三、各级领导要身体力行、率先垂范

要切实转变工作作风，作为各级领导干部，首先必须身体力行、率先垂范。俗话说，火车跑得快，全靠车头带，无论什么工作，只要领导干部带头扑下身子、真抓实干，其他人就会心悦诚服地跟着你走、跟着你干。改进工作作风也是如此。领导干部要率先垂范，言出必行，要求别人做到的自己先要做到，要求别人不做的自己坚决不做。

一是要培育求真务实的工作作风，提高工作能力。工作中，要力戒形式主义和作风飘浮，做到少开会、多调研，少争论、多干事，少应酬、多学习，少埋怨、多配合，少坐办公室、多深入基层，着力强化责任、提高本领、完善机制，把工作的着力点放到解决改革发展稳定中的重大问题上，放到研究解决与群众利益密切相关的紧迫问题上，放到研究解决党的建设中的突出问题上，坚持以求真务实的精神去抓落实，并在落实过程中不断提高务实能力。

二是要培育为政亲民的工作作风，提高服务能力。作为领导干部，要为政亲民，就是要坚持权为民所用、情为民所系、利为民所谋，对待群众不能虚情假意，力戒心浮气躁、追名逐利，必须把精力用在踏踏实实为人民群众办实事、谋利益上，而不是一天到晚琢磨如何露几手，早出"政绩"，要做到感情上贴近群众、思想上尊重群众、行动上深入群众，把群众当作亲人、当作朋友，多走动，多交往，体察民情、了解民意、集中民智、珍惜民力，把党的关怀带给群众。

三是要培育敢于探索的工作作风，提高创新能力。身处改革时代，我们从事的是全新的事业，没有现成的经验可循，要学会在学中干、在干中学，在实践中探索。作为领导干部，还要敢于负责，敢于触及矛盾。要坚决反对和克服明哲保身、遇到问题绕道走，碰到困难就低头，有了矛盾就上交，对问题视而不见，坐视不理，不敢坚持原则，做"和事佬"的现象，要有创先争优的精神和斗志。当前，摆在文化战线领导干部面前需要创新的课题很多，创新的任务很重，创新的潜力也很大。比如如何规范文化创意产业迅猛发展的文化市场、党建包括党风廉政建设等工作如何创新、廉政风险防范管理工作如何开展，这都是领导干部要面对的现实问题。创新不一定是脱胎换骨，重要的是抓住关键，抓住重点、难点，有时即使是微不足道的一点改进，产生的效果和影响也是很大的，起到四两拨千斤的作用，这也是创新。

四是要培育廉洁自律的工作作风，提高拒腐防变能力。作为领导干部，首先要有"先天下之忧而忧，后天下之乐而乐"的精神，吃苦在前，享受在后，要关心解决群众的冷暖，而不能利用手中的权力谋取不正当利益，每个领导干部都要严格执行党的纪律，坚决维护党的政治纪律、组织纪律、经济工作纪律和群众工作纪律，坚决反对自由主义，反对无组织、无纪律、有令不行、有禁不止、各行其是的行为。要"慎独"，严格约束自己的行为，严格遵守法律法规和党纪条规；要"慎微"，不以善小而不为，不以恶小而为之，从小事和细微处着眼，注意情操的陶冶，名节的砥砺，行为的规范，是非分明，维护大局，不越"雷池"；要"慎始"，一些领导干部认为坐到当前的位置不容易，房子住宽点、车子坐好点、穿戴时髦点、生活潇洒点是情理之中、顺理成章的事，算不上大事，正是有这样的想法，一些领导干部的欲望逐渐变得贪婪，兴趣变得低俗，生活变得奢靡起来。从近些年揭露出来的大量腐败案例来看，许多领导干部走上腐化堕落、违法犯罪的道路，都是从贪图安逸、追求享乐开始的。所以，领导干部必须警惕于一事之始，防患于青萍之末，摒弃那种"下不为例"的心理和行为。只有这样，人民群众才会拥护和支持我们，我们的事业才会兴旺发达。

总之，改进工作作风，教育是基础、制度是保障、领导干部是榜样，再配以健全的干部考评和监督机制，让那些执政为民、真抓实干、求真务实的人担当重任，让那些喜欢做表面文章、夸夸其谈、不干实事的人没有市场；让那些说实话、办实事、求实效的干部得到鼓励，让那些弄虚作假、欺上瞒下的干部受到处罚；同时必须提高法规制度的执行力，有法必依、执法必严、违法必究，让正气压倒邪气。

工作作风建设是一项长期重要的任务，要常抓不懈、持之以恒，不断从本单位工作的实际出发，从改进工作的实效出发，抓教育、抓整改、抓落实，使干部逐步养成良好的习惯和作风，树立良好的政府形象，为首都经济社会发展作出应有的贡献。

（本文作者为北京市文化市场行政执法总队党组书记）

二

研究探索

关于建设"文化强国"的思考

○梅宁华

中国共产党十七届六中全会提出建设社会主义"文化强国",并以此为国策,这是中国社会发展的必然要求,必将成为中国社会进步的强劲动力。深刻认识文化建设对国家富强、民族复兴和人民幸福的重大作用及意义,从而把握文化建设的发展规律,实现中国文化新的历史超越,是推进"文化强国"的关键所在,是需要认真对待和探求的重大课题。但值得注意的是:一直以来,我国社会中有不少人对文化的认识存在着"窄化"和"虚化"的倾向;有些人一味地以西方文化为摹本,把"西化"与"先进"混为一谈,造成了文化自信的缺失。不从根本上端正认识,就会阻碍我国文化建设的顺利发展,影响"文化强国"目标的成功推进。

一、正确理解和把握文化的内涵及本质

文化本身是一个十分宽泛的概念,各种定义多达上百种,迄今为止尚未形成一个公认的定义。文化的定义虽多种多样,但要深入地理解和把握文化的内涵及本质,最基本的应把握以下几点。

(一)文化是一定社会的政治经济条件在观念上的反映

对于文化,学界比较流行的一种定义是:广义指人类在社会实践

过程中获得的物质、精神的生产能力和创造的物质、精神财富的总和；狭义指精神生产能力和精神产品，包括一切社会意识形式——自然科学、技术科学、社会意识形态，有时又专指教育、科学、文化、艺术、卫生、体育方面的知识与设施。

按照马克思主义的观点，文化的内涵和本质可归结为：文化是一种社会历史现象，是人类社会历史发展的积淀物；文化的发展具有历史的继承性，在阶级社会中，又具有阶级性，同时也具有民族性、地域性，不同民族、不同地域的文化形成了人类文化的多样性；作为社会意识形态的文化，是一定社会的政治经济条件在观念上的反映，同时又影响和作用于一定社会的政治和经济。也就是说，文化作为一种客观存在和主观意志，存在于人类社会发展的全过程，并影响甚至决定着人类的生产方式和生活方式。从这个意义上看，不应把文化仅局限为一种精神存在。

（二）文化是人类的一种基本需求，与人类社会的历史相伴始终

文化需求作为人类的一种基本需求，与人类社会的历史相伴始终。随着生产力的发展，人类社会的生产结构和生产方式也在不断改变，文化需求和消费朝着更加高端的方向发展。从现代社会的消费状况来看，绝大多数高端消费都属于要求更多文化品质的需求。这些文化需求反映在人们衣食住行的各个方面。

在现代社会中，一种产业要向高端发展，必须具有一定的文化含量，而且这种文化含量必须是不断增加的。这种文化含量不断增加的过程，最终成为推动人类生产方式不断进步的一种重要因素。在生产力水平比较低下的农耕社会，贵族的锦衣玉食算是当时社会历史条件下最高端的文化消费了，但现在看来已经不算什么了，因为科技革命改变了人类社会的生产方式和存在形态。在现代工业社会中，随着生产工艺的不断提高，人类的文化消费需求得到了不断提高，这既是人类社会发展进步的表现，也是推动人类生产方式进步的动力。

（三）文化在我国社会中占据重要地位

对于文化的认识，社会上长期以来不同程度地存在着"虚化"和"窄化"的倾向。文化被"虚化"的表现，就是认为文化是纯精神的东西，文化与物质是对立的，与物质活动毫不相干。文化被"窄化"的主要表现是，文化被局限于琴棋书画、吹拉弹唱之类的纯艺术活动。很显然，这样认识文化是十分狭隘和片面的，没有从根本上把握文化的本质内涵，没有认识到文化在社会中占据的重要地位。

应该看到，多年来在我国社会上有不少人只看到文化对于经济发展的促进作用，仅仅把文化视为发展经济的一种手段，所谓"文化搭台，经济唱戏"，就是一些人对文化在社会中的价值和地位认识不足的反映；在实践中也存在着重经济发展、轻文化建设的现象。事实上，文化在我国社会中占据着重要地位，是民族的血脉、人民的精神家园，是国家软实力的重要组成部分。文化建设是中国特色社会主义事业总体布局的重要组成部分，是我国"四大建设"（其他三大建设是指经济建设、政治建设、社会建设）格局的一个重要组成部分。

二、建设中国文化必须实现新的历史超越

当代中国的发展走的是中国特色社会主义道路，建设与此相适应的中国文化，既是发展中国特色社会主义事业的必然要求，也是建设社会主义文化强国的应有之义。

（一）正确看待近代以来我国社会中出现的几种文化形态

近代以来，曾有三种文化形态在我国社会中交会、交融、交锋，这就是传统文化、外来文化和革命文化。

在中华民族几千年的文明发展进程中，形成了源远流长、博大精深的中国传统文化。它是居住在中国地域内的各民族及其祖先所创造

的、为中华民族世代所继承发展的、具有鲜明民族特色的、内涵博大精深的文化形态；从内容体系上，除了儒家文化这个核心内容外，还包含道家文化、佛教文化等其他文化形态。

1840年鸦片战争以后，以儒家文化为核心内容的中国传统文化受到了冲击，打上西方文化标签的外来文化一度在中国社会中受到追捧，"西化"成为当时社会上众多进步人士的普遍倾向。在一段时间里，西方的政治制度、生活方式，甚至服饰、饮食等在中国大地上曾风靡一时。特别是五四新文化运动中提出"打倒孔家店"的口号后，中国传统文化被当作糟粕遭到否定和抛弃，而外来文化影响更为广泛，由此造成了此后相当长一个时期内中国传统文化的断层现象。至今在中国知识界，这种"西化"思维仍影响深刻。

五四新文化运动开始后，随着马克思主义在中国的传播，反映新兴革命阶级思想和观念的文化形态开始在中国社会形成，这就是革命文化。这种革命文化，最主要和核心的内容是中国共产党成立后致力于领导新民主主义革命而形成的"新民主主义文化"。这种文化形态既不同于传统文化，也不追随外来文化，是无产阶级领导的民族的、科学的、大众的文化。在中国近现代历史上，革命文化可谓风起云涌，至今我们仍能从一些耳熟能详的革命歌曲和脍炙人口的先辈故事中感受到革命文化所蕴含的强大精神力量。

（二）建设中国文化必须实现新的历史超越

当前，我们正在建设的是中国文化，它既不是对以上三种文化的简单继承，也不是以上三种文化的简单叠加，而是一种全新的社会主义先进文化，是面向现代化、面向世界、面向未来的，民族的、科学的、大众的社会主义文化。这种社会主义文化，是马克思主义政党思想精神上的旗帜。

建设中国文化，绝不是"西化"。在人类社会发展史上，西方文化有其积极作用，曾经代表先进的生产力和生活方式。但西方文化秉承的"丛林法则"和"弱肉强食"理念，并不符合人类文明发展的要求，在现代社会日益凸显出巨大的局限性，已落后于当代社会发展的潮流。同时也要看到，建设先进文化也不是食古不化。中国传统文化有辉煌的创造，代表过先进文明，但其中也有陈腐之习，必须予以革除。而革命文化作为当代中国社会特有的资源，它所包含的理想主义、奋斗精神，对中国社会影响深远，是我们今天建设先进文化的宝贵精神资源。

建设中国文化必须实现新的历史超越，任何墨守成规、照搬照抄，都不会建成当代社会的主流文化。为此，既要吸取传统文化的精华和世界上其他国家创造的优秀先进文明成果，又要以高度的文化自觉和文化自信不断地进行创新。只有坚持了"取其精华、去其糟粕"这条基本原则，才能真正建设社会主义先进文化，实现中国文化新的历史超越。

（三）建设先进文化的核心是建设先进的价值观

文化的灵魂是价值观。任何文化产品和文化建设都是为最大限度地满足人们的精神需求而制造的。什么是最大限度地满足？这里包含着重要的价值判断。一般来说，一个社会的价值观主要有两种：一种是个人主义的，另一种是集体主义的。西方社会大力宣传的个人主义价值观，满足了个人不断增长的欲望，很容易被接受。这种价值观不但渗透到西方社会的每一个角落，而且在我国社会中也有很大影响。相对而言，集体主义价值观由于要求让渡个人的某些权利，牺牲个人的某些利益，抑制个人的某些欲望，不容易被认可，很难形成社会的共识。因此，直至今天，集体主义的文化和价值观还没有在全社会树立起牢固的根基。

但是值得注意的是，以个人主义价值观为灵魂的西方文化，已难以适应当今全球化时代的社会发展要求和趋势。可以说，当今西方社会出现的问题实际上是西方文化和文明的断层造成的，即西方个人主义和西方基督教文明的断层造成的，西方意识形态已无法回答和解决当今全球化时代的社会现象和矛盾。所谓自由资本主义的价值追求，已无法实现科学地整合经济社会资源、合理分配财富的诉求，从而导致现代西方社会发生了种种问题和混乱。

当前，我国社会上一些领域道德失范、诚信缺失，一些社会成员人生观、价值观扭曲，因此，用社会主义核心价值体系引领社会思潮更为紧迫。我们正在倡导的社会主义核心价值体系建设，旨在形成一种新的、代表人类社会发展要求的先进价值观，从而实现中国社会的更大进步与繁荣。集体主义价值观是一种能凝聚社会共识、形成共同利益基础的价值观。"北京精神"的"爱国、创新、包容、厚德"就是这种价值观的具体体现。在全社会形成和树立集体主义价值观，是社会主义的本质要求，是今后文化建设中必须下大力气完成的一项根本任务。

三、建设中国文化应把握的几个问题

在当前历史条件下，推进"文化强国"的战略目标，建设中国文化，应把握以下几个问题。

第一，要把文化建设的能力提高到一个国家民族核心竞争力的高度来认识。

文化产品的属性与物质产品的属性不同，文化产品的一个重要属性在于形成一种文化感受。文化在很大程度上是人们精神上的满足和享受。怎样使人们的精神得到最大程度的满足和享受？这对文化工作者的文化建设能力提出了很高要求。文化建设的能力具体表现为传承的能力、创新的能力、吸收的能力、不断突破的能力等，而不是简单模仿或崇洋媚外，或抱残守缺。文化建设的能力是进行文化生产和发展文化事业、文化产业的重要因素和动力。文化产品是一个社会中更高层次的产品，如果一个国家的文化建设能力不足，那么这个国家的文化产品就不可能丰富和充盈，人们的精神文化需求也就无从得到满足。

当前，我国社会面临的一个突出问题是：一些人以西方标准衡量中国文化，符合了就被认为"高水准"，否则就不被认同。这个偏向若不扭转，文化建设的能力就不可能有根本的提升。文化建设是一个不断破旧立新的过程，也是文化不断发展进步的过程。没有实事求是的精神和对中国文化深刻的自信自觉，就不可能创造性地实现文化超越，而只能亦步亦趋地走别人走过的老路。这将严重局限中国文化的繁荣发展，不利于中国人民的根本利益。所以，中国的文化建设不可能也不应该以西方为标准。

第二，文化建设重在选择和建设有效的载体。

任何文化建设都是一种依附于载体的活动。在对文化问题的认识上，我们要清楚地认识到：文化不是虚无缥缈的东西，文化是具象而不是抽象的。也就是说，任何文化都是有载体的，这些载体包括图书报刊、网络影视、文物古玩、衣食住行等，但这不是文化的全部。因此，文化建设一定要重视选择载体和建设有效的载体。

中国是一个历史悠久的文明国家，人文积淀非常深厚，文化资源十分丰富。但是长期以来，我们对文化载体的认识和建设都十分欠缺。在我国社会中，很多人对各种文化资源的认识，仅仅停留在一般的物质形态的层面上，根本不认为它们是一种有效的文化载体，与此同时，我们整合文化资源和利用文化资源的能力还非常不足。我们对文化载体认识和建设能力的不足，严重影响着我国文化建设的成效。因此，大力加强文化载体的建设，是我们在建设社会主义文化强国过程中必须高度重视的重要任务。

第三，把握文化规律的关键是"讲好故事"。

文化发展是有自身规律的。文化规律虽有很多，但最主要的规律就是"要讲述好故事"。从文化发展史来看，一种文化之所以能传承下来，最重要的原因就是其中蕴含着"好故事"，像非物质文化遗产中的唐诗宋词元曲、戏剧曲艺都有好故事。美国"好莱坞"影片、西方一些知名品牌营销本身就是讲故事。所有能够产生影响的文化都包含着"好故事"和"讲好故事"的因素，所以有人愿意听，而且听了之后能从中感受到精神上的愉悦。从这种意义上说，把握文化规律，就是讲好故事并影响受众，让受众相信并使其思想、精神受到影响，在此基础上形成一种精神文化形态，并用这种方式推动一个社会形成一种主流思想，弘扬一个社会的时代精神。这个过程本身也是文化发展繁荣的过程。

把握文化规律必须重视研究受众。好故事就是要引人入胜、喜闻乐见。讲好故事的前提是要研究不同群体的多样化需求，一个故事不可能让所有人都愿意听，要针对不同受众的喜好，讲让不同受众喜爱的故事。

把握文化规律不是追求和迎合低俗，而是要用讲故事的方式形成一个社会的主流文化，是要反映这个社会的发展主题和时代精神。现在，我国社会的文化特征可概括为"多元形态一元引领"。当今中国社会的阶层是多元的，文化需求是多样的，文化也必然是多元的。但对任何一个社会来说，必须形成一种主流文化，必须营造一种多元并存一元主导的态势。在文化建设中，我们既要认识到这种多元性，又要把握一元主导性。文化的存在不能全是"下里巴人"，也不能全是"阳春白雪"，这样都不符合文化发展的规律。正确的做法是既要有"下里巴人"，也要有"阳春白雪"。

把握和利用文化规律，还要重视"文化聚集"，即在文化建设中学会整合资源，做大规模，形成广泛影响，打造文化品牌，提升竞争能力，这需要资源投入，形成规模效应。"文化聚集"体现了文化发展的规律性，只有把人们的多种需求整合在一起，才能实现最大的效率。

第四，重在培养一批当代中国的文化大师。

按照马克思主义认识论，人的因素，无论在物质生产还是在精神文化生产中，都是第一因素。因此，建设社会主义文化强国，必须牢固树立"人才是第一资源"的观念。文化大师，特别是社科领域的大师，无疑是人才资源中最具竞争力和影响力的核心部分，对于文化传播中的价值观引导和传输，具有决定性意义，是一个社会主流价值观传播的重要载体和文化建设的中坚力量。但是从我国实际情况来看，这类文化大师还相当匮乏，而且人们对于文化大师的身份认识往往只局限于演艺界的明星，但更重要的是要有社会科学界的大师、思想界的大师。

因此，在我国文化建设和文化传播中，必须注重培养一批各领域的具有中国特色的文化大师，这也是一种文化载体，而且是具有标志性和形象性的重要载体。培养当代中国的文化大师，是一个系统工程，需要举全社会之力，调动和整合一系列社会资源，要下大本钱。"十年树木，百年树人"，这个古训仍有十分重要的现实意义。

（本文作者为北京日报社社长）

着力提升北京文化
创意产业发展能力

○赵 弘

文化创意产业作为文化、科技和经济深度融合的产物，凭借其独特的产业价值取向、广泛的覆盖领域和快速的成长方式在全球蓬勃发展。文化创意产业的发展规模和影响程度已经成为衡量一个国家或城市综合竞争力的重要标志。北京市在"十二五"规划纲要中明确指出，文化创意产业已经成为首都经济的重要支柱和新增长点，并提出"十二五"时期要着眼于建设中国特色世界城市，立足促进首都产业升级和文化繁荣，把北京建设成为具有国际影响力的文化创新、运营、交易和体验中心。

一、北京市文化创意产业发展成就巨大，但也面临着一些需要深入研究解决的突出问题

近年来，北京市高度重视文化创意产业发展，并取得积极进展。至 2010 年年底，北京文化创意企业总数已超过 30 万家，规模以上企业近万家，对北京经济发展的引领和促进作用日益显著。2012 年，全市文化创意产业总收入突破万亿元大关，从业人员超过百万，实现增加值 2189.2 亿元，占 GDP 比重达到 12.3%，成为仅次于金融业的第二大支柱产业。北京文化创意产业虽然已取得一定的成绩，在国民

经济中的支柱地位也已初步确定，但受体制、环境等多方面因素的影响，发展中还面临着一些需要深入研究解决的突出问题。

（一）文化产业主体培育取得积极成效，但缺乏具有行业主导权和国际影响力的"文化航母"

在国家与北京市大力推动文化体制改革的背景下，一批国有文化事业单位进行了转企改制，充分激发了市场活力。如中国木偶艺术剧院在 2006 年 9 月通过转企改制，成为中国第一家民营企业参股并控股的文化企业。据统计，2010 年，北京地区剧院共演出 1607 场，是改制前的 5 倍；接待观众 50 万人次，是改制前的 10 倍；总收入超过 3000 万元，是改制前的 6 倍，创造了良好的经济社会效益。

总体来看，虽然北京在文化创意企业培育方面取得了很大成绩，但与纽约、伦敦、东京等"世界城市"相比，北京文化创意产业中的龙头企业数量和引领带动能力还很有限。有统计显示，迪斯尼一年收入相当于我国动漫产业总收入的 10 倍；而世界最大的传播公司——伦敦 WPP 集团，2012 年营业收入达到 104 亿英镑（约合 972 亿元人民币），远高于北京同类企业，约占北京市近万家规模以上文化创意企业总收入（9012.2 亿元）的 1/10。这说明，北京文化创意企业发展水平与发达国家同类企业相比具有较大的差距，尤其缺乏具有行业主导权的"文化航母"和具有国际影响力的文化品牌，缺乏走出本地、走向全国、走向全球的能力，还需要继续下大力气推动北京文化创意产业主体的培育。

（二）文化消费增长势头强劲，但缺乏体现首都文化特色、具有强劲市场影响力的大型"文化精品"

2012 年前三季度，北京人均文化消费达 1204 元，增速超过 25%，文化消费各领域也呈现出强劲的增长势头。从文化产品消费看，2012 年北京市全年实现社会消费品零售额 7702.8 亿元，比上年增长 11.6%。其中，限额以上批发和零售企业中，书报杂志类实现零售额 124.9 亿元，增长 26%；体育娱乐用品类实现零售额 89.2 亿元，增长 17.9%。从演出市场看，2012 年，在北京市各类演出的平均票价比上年下降 16.9% 的背景下，北京市各类营业性演出场次共计 21716 场，观众为 1100 万人次，演出总收入达 15.27 亿元，与 2011 年同期相比，分别增长为 3.1%、7.2%、8.68%。从电影市场看，2012 年，北京票房总收入突破 16 亿元，比上年增长 21.2%，尤其是 2011 年《失恋 33 天》和 2012 年《人再囧途之泰囧》创造的票房奇迹，足以说明文化消费正快速增长。可见，北京文化消费增长势头强劲，文化消费市场正在迎来一个拐点，一个新的爆发期即将开始。

　　然而，北京目前还缺乏能够体现首都文化特色、具有重大市场影响力的大型"文化精品"。就目前国内的文化消费市场看，杭州《宋城千古情》和张艺谋的《印象·刘三姐》是大型文化演出精品的成功典范，它们不仅反映地方文化特色。前者以杭州的历史典故、神话传说为创作基点，后者以桂林山水为实景依托。同时，都具有重要市场影响力。《宋城千古情》推出至今累计演出 13000 余场，接待观众 4300 万人次，每年有 600 万游客争相观看，创造直接经济效益 40 多亿元；《印象·刘三姐》演出 2000 多场，观众约 400 万人次，票房收入高达 8 亿元。北京文化资源丰富，各类大小剧场众多，但其推出的文艺演出产品距离"文化精品"还有很大的差距。很多剧场推出的剧目一周只上演几次，而《宋城千古情》在旅游旺季时每天最多可在容纳 3000 人的剧场演出 8 场，且几乎场场爆满。虽然 2011 年北京各类剧场演出票房取得首超 14 亿元的不错成绩，但杭州《宋城千古情》一台歌舞剧仅 2011 年就创造了 5 亿多元的营业收入和 2.97 亿元的利润。北京也创作推出过《天安门》这类大型音舞诗画剧目，但由于创作排练时间短、受众群体小，市场影响力非常有限，没有真正打造成"文化精品"。可见，北京文化消费市场还缺少类似《宋城千古情》《印象·刘三姐》这种大型的、能与当地特色文化相结合、具有重要市场影响力的知名文化演艺产品，这也限制了北京文化消费市场潜力的充分释放。

（三）文化创意产业集聚区建设成效显著，但差异化、集群化、品牌化发展的格局尚未真正形成

近年来，通过政府的积极规划引导与政策扶持，北京市文化创意产业集聚区建设取得明显成效，产业集聚效应初步显现，要素集聚能力不断增强，已认定 30 个市级文化创意产业集聚区，还有 90 家非市级文化创意产业集聚区，实现 9 大行业、16 区县"双覆盖"，在推动北京文化创意产业发展和竞争力提升中的作用逐步提升。例如朝阳区的"传媒走廊"已成为中国媒体机构最集中的地区；朝阳 798 艺术区，不仅成为培养当代艺术的创新土壤，还成了城市文化中的新热点；"登长城、吃烤鸭、逛 798"已经成为国外游客到北京的首选。

表 1　北京市级文化创意产业集聚区列表

序号	集聚区名称	序号	集聚区名称
1	中关村创意产业先导基地	16	北京时尚设计广场
2	北京数字娱乐产业示范基地	17	前门传统文化产业集聚区
3	国家新媒体产业基地	18	北京出版发行物流中心
4	中关村科技园区雍和园	19	北京欢乐谷生态文化园
5	中国（怀柔）影视基地	20	北京大红门服装服饰创意产业集聚区
6	北京 798 艺术区	21	北京（房山）历史文化旅游集聚区
7	北京 DRC 工业设计创意产业基地	22	中国动漫游戏城
8	北京潘家园古玩艺术品交易园区	23	北京奥林匹克公园
9	宋庄原创艺术与卡通产业集聚区	24	八达岭长城文化旅游产业集聚区
10	中关村软件园	25	北京古北口国际旅游休闲谷产业集聚区
11	北京 CBD 国际传媒产业集聚区	26	斋堂古村落古道文化旅游产业集聚区

序号	集聚区名称	序号	集聚区名称
12	顺义国展产业园	27	中国乐谷——首都音乐文化创意产业集聚区
13	琉璃厂历史文化创意产业园区	28	卢沟桥文化创意产业集聚区
14	清华科技园	29	北京音乐创意产业园
15	惠通时代广场	30	十三陵明文化创意产业集聚区

备注：其中编号1—10为第一批次认定；11—21为第二批次认定；22、23为第三批次认定；24—30为第四批认定。

总体来看，北京市文化创意产业集聚区虽然数量较多，但由于各集聚区在产业布局、功能定位、特色产业选择等方面缺乏统筹协调，依然存在着同质化竞争的问题，文化创意产业发展的集约化、规模化程度不高，与集聚区成为北京文化创意产业的强力支撑还有较大差距。而且，现有的文化创意产业集聚区中，除中关村软件园、北京798艺术区、清华科技园等少数集聚区规模效益和影响力较强外，缺少像金融街、CBD级别的具有全国乃至全球影响力和竞争力的产业集聚区，品牌辐射力不强。

（四）文化创意产业发展的金融支持能力不断增强，但大规模、优质社会资本进入文化产业领域的金融创新依然不足

近年来，北京市委、市政府也高度重视文化创意产业的发展，为有效支持首都文化创意产业发展，促进产业结构升级，在金融支持方面做了大量工作。2007年，北京市文化创意产业促进中心与北京银行签署了战略合作协议，开辟了金融资本与文化创意产业对接通道，并为支持文化创意企业的发展及文化创意集聚区的建设量身定制了特色金融创新产品——"创意贷"。2009年，北京银监局又出台了《关于金融支持首都文化创意产业发展的指导意见》，提出针对首都文化创意产业信贷需求，推出多层次信贷创新产品等多方面支持意见。2012年，市委宣传部、市金融工作局共同出台了《关于金融促进首都文化创意产业发展的意见》，旨在促进首都文化资源与金融资源的全面对接，形成覆盖文化创意企业和文化产品全生命周期、文化创意产业全链条、文化市场全交易环节的金融创新体系。

虽然首都文化创意产业发展的金融支持能力在增强，但在引导优质社会资本进入文化产业领域方面的金融创新手段还有待提高。在过去很多年，文化产业发展"不缺资金缺资本"，截至 2012 年年底，我国金融机构存款加上流通中的现金共 97.4 万亿元，位居世界第一，沪深股市总市值达 22.5 万亿元，民间游资保守估计已超过 12 万亿元。近年来，快速发展的房地产及其高利润，导致大量民间资本进入房地产市场，没有进入实体经济，更没有进入文化产业领域，制约了实体经济的发展。政府对房地产市场进行调控后，由于缺乏金融创新手段，大量民间资本寻求不到进入实体经济的通道，从而又进入资本市场、贵金属、收藏品、农产品等可以"资本化"的产品市场，助推通胀预期。海量的民间资本亟待寻求新的投资渠道、投资领域，这对首都文化创意产业发展而言是一个机遇，而民间资金进入文化产业，要变成真正意义上的文化资本，目前还缺乏一批有眼界、有抱负、有运营管理能力的文化资本所有者和管理者。同时，政府财政资金的导向和杠杆作用还未完全发挥作用，撬动社会资本进入文化创意产业领域的能力还有待进一步提升。

（五）文化管理体制机制创新积极推进，但整合文化资源、形成"大文化"产业发展的掣肘尚未根本消除

近年来，北京市文化管理体制改革深入推进并取得积极成效。2003 年出台《北京市文化体制改革试点方案》，推进中国杂技团、北京歌剧舞剧院、中国木偶艺术剧院等一批试点经营性文化单位转企改制，激发了文化发展活力与创新能力；2009 年，北京市大力推进国有文化单位集团化改革与联合重组，先后组建了北京歌华文化发展集团、北京日报报业集团、北京演艺集团、北京出版集团等一批大型文化企业集团，推动了国有文化资产有效整合、优化配置与规模化扩张。2012 年，北京继续在创新国有文化资产管理体制方面先行先试、大胆探索，成立了全国首家直属市政府的国有文化资产监督管理办公

室，对统筹首都文化资源、推动全市文化改革发展产生了积极而深远的影响。

但是，当前北京市文化管理体制改革还处在深入推进与探索阶段，在文化资源优化整合过程中还面临诸多掣肘尚未根本消除。突出表现为北京的文化市场按部门、行业和区域分割的情况依然普遍存在，使本应完整的文化创意产业链条发生断裂，导致市场配置资源的基础性作用难以充分发挥。以新闻出版业为例，虽然部分国有出版机构已经转制成企业，但事业单位的管理模式尚未完全改变，造成管办不分，出版单位缺乏活力和市场敏感性。又如，动漫游戏业主管部门涉及文化、广电、新闻等多个部门，分头管理，责任分散，缺乏有力的统筹协调机制和平台，难以形成合力，影响和制约了行业发展。

二、推进北京文化创意产业发展的对策建议

文化创意产业的发展对于北京市调整产业结构、转变经济发展方式、巩固全国文化中心地位、满足人民群众不断增长的文化消费需求具有重要意义，未来应重点考虑在文化航母培育、文化精品打造、文化创意产业集聚区建设、文化金融创新以及文化管理体制改革等方面取得新突破。

（一）强化文化创意产业主体打造，重点培育一批具有市场竞争力和国际影响力的"文化航母"与知名品牌

对"文化航母"的培育，要将其自身优势和外部机遇有机结合，借鉴国外"文化航母"的发展经验，探索可行的培育方式，从以下三个方面提出对策建议。

一是支持有实力的文化创意企业并购重组。并购重组是文化企业迅速做大做强的有效途径，也是市场化条件下行业资源整合的内在需求。据统计，2011年"全球文化创意企业100强"中共发生了48起并购重组。并购重组对产业链条的完善起到重要的促进作用，如新闻集团多年来通过不断地并购，从一家普通地方报业公司变成当今世界

上规模最大、国际化程度最高的综合性传媒公司之一，其业务已经覆盖了所有媒体领域。实际上，对文化企业而言，跨行业、跨地区并购实现多元化经营是企业未来发展的大势所趋。政府管理部门要在市场化机制下，积极引导和鼓励大型文化企业并购重组与资源整合，通过强强联合与优势互补实现企业的迅速壮大。

二是深化改革，促进国有文化资产保值增值。目前，国有文化资产资源分散、重复建设、粗放经营的状况仍普遍存在，亟须进行体制机制改革，激发国有文化企业的市场活力。近年来，北京已在这方面进行了一些探索，如 2009 年 5 月成立的北京演艺集团，通过体制改革与业内资源整合，其资产规模由 2009 年组建时的 4.3 亿元增至 2011 年的 11.74 亿元，并跻身"2012 年全国文化企业 30 强"。在未来发展中，要继续挖掘与整合文化资源，通过实现国有文化资产的保值增值将企业做大做强。

三是推动城镇化与文化产业化的"双轮驱动"。应抓住新型城镇化契机，探索以"第三代产业地产运营商"模式实现主业与地产业联动发展，支撑企业快速做大做强。新型城镇化为有实力的大型文化企业在更广区域提供了创新发展模式的契机，如万达文化产业集团在全国多地开拓文化产业地产，在北京通州建设大型文化旅游商业综合项目"万达文化旅游城"，总投资达 260 亿元，预计建成后年接待游客 2500 万人次，实现收入 100 亿元左右，将对通州乃至北京文化创意产业发展产生积极带动作用。北京应鼓励大型文化企业借助城镇化的机遇获得更多发展，用获取的更多资本反哺文化产业，同时加强企业内部管控，确保企业发展不偏离主业。

（二）满足多元文化需求，抓紧培育打造一批体现首都文化特色的"文化精品"

针对当前北京文化消费市场中面临的突出问题，我们要将繁荣文化消费市场的重点聚焦在满足市场文化需求、打造"文化精品"上，具体从以下几方面着手：

一是要坚持文化科技融合发展，打造多元化的文化消费产品与服务。利用现代科技引领文化产品服务创新，挖掘文化产品丰富内涵，提升文化产品魅力；将文化产品服务创新与其他文化设计元素、文化行业相结合，开发全产业链上更多的文化衍生产品与服务，满足市场多元化的文化消费需求。

二是要支持优秀小剧场发展，打造特色精品。目前北京市拥有话剧、歌剧、相声等各类小剧场110多家，它们的演出票价优势具备拉动文化消费的巨大潜力。小剧场作为文化消费市场中的一支重要力量，需要加以扶持。一方面，政府可以通过设立专项资金，在对北京市小剧场进行调研的基础上，遴选出一批优秀的小剧场给予资金补贴，按照一定比例支持小剧场的品牌宣传；同时重点扶持一批优秀剧目，优先鼓励优秀作品在小剧场培育，并给予宣传支持和补贴。另一方面，小剧场自身需要进行剧目创新和精品打造，创作一些能够体现时代特征、反映时代脉搏、展现时代风貌、贴近当代人生活现实的作品，吸引年轻人消费群体，占领更大的市场份额。

三是要结合北京旅游市场，培育能够反映北京深厚历史文化内涵、兼顾当代和现代文化的综艺类大型文艺演出精品。北京旅游业发达，2012年北京市接待旅游总人数2.31亿人次，其中接待入境旅游人数达500.9万人次。文艺演出与旅游相结合是拓展文化消费市场的有效途径。因此，可以结合旅游市场，尽快推出两个大型的接待游客的文化演艺场所，一个是打造剧院式的室内演出平台；另一个可以做实景式的室外演出平台，每年的演出时间可以有半年左右，比如可以在颐和园、圆明园、通州运河等有空间、有水体的知名旅游景区选取一处，精心设计，策划实景剧目项目，做室外演出平台是非常可行的。在大型文艺演出精品打造过程中，要引入市场化运作主体，走"政府引导、市场化运作"的道路。

（三）强化市区统筹，形成文化创意产业集聚区差异化定位、特色化发展的新格局

重点加强市级规划引领作用，制定各文化产业集聚区发展的专项规划，加快推动北京市级、区级文化创意产业集聚区中具有相同功能

定位、相同发展模式的集聚区进行资源整合，培育一批产值过千亿元的文化创意产业功能区。按照各集聚区差异化定位，加大招商引资力度，鼓励和引导各集聚区所在区县从实际出发，制定出台针对本集聚区重点产业的优惠政策措施，吸引国内外重大项目和行业重点企业的落地。探索从全市层面建立各文化创意产业集聚区考核评价指标体系，引导各集聚区实现差异化定位、错位发展、特色发展。充分重视各文化创意产业集聚区的服务环境建设，借鉴上海"中意设计创新中心""荷兰设计孵化器"等一批国际性文化创意产业服务平台的建设经验，加强集聚区内公共服务平台的建设，打造集聚区良好的创新创意环境。

（四）推进文化金融创新，构筑文化与资本有效对接的金融支撑体系

在实际业务操作中，由于文化创意产业本身的特性和现状所限，如抵押财产较少、投资风险较大、与版权保护力度密切相关等特点，传统金融服务产品和金融工具难以与其有效对接，文化创意企业融资困难是目前北京文化企业做大做强、文化创意产业实现跨越发展的瓶颈，打破这一瓶颈的途径就是进一步创新文化金融服务体系，实现文化创意产业和资本市场的有效对接，打通"虚拟经济资本循环"和"实体经济资本需求"之间的通道，引导和支持优质资本向文化产业领域积聚，完善政府资金与社会资金、直接融资与间接融资、金融资本与产业资本有机结合的机制。如何实现文化与资本的有效对接？

一是要充分发挥政府资金的导向和杠杆作用，设立政府引导资金吸引社会资本参与。目前，海量的民间资本亟待寻求新的投资渠道、投资领域。因此，建议加快设立首都文化产业投资基金，实施项目式投资、股权投资等形式，由政府引导，吸引风险投资、股权投资等社会资金投向文化创意产业领域企业和项目；引导民间创业投资机构、科技担保机构等社会资金搭建文化创新投融资服务平台。

二是要支持文化企业上市，利用资本市场来融资。推荐并支持主业突出、核心竞争力强、成长性好的文化企业上市融资，同时对有上

市或者股权调整需求的文创企业，提供并购贷款，构建上市融资北京文化板块，为首都文创企业上市融资提供有效服务。

三是要进一步拓宽其他融资渠道。鼓励金融和保险机构开发面向文化创意产业的金融创新产品，优先为文化创意企业提供信贷服务，特别是留出足够的信贷额度，重点支持中小文化创意企业，大胆创新融资担保方式，对于资质好、重点扶持的文创企业将给予信用贷款，通过发行文创中小企业集合票据、集合信托、金融债券等方式增加融资渠道。

（五）深化文化管理体制改革，充分激发文化创意产业发展活力

一是要加快推进文化管理体制改革的步伐。探索研究解决部门行政分割难题，建立由北京市政府牵头，由市文资办、市文化局、市广电局、市新闻出版局等相关部门共同参与的"北京文化创意产业发展联席会议制度"，共同制定全市文化创意产业发展规划，协调解决文化创新发展中涉及的重大问题。目前，在文化管理体制改革方面，国家和其他地方政府已作出重大突破。从国家层面来看，国务院新组建国家新闻出版广电总局，对统筹促进我国新闻出版广播影视业繁荣发展作出了重要工作部署；其他城市在打破部门行政分割方面也进行了很好的实践，比如广州市、杭州市、厦门市等都成立了文化广电新闻出版局，深圳市索性组建了深圳市文体旅游局，全面统筹管理全市的文化、体育、广播影视、新闻出版、文物和旅游等工作。

二是要进一步推进经营性文化事业单位转制为文化创意企业。对不同功能的文化主体采取不同的改革措施，经营性文化单位以建立现代企业制度为重点，培育合格的市场主体；仍然留在体制内的文化事业单位，着眼于突出公益属性，强化文化服务功能，全面推进人事、收入分配、社会保障制度改革，加强绩效评估考核，要做到公益性文化单位政事分开，政企分开，养事不养人。

（本文作者为北京市社会科学院副院长）

促进首都文化产业投融资服务体系建设的政策选择

○赵　磊

金融是经济的血脉。推动首都文化创意产业进一步做大做强，要着力于促进首都文化产业投融资服务体系建设，以引导社会资本投资文化产业，促进文化和资本市场全面对接，构建满足不同类型、不同成长阶段文化企业需求的金融服务体系，这是摆在全市面前的现实课题。

一、当前首都文化产业投融资服务体系现状分析

近年来，北京通过一系列文化金融改革创新实践，使得文化与金融融合创新发展已走在了全国前列。截至 2013 年 6 月，北京市各银行自主设立或认定的文化金融特色支行、专营机构超过 30 家；在境内外上市的文化创意企业数量已达 51 家，初步形成了 A 股市场中的北京文化板块；辖内各银行累计推出面向文化创意企业的创新产品 30 余款；辖内金融机构文化创意产业贷款余额 622.34 亿元，贷款净增量达去年同期水平的 10 倍，贷款规模全国领先；北京正在加快建设文化产权交易所，并在全国率先建立文化创意产业投融资服务平台，将进一步推动各类创新资源向文化产业聚集。

尽管北京市在促进文化与金融融合创新发展方面取得了初步成

效，但发展进程刚刚起步，金融对文化创意产业发展的支撑作用还没有完全发挥出来，文化创意产业发展对资金的需求还远远得不到满足。这些问题的产生，除了金融机构的服务水平、服务功能和服务方式还无法与文化创意产业的高速发展有效对接外，政府、企业等各方面也都存在着诸多掣肘。

（一）文化创意企业发展的自身特点导致了企业融资难的问题普遍存在

文化创意企业与其他企业相比，固定资产比重小、无形资产比重大，且缺乏权威机构和标准对文化创意企业资产价值进行有效评估，企业无形资产难以流传，导致企业利用知识产权进行担保、质押和入股都存在一定障碍。同时，由于企业未来收益和市场价值不确定、成本回收周期较长，各类金融机构支持风险较高，特别是以银行为代表的传统保守型金融机构在产品制作前期投资非常谨慎，导致企业款项发放周期过长，无法满足企业急迫的资金需求。

（二）金融政策支撑体系的不健全不完善，影响了中小文化企业的融资发展

由于文化创意产业发展刚刚起步，针对各分领域产业的政策研究还不到位，金融配套支持措施还没有与产业发展特点有效结合起来，政策体系建设还不尽完善。同时，中小文创企业对现有的专项资金、税收减免、贷款担保、项目补助等支持政策的获知渠道还不顺畅，导致政策受惠对象大多为拥有更多社会资源的大型文创企业，政策对中小企业发展的扶持作用还没有充分发挥出来。

（三）金融资源在文化创意产业各细分领域的分布不均，制约了文化产业与金融的有效融合

目前，传统金融机构对文化创意产业的发展特点认知不足，导致金融资源在各细分文化产业分布不均，并愈加向大企业聚集。以电影领域为例，将版权作为抵押获得贷款的电影公司仅限于中影、华谊兄

弟等几家电影巨头，中小企业由于市场效益难以评估、市场发展前景不明等因素，即使项目非常优秀，也难以获得传统金融机构的前期投资。由于获得资金渠道有限，企业容易因此陷入发展困境。

（四）法律政策环境不配套，制约了非国有投融资主体的发展

由于文化创意产业政策所涉及的法规不够完善，影响了文化创意产业的快速发展。与此同时，社会资本进入文化创意产业缺乏政策、法律法规支持，这一问题尚未解决。在市场竞争中，民营企业和外资企业与国有文化创意企事业单位的投融资地位不平等，文化创意企业投融资与资本扩张受限，社会资本缺乏进入文化创意产业的有效途径，制约了非国有主体投融资的积极性。

二、学习借鉴国内外文化金融融合发展经验意义重大

（一）发达国家文化金融发展模式

文化产业本身具有很强的意识形态性，因而任何一个国家的文化产业都必须有国家的参与，如果以每个国家对文化产业所采取的姿态和对文化产业介入的性质及程度为标准，可以将世界不同国家的文化产业分为市场主导型模式（美国）、政府引导型模式（英国）和政府管理型模式（法国）三种。

1. 以美国为代表的市场主导型发展模式。美国是全球文化创意产业发展规模最大的国家，美国文化创意产业发展得益于完善的金融市场支持体系和良好的环境。由于金融业的高度发达，美国文化金融早已超越版权质押贷款阶段，进入到了利用版权证券化为电影等相关产业服务的新时期。美国的各类基金会、社会捐助、跨国公司投资、风险投资等，也为文化创意产业发展提供了多渠道、多形式的资金支持。政府每年对文化创意产业的投入达到财政支出的 12%。税收优惠也是促进文化创意产业发展的重要措施，对非营利性文化艺术团体、公共电台、电视台等，给予免征所得税、减免提供赞助的个人和

公司的税额，以鼓励对文化创意产业的捐赠和扶持。

2. 以英国为代表的政府引导型发展模式。英国是世界上最早提出创意产业理念并通过政策推动创意产业发展的国家，其典型做法是政府引导创意产业发展，围绕政府拨款、税收优惠、专项基金、彩票筹资等领域，建立了多元化创意产业资金支持体系。同时，建立多项扶持中小企业成长的投资基金，为成长潜力大的创新型企业提供融资支持。伦敦还专门成立了"创意伦敦"工作协调小组，制订了促进伦敦创意产业发展的十年行动计划，涵盖了人才开发、融资等在内的一系列政策支持措施。

3. 以法国为代表的政府管理型发展模式。法国政府长期重视文化创意产业发展，并采用"公共投入为主，国家扶持、多方合作"的发展理念，激励文化创意产业发展。与美国以市场为主导的模式不同，法国政府经过 50 多年的发展，形成以中央和各级地方政府公共投入为主导的发展模式，构建了系统的公共文化政策体系。同时，法国各行业协会和民间团体与政府主导的管理模式形成互补，通过制定行业标准、规范行业行为等措施，协助政府进行行业管理。

（二）国内一些省市文化金融建设的尝试

1. 上海打造金融支持文化发展的"上海银行"样本。上海在我国文化创意产业发展中走在前列，《上海市金融支持文化产业发展繁荣的实施意见》的出台，率先构建了以知识产权为交易对象的创意产业融资平台和多元化投融资体系，发挥了银行资本、民营资本、风险资本和基金投资的综合优势，形成了投资主体多元化的融资模式。在金融支持文化产业方面，从直接赞助文化项目到搭建服务平台、组建专业团队、探索运营模式，打造了完整的资源链条，形成了独特的"上海银行"文化金融样本。

2. 深圳搭建文化产业博览、交易和投融资服务一体化的三大平台。2003 年深圳被确定为第一批文化体制改革综合性试点地区，确立了"文化立市"发展战略。为进一步解决文化产业融资问题，深圳市搭建了深圳文化产权交易所、文博会等国家级文化平台，设立了首支国家级大型文化产业投资基金，从鼓励文化产权进场交易、财政支持、金融支持等方面推出了 20 多条扶持措施，以股权投资方式投资新闻出版发行、广播影视、文化艺术、网络文化、文化休闲及其细分领域，引导示范和带动社会资金投资文化产业，有力地推动文化产业的振兴和发展。

3. 重庆规划建设"六位一体"的文化企业金融服务平台体系。为解决融资问题，使金融业更好地为文化产业服务，重庆市规划建设了"六位一体"的文化产业金融服务平台体系，包括融资担保平台、公益基金平台、产权交易平台、票据流贷平台、投资基金平台、财务公司平台等，为西部金融中心建设提供服务。

4. 天津着力推动股权投资和担保融资发展。借助滨海新区先行先试政策优势，天津市成立了文化产业股权投资基金，为文化产业与资本市场搭建桥梁，形成社会资本投入文化产业的有效渠道。探索文化产业担保融资模式，创造性地引入"担保换期权""担保换收益"等新型产品模式，为文化企业提供独特融资，为高成长性文化企业提供了强大的资金支持和增值服务。

三、首都文化与金融融合创新发展的主要做法

近年来，首都文化创意产业不断探索金融支持新方式，出台了《关于金融促进首都文化创意产业发展的意见》，产业投融资服务体系建设不断加强，产业融资规模快速增长，社会投资规模和资源配置效率不断提升，在文化机构创新、产品创新、市场创新等方面取得了新突破，初步形成了支撑首都文化企业持续健康发展的文化金融产业链条和金融服务环境。

（一）加快构建文化创意产业投融资服务体系

一是建立文化创新发展专项资金，完善财政资金投资方式，市财政每年统筹资金 100 亿元支持文化创意产业发展；二是促进文化产业项目与金融资本的融合对接，联合商业银行在全市范围内推出文化创

意产业专项贷款绿色通道；三是建立全额贴息、部分贴息等多种方式的贷款贴息机制，引导银行信贷资金进入文化创意产业；四是设立担保专项资金，推出北京市文化创意产业贷款担保工作机制，降低金融机构投资风险；五是发挥北京市文化创意产业投资者服务平台功能，通过组织专业机构，吸引社会资本投入，为企业债权融资、私募融资、上市融资、增资扩股、并购重组等提供服务；六是扶植支持一批具备条件的文化创意企业上市融资，培育一批大型文化创意产业集团。

（二）支持探索文化金融产品创新和模式创新

一是推动"北京文化产业金融服务中心"落户北京银行宣武门支行，成为全国首家文化创意金融服务特色支行；二是创新文化金融产品和服务，交通银行北京分行在国内率先推出文化创意产业版权担保贷款业务，北京银行对电视行业提供国内首笔无担保版权质押贷款；三是支持工商银行北京分行、国家开发银行北京分行、北京银行率先出台《文化创意产业之电影行业营销指导意见》《开发性金融支持文化创意产业发展规划》《"创意贷"文化创意中小企业客户营销与管理指引》等一批文化金融管理办法，为金融服务文化创意产业提供制度支撑；四是推动多家银行开展文化金融创新试点，交通银行北京分行采用以绩效考核为主、配套专项奖励的双轨运行机制，鼓励分支机构发展文化金融业务。招商银行北京分行将网络技术应用于贷款审批工作，实现了文化创意企业内嵌专项审批及网上电子审批；五是不断拓宽文化金融企业融资渠道，推动国内首单文化创意型中小企业集合票据在京成功发行，集合信托等新的融资方式不断涌现。

（三）积极搭建银政企协作平台

通过与一系列在京银行机构签署战略合作协议，共同支持文化创意产业和企业、重点文化项目发展。工商银行北京分行每年为北京文化创意企业提供100亿元的专项授信额度；民生银行北京管理部与中国电视剧导演工作委员会举行了"中国电视剧导演集体授信签约仪式"，共有 23 名电视剧导演获得总额超过 1 亿元的授信额度，用于投资制作电视剧；中国人保财险北京分公司与首都剧院联盟、北京画廊协会分别签署《北京市文化演艺行业保险合作协议》《北京市文化艺术品行业保险合作协议》，在文化保险市场的培育发展、重大文化项目建设等方面进一步加强合作。

（四）组建专门行政管理机构，促进文化创意产业发展

2012 年，北京市国有文化资产监督管理办公室成立，这是全国第一家专门负责国有文化资产监督管理和促进文化产业发展的正局级行政机构。市文资办成立后，履行政府职权，建立健全文化投融资体系，促进文化资本市场对接。目前，在首都文化投融资服务体系方面，开展了一系列工作：一是成立注册资本金 50 亿元的北京市文化投资发展集团，作为首都文化投融资平台，以股权投资方式，对重点文化企业进行投资；二是出资 5000 万元设立北京市文化创意产业投资基金管理公司，管理北京市文化创意产业投资基金母基金；三是出资 10 亿元发起设立 100 亿元规模的北京市文化创意产业投资基金，对具有潜力的文化企业和项目进行股权投资；四是成立两家注册资本均为 5 亿元的文化产业小额贷款公司，解决中小微文化企业融资需求，促进中小微文化企业发展壮大；五是成立注册资本金 15 亿元的北京市文化创意产业融资担保公司，对首都文化企业贷款进行融资担保和再担保；六是出资 5000 万元，与国家开发银行、建设银行合作，建设中小文化企业统贷平台，根据贷款需求，实现统贷统批。此外，市文资办还努力搭建银政企合作机制，已与国家开发银行北京分行等 10 家银行签订文化创新发展合作协议，为文化产业发展提供 1000 亿元授信。

四、促进首都文化与金融融合创新发展的政策建议

（一）国内外文化金融融合发展的成功经验借鉴

从上可见，近年来，北京市文化创意产业在"政府引导、企业

主体、市场主导"方式的推动下，取得了很大成绩，文化金融融合创新的做法和经验值得肯定。但国际化水平不高、行业区域发展不平衡、产业核心技术与发达国家存在较大差距、龙头企业带动能力有限等问题突出，文化金融融合发展问题没有得到很好解决，因此，需要借鉴发达国家和国内一些省市的成功经验。

1. 政府支持是核心。政府投入是国内外各地发展文化创意产业的重要资金来源。如英国伦敦市政府直接参与创意项目的投资，用公共基金填补私人投资的空缺；美国纽约市政府设立了专门的政府部门，通过公共资金扶持创意产业。此外，政府还应当为创意产业融资提供必要的政策和信息支撑。

2. 整合资源是手段。文化创意产业是新兴支柱型产业，是未来新的经济增长极。整合多方资源为文化创意产业发展提供融资服务，是未来产业发展的方向和趋势。美国纽约形成了包括基金会、慈善机构和个人捐助、风险投资等多渠道、多形式的资金支持网络，将多个投资主体的利益捆绑在一起，有效保证了产业发展的资金来源。

3. 扶持企业是目的。中小企业是文化创意产业发展的主力军，但由于中小文化创意企业大都缺乏必要的业绩或资产用于抵押，很难从传统金融机构获得贷款支持，因此扶持中小企业尤为重要。英国伦敦设立了专门的中小企业扶持计划，投入870亿英镑支持中小企业发展；美国纽约设立了联邦中小企业管理局和纽约经济发展公司，鼓励扶持中小企业融资。

（二）推动有利于文化产业发展的金融创新

1. 引导融资方式，搭建专业化金融服务平台。当前，银行贷款仍然是文化企业融资主渠道，应着力完善文化产业信贷产品创新体系，加快开发收益权质押贷款、知识产权质押贷款等符合政策导向性、具备市场适用性、体现功能创新性的信贷产品，引导文化企业采用包括专利权、版权、发行权、播映权、预期收益权、商标专用权在内的质押贷款融资和版权信托融资等融资方式。针对文化企业规模偏小、实力不强、信用等级不高、无形资产比重大、无形资产中版权是核心的特征，大力发展版权质押融资。要立足信贷金融服务支持文化产业，在专业化金融服务平台构建，建立文化产业投资基金、互助基金、小额贷款公司、担保机构、信托机构以及针对中小文化企业统贷平台等方面做出积极探索，一方面为文化金融创新提供信用增进服务，另一方面开辟更多的文化金融增值服务渠道。

2. 拓宽直接融资渠道，鼓励文化企业通过资本市场直接融资。对于规模大、效益好、管理规范的大型文化企业，应积极申请在主板市场上市融资；对于具有高科技含量、主营业务突出、增长潜力大的中小文化企业，可通过创业板市场上市融资；对于暂不具备上市条件的文化企业，可通过与上市公司合作，采用并购、托管、资产置换等资本运作方式，达到"捆绑上市"或"借壳上市"的目的。除通过上市获取股权性融资之外，债权性融资渠道同样可以有效实现产业资本和金融资本的有效结合。要鼓励符合条件的文化企业通过发行企业债、集合债、可转换公司债券等方式融资；促使金融机构为中小文化企业通过发行短期融资券、银行承兑汇票等方式融资提供便利。同时，以建立天使基金、风险投资、私募基金和信托计划为主要手段，利用其独特的融资结构及功能设置，实现有效的"风险隔离"，为投资者权益提供基本保障，吸引社会资本进入文化资产权益投资领域。

3. 推行知识产权证券化，实现版权与金融资本的有效结合。知识产权资产证券化是以金融技术为依托，以知识产权作担保，以证券化为载体的融资方式。它具有融资成本低，实施难度小，不影响知识产权权属等优点。版权资产证券化是近年来国际金融领域的一个十分重要的创新。在美国，版权资产证券化已成为版权生产募集资金的重要形式，影视、音像、报刊图书出版、电子游戏和音乐等都可以成为证券化的对象。引进版权资产证券化，建立版权交易公开市场，活跃版权交易，在解决我国文化企业融资难、版权产业化应用资金不足问题、形成合理的版权资产价格形成机制等方面，都具有重大的现实意义。我国文化企业应积极利用这种先进的融资方式，变现债权来改善现金流状况，优化企业的资产负债结构，提高资金周转效率。

4. 研究文化企业信用评级体系，推进对文化企业的信用评级。

信用是社会经济发展的必然产物，是现代经济社会运行中必不可少的一环。通过专业信用评级机构的评级，可以对企业的偿债能力和盈利能力进行科学的测算，从而对企业的融资风险进行预判。我国目前信用评级制度还不完备，信用评级体系也有待完善。由于文化企业多以无形资产质押融资，信用评级结果对其融资就显得尤为重要，因此，应加快文化产业信用评级体系建设，从而推动文化产业与金融资本的融合发展。

（三）促进首都文化与金融融合创新发展

实现文化产业创意产业和金融的有效对接，充分发挥金融资源配置的先导作用，满足文化创意产业发展的融资、投资、交易、风险管理等需求，是首都实施"双轮驱动"战略、打造中国特色社会主义先进文化之都、提升首都文化竞争力的需要。借鉴国内外地区做法和经验，结合文化产业金融创新措施，当前应从以下几个方面着手促进首都文化产业投融资服务体系建设。

1. 加强顶层设计规划，建立统筹协调工作机制。由市文资办、市金融局牵头，各相关委办局和单位参加，负责决策并协调落实文化金融政策和相关重大事项，组织开展文化金融服务工作情况的定期检查，对政策实施效果进行评估总结，促进文化与金融深度融合发展。首先，要以国家文化产业改革的方针为指导，结合北京市的特有优势，定位金融支持的主要方向。其次，要明确金融支持政策的划分标准，结合企业的生命周期、融资规模、市场区域、所承担的社会责任等，综合确定金融支持方式。

2. 完善配套政策措施，健全文化金融政策体系。围绕文化与金融融合发展中的问题，加大研究力度，制定金融机构入住、人才引进、金融要素市场建设等配套政策措施。搭建金融支撑平台，健全金融中介服务体系，使金融机构与文化产业单位能够顺利实现有效的金融对接。拓宽多元融资渠道，建立专门的产业投资基金等。同时，借鉴中关村国家科技金融创新中心的经验，争取国家在文化金融创新、金融管理体制改革等相关方面进一步加大支持力度。完善总结评价机制，落实跟踪评估，不断完善文化金融政策体系。

3. 推进要素市场建设，合理配置文化金融资源。加快建设文化投资发展集团，以股权投资为主，从申报项目中择优选取一定比例的企业和项目予以支持，目前不具备条件支持的项目纳入项目库。加快建设文化创意产业投资基金管理公司，发挥政府资金引导作用，推动与行业领军企业共同设立网游、动漫、艺术品交易、演出等专项基金。加快建设文化创意产业融资担保公司，为北京中小文化企业提供融资担保服务，并从文化创意产业创新发展专项资金中每年列支5000万元作为融资担保专项资金。

4. 加大政策宣传力度，推动文化金融品牌发展。加强文化金融品牌宣传和推介，进一步扩大北京国际电影季、中国北京国际文化创意产业博览会等重大活动的规模和影响力。加强文化金融信息的宣传与交流，通过文化金融门户网站和主流媒体及时发布文化金融创新政策及产业动态。支持文化金融资讯及研究机构发展，打造国际领先的文化金融资讯组织。

5. 促进文化企业自身的内涵发展，完善金融支持条件。企业的内涵发展是获得金融支持的必要条件。目前，部分中小型文化企业所处市场空间狭小，产业链条薄弱，企业自身管理机制不健全，融资可获得性比较差。因此，需要进行企业的专业化升级创新，积极参与到高端产业链或高端文化项目的分工协作当中，从而提升管理水平，增强金融支持的可获得性。

（本文作者为北京市国有文化资产监督管理办公室党委副书记）

丰富北京市文化消费新业态研究

○张文华

在新一轮的经济社会发展进程中,出口导向型经济向内需主导型经济转型,文化消费成为国内扩大内需发展不可或缺的环节。北京是全国的文化中心,拥有广泛的文化消费群体和消费市场,自 2005 年年底市委市政府确立大力发展文化创意产业的重大战略决策以来,北京市文化创意产业的总体规模、竞争力和影响力在全国始终保持了领先地位,首都文化经济形态凸显,文化投资、出口和消费协调拉动,文化创意产业迅猛发展。

一、国内文化消费的基本动力与全球趋势

(一)当前国内文化消费发展的基本动力已经形成

伴随经济水平的大幅提升,数字技术、网络技术、通信技术等高新技术的广泛应用与渗透,文化价值理念、逻辑认知的变迁,经济转型中文化内涵的植入、文化元素的注入,以及文化贸易的快速发展,整体形成了现阶段中国文化消费业态发展的核心动力来源,最终催生和推动形成国内文化消费市场发展的新需求、新业态、新模式。呈现出五个特点:一是科技手段的进步,改变了文化消费模式;二是经济水平的提升,催生了文化消费市场;三是文化理念的更新,拓展了文

化消费形式；四是文化服务化发展，挖潜了文化消费领域；五是文化外向化发展，带来了文化消费内容。

（二）全球文化消费业态发展呈现出科技化、服务化、复合化、集群化的趋势

国内正在释放的文化消费市场需求，正被全球化营销扩散进入的国际文化服务产品所侵蚀，好莱坞商业大片等文化产品严重影响了国内文化市场，出现了文化消费外来、文化资源流失、文化创新山寨、文化市场本土、市场分工低端五大问题。

二、北京文化消费新业态的发展现状及问题

北京拥有国内最领先的文化消费群体和丰富的传统文化资源，以新一代通信、移动互联网等高新技术为特征，以数字化为方向，新兴文化消费业态形式快速发展，文化创意与科技创新日益相互渗透、融合，形成了北京文化消费新业态发展的基础优势，突出特点是：形成了蓬勃发展的文化消费业态；文化科技企业云集发展；形成了雄厚的文化科技创新发展基础；文化科技市场体系建设加速完善；国家支持的创新发展政策已经确定；有着高度集聚的文化教育资源。

然而，在传统的发展路径中，科技发展的强大、文化产业发展的滞后。面对文化与科技深度融合发展的全球普遍趋势，我市在推动新兴文化消费业态发展过程中，一系列问题有所表现，主要有：底层技术移植多、自主少；应用范式模仿多、创新少；商业模式复制多、创造少；核心战略跟随多、主动少；市场主体科技多、跨界少；功能平台技术多、市场少；体制机制桎梏多、约束多。

三、面向需求，大力丰富首都文化消费新业态

北京应抓住文化消费科技化、服务化、复合化、集群化的全球普遍趋势，紧抓国内文化消费需求释放的增长进程，把握面向未来的国

内文化消费模式的改变、消费市场的繁荣、消费形式的拓展、消费领域的挖掘、消费内容的创新，发挥文化与科技的相互促进作用，大力丰富首都文化消费新业态发展，推动新兴文化消费业态群发展、传统文化业态的创新、文化消费向首都的集聚，全面提升首都文化消费发展规模、发展质量和发展水平。

（一）强化文化科技融合，推动新兴文化消费业态群发展

一是促进数字内容产业群发展。推动先进技术工具与文化创意创作、文化内容制作的结合，促进"数字出版、数字音视频、动漫网游、数字广告"四大数字内容业态发展，形成数字内容产业集群。针对信息内容大爆炸时代的信息传播形式，推动在线音乐、手机音乐、网络视频等数字音视频业态发展。针对动漫游戏行业的蓬勃发展态势，推动手机动漫、广告动漫、社交游戏等动漫网游业态发展。二是促进文化终端产业群发展。搭建数字化的文化服务内容与文化消费者之间的桥梁，发展智能化的体验终端，促进"智能手机、平板电脑、智能电视、云终端产品"四大智能终端市场发展，形成智能终端产业集群。针对移动互联网娱乐业务的迅速发展，推动智能手机终端业态发展，推动形成"智能手机＋应用商店"业务链。三是促进新兴传媒产业群发展。搭建数字文化内容传播的渠道和平台，发展网络化的传播媒体形式，促进"社交媒体、流媒体、门户媒体、平台媒体、移动媒体"五大新兴传媒发展，形成新兴媒体产业集群。四是促进应用服务产业群发展。推动智能硬件、信息软件、互联网服务与娱乐体验、虚拟体验、社会发展相结合，发展便捷化、娱乐化的应用服务，促进"第三方支付服务、应用商店服务、云计算服务、无线增值服务、移动商务服务、移动生活服务"六大应用增值服务发展，形成应用服务产业群。五是加强基础文化科技的创新研发。围绕文化创意与科技创新的融合发展，培育新兴文化消费业态集群，抢占移动互联网时代发展的制高点，加强数字技术的应用、加快传输技术的推广、推动智能技术的发展、提升电子技术水平、突破发展移动操作系统，夯实底层技术支撑能力。六是加强应用文化技术的开发创

新。七是加强文化技术的系统集成创新。围绕抢占移动互联网时代新兴文化业态发展先机，加快推进"三网融合"、促进数字城市建设、推动智能城市的发展、促进多媒体技术的集成创新，提升应用服务开发支撑。

（二）适应文化需求趋势，推动传统文化业态的创新发展

一是扩大文化演艺消费业态。拓展文化演艺消费平台，打造演出"第二现场"，带动文化演艺消费市场扩张。加快剧院、剧场、电子票务等演艺基础设施建设，为扩大演艺消费创造条件。建立演艺产品创作生产补贴机制，扶持原创、新创大型驻场文化演出剧目，打造多样化的文化演艺消费产品。加强与市场的互动与合作，培育具有市场活力、影响力大的文化演艺团体。推动编剧、导演、金融、评论、宣传、营销等各演出服务业态的发展，实现文化演艺服务业的专业化发展格局。加强文化演艺衍生品开发，拓展延长产业链，提高文化演艺消费产品的附加值。二是推动出版发行与版权贸易业态发展。三是促进广播影视音像消费市场发展。四是推进艺术品消费市场发展。借鉴国际艺术品市场经验，推动艺术品交易市场发展，引导、培育和建设艺术品一级市场，形成全国性的艺术品交易中心和交易市场。推动文化版权交易、古玩艺术品交易基地建设，建立中国艺术品行业登记认证数据库，推进艺术品评估鉴定中心建设，形成覆盖各领域的文化交易市场平台体系。鼓励鉴定、评估、代理、版权、投资等文化版权服务机构发展，鼓励原创艺术创作，推动画廊业发展，打造分工明确、功能完善、体系健全、技术先进的古玩艺术品市场服务和交易体系。推动与国际交易形式接轨的拍卖市场发展，推进国际拍卖中心建设，打造"北拍"品牌。五是促进设计创意消费业态发展。紧抓商务定制消费、房地产消费等消费需求旺盛的趋势，促进服装服饰、工艺美术品、玩具首饰、家居等时尚设计创意消费市场发展。推进创意设计向家具、家电、家纺、家饰等传统行业领域的延伸，提升纺织、轻工、包装等行业的文化内涵，推动设计创意消费市场发展扩张。

（三）针对文化市场扩张，推动文化消费发展的首都聚集

一是做大文化旅游消费市场。努力开发文化旅游消费市场，多元化开发专项旅游活动，打造拥有自主知识产权、具有广泛传播力和国际影响力的文化旅游演艺品牌。促进具有地方、民族特色的典型区域旅游发展，推动大型文化主题公园建设，打造现代娱乐旅游精品项目，加大文化参与体验旅游消费。促进文化、娱乐、餐饮、金融、商业及相关服务业发展，提升文化旅游消费水平。二是推动文化娱乐业态发展。鼓励建设大型动漫游戏互动体验娱乐城，推动动漫游戏娱乐消费发展。积极推动和支持文化科技企业开办多种形式的体验馆，打造良好的互动体验娱乐环境，推动互动科技体验娱乐发展。促进歌舞娱乐场所和游艺娱乐场所健康发展，推动集大型文化商业、专业影院、大型博物馆、文化休闲、文化娱乐等于一体的文化主题式广场建设，开发具有民族特色、健康向上和技术先进的新兴娱乐方式，创新娱乐业态。三是加快文化商业消费发展。借鉴国外综合性大型文化购物娱乐区建设经验，推动集剧院、影院、文化、艺术、商业、餐饮等于一体的综合文化商业街区建设，发展文化商业消费。推动文化连锁业态的发展，拓宽文化产品生产、经营、销售渠道，不断扩大文化消费市场份额。鼓励文化科技企业应用电子商务平台，发展文化团购业务，培育相对固定的文化消费群体。突出特色与戏曲、歌剧、文学、美术、音乐、歌舞等艺术主题相结合，促进文化餐饮业态发展。四是推动文化会展业态发展。发展综合性、专业化等不同类型的文化会展，打造精品文化会展品牌。

四、实施顶层设计，系统推进，促进首都文化消费新业态繁荣

落实中央关于加快文化体制机制改革创新、加快构建公共文化服务体系、加快发展文化产业的指示精神，紧紧围绕首都文化发展、实施"科技文化双轮驱动"的总体要求，发挥首都作为全国文化中心示

范作用，注重新阶段下文化消费新业态发展的顶层设计，系统推进文化消费新业态发展，形成特色突出、布局合理、业务完整的文化消费新业态发展格局，着力促进首都文化创意产业整体规模和实力不断壮大。

（一）以文化管理创新，引导文化消费新业态有序发展

面对互联网快速发展中文化传播逻辑与传播方式的创新，借鉴国际经验开展文化管理的创新，以服务和管理实现文化安全、健康和有序发展。一是引导文化消费业态本土化发展。有针对性的向民间文化等本土文化市场主体开放渠道，支持本土文化的原创与精品打造，释放传播潜力与发展优势，逐渐占领国内文化消费市场，提升文化输出能力。二是实现文化消费业态的可控发展。发挥微博、社交网站、即时通信等新兴渠道的个性化沟通和传播作用，通过建立官方微博、开展论坛辩论等方式，畅通文化交流通道，把握文化发展动向，疏导文化传播。

（二）以文化改革突破，促进文化消费新业态协同发展

围绕破解首都文化消费业态发展的现实问题，以市场化、产业化为核心，强化文化发展体制改革与机制创新，提升发展活力，加快文化消费业态发展。一是推动建立文化创新发展的退出机制。二是推动文化产业发展投融资体制改革。三是分类降低文化产业发展的市场准入。四是进一步深化推进文化发展体制改革。五是推动建立企业主导的文化创新体系。

（三）以文化政策完善，扶持文化消费新业态加快发展

按照北京文化功能化发展的要求，着力推动文化创意产业发展政策的完善，促进首都文化跨越发展。一是积极争取推动试行文化发展的免税政策。二是积极争取国家文化产业发展政策先行先试。三是积极推动文化创意产业发展政策体系的完善。

（四）以文化资本培育，支撑文化消费新业态跨越发展

强化文化资本的培育，以文化资本的壮大和引进推动文化创意成

果产业化、市场化、商业化发展。一是大力推动文化金融发展，促进金融加大对文化业态发展的支持。二是成立文化科技融合发展投资基金，引导和推动文化科技融合发展。三是引导非文化产业资本进入文化领域，促进社会资本推动文化业态发展。四是设立文化产业发展专项补贴资金，促进新兴文化消费业态发展。

（五）以文化科技融合，推动文化消费新业态扩张发展

围绕推动文化与科技融合，促进新兴文化消费业态发展、传统文化业态升级，实现新兴文化消费业态群发展。一是促进文化科技向传统业态领域植入，推动升级发展。二是强化文化科技融合发展的需求响应，推动融合应用。三是强化文化科技市场主体融合发展，推动融合突破。

（六）以文化项目空间，带动文化消费新业态发展突破

针对北京文化空间粗放蔓延、关联发展弱、发展效率低等现状，以文化创意与科技创新领域的关键型项目引领带动，加快整合提升，夯实文化消费业态发展承载。一是筛选一批关键、节点型的文化科技融合发展项目，重点支持推动建设，直接带动促进新兴文化消费业态发展。二是整合提升市级的文化创意产业集聚区发展，促进文化空间功能化、协同化发展，夯实文化消费业态发展承载。

（七）以文化人才挖掘，形成文化消费新业态发展引领

围绕文化与科技的融合创新发展，发挥首都文化教育发展优势，推动构建人才的跨界发展能力，提升文化消费业态发展的创意含量、创新能力。一是全面落实高端人才发展政策，全力引进一批懂文化的科技创新人才、懂技术的文化创意人才、懂商业的文化技术人才，构建文化科技融合发展的人才支撑带动力量。二是采取多元化引进方式联动，通过提供创业资助、允许产权入股、柔性交流、创新人才机制、完善人才服务等途径，集聚复合型的文化科技人才发展。三是推进复合型人才开发，适应文化发展的人才需求，健全复合型人才开发

机制，建立文化科技人才信息系统，适时引导有序向首都流动，挖掘人才资源跨界发展潜力。

（八）以文化版权保护，激励文化消费新业态发展创新

加强文化版权的保护与版权价值的释放，转化成为推动文化创新与文化创意发展的强大动力。一是推动文化版权市场价值化发展。二是推动成立文化版权发展联盟。三是推进互联网数字版权保护的发展创新。四是支持文化科技企业通过并购来规避版权市场风险。五是推进建立文化版权调解和运用机制。

（九）以文化品牌打造，提升文化消费新业态市场影响

着力打造文化消费业态领域的自主创新品牌，构建文化消费业态发展的品牌影响力和竞争力，提升首都文化发展水平与输出能力。一是强化市场应用示范形成中国品牌。二是实施首都文化消费品牌建设工程。

（十）以文化创新促进，培育文化消费新业态发展主体

立足产业化、市场化、商业化，强化文化科技融合创新成果的运营孵化，加快培育文化消费业态主体发展。一是重视文化科技领域创新创意人才创业孵化，提供一揽子创业孵化服务，形成人才创新激励。以现有的文化创意产业集聚区为载体，积极为文化科技领域复合型创新创意人才创业提供一揽子孵化服务和帮助，形成人才创新发展激励。二是重视对中小文化科技企业的运营孵化，提供一揽子公共运营服务，形成市场创新激励。积极扶持市场前景好、商业模式独特、技术自主性强的中小微型企业发展，提供资金、技术、人才、信息、管理、市场等一站式的服务帮助，切实降低企业运营成本。三是积极支持市场化的文化创新创意孵化器发展，促进新兴文化业态主体加快运营孵化。积极参与扶持市场化的创业孵化器发展，以此为平台，将公共服务资源进行服务集成，提高文化创新创意运营孵化服务的能力和效率。

（本文作者为北京市文化局党组书记、副局长）

北京市艺术品市场发展的报告

○关　宇

一、北京艺术品市场的基本概况

艺术品市场由画廊、艺术品拍卖和艺术经纪、艺术品博览会等经营主体共同组成。其中，艺术品一级市场是指画廊、文物商店等，二级市场主要是艺术品拍卖企业。艺术经纪、艺术品博览会以专业化的服务方式承担着一级市场和二级市场间沟通的纽带和艺术品交易补充性渠道的使命。除了传统的一级市场二级市场外，艺术品资本市场迅速兴起，即艺术投资基金和艺术品信托。

北京艺术品市场居于全国艺术品市场的核心位置。2011 年，北京艺术品市场总成交额高达 1260 亿元，占全国艺术品市场总成交额 2108 亿元的近 60%，其中，北京的艺术品拍卖市场交易额是 560 多亿元，占全国艺术品拍卖市场交易额 975 亿元的 57%。2011 年，北京地区的画廊达到 724 家，占全国画廊总数量 1649 家的 44%。北京已发展成为中国首屈一指的艺术品交易中心，并日渐形成和伦敦、纽约、香港并驾齐驱的国际艺术品交流之都，在全球艺术品市场中的影响力日益扩大，已经成为全世界最活跃的艺术品交易城市。

在艺术品产业发展中，北京拥有得天独厚的优势。北京具有全国最著名的艺术聚集区，全国数量最多、最优秀的画廊，全国数量最

127

多、最大的艺术品拍卖公司，全国最大的古玩艺术品交易市场，全国最多的美术馆、博物馆，全国最有权威的艺术院校和全国最优秀的艺术家资源。

（一）一级市场：画廊

画廊是展览和销售艺术作品的场所，是画廊的老板从艺术创作者手中购买艺术品再卖出去的商业场所。

画廊是一级市场。它直接从艺术家那里取得艺术品，通过代理或合作开发的机制，直接推介给藏家进行销售。一级市场的作用是维护了艺术家的创作动力，对艺术家艺术创作的发展起到了很大的推动作用。

专业画廊有三个标准：实行代理制；定期推出代理艺术家的展览；拥有专业人员，为客户提供专业服务。

北京艺术品一级市场的发展情况，有画廊 724 家，集中在琉璃厂画廊区、798、宋庄、草场地、望京酒厂艺术区、观音堂、二十二街区（苹果社区）。全国画廊 1649 家，北京占 44％。

（二）二级市场：艺术品拍卖

是以委托寄售为业的商业企业，用公开出价和竞标的方式，将艺术品转让给最高出价者的买卖行为和商业行为。拍卖行或拍卖公司从拍卖成交的金额中收取一定比例的金额作为手续费。

拍卖企业是二级市场，它们通过征集的方式，把那些已经销售出去的作品，筛选后组织艺术品拍卖会，进行第二次销售。

二级市场与一级市场的作用不同，以画廊为主体的一级市场的繁荣，奠定了艺术品市场发展的基础。以拍卖公司为主体的二级市场的火爆，带动了高端艺术品市场的发展。

2011 年中国在全球艺术品拍卖市场所占份额达到 41.4%，世界排名第一，显示出我国艺术品拍卖业在全球较为强劲的发展态势。2011 年北京地区的拍卖企业共有 116 家，占全国拍卖企业总数的 38%，上拍量 227 704 件，成交量 167 539 件，成交额 559 亿元，成交率 73.58%，占全国成交额的 57%。北京嘉德、北京保利分别以 121 亿元、112 亿元的总成交额领先。

（三）艺术博览会

评价一个艺术博览会的指标是：市场规模、参展商数量、销售价格、展会质量、资源整合、服务创新等方面。

北京有影响的艺术品博览会有"艺术北京"，中国国际画廊艺术品博览会（中艺博），都是民营机构组织。北京艺术品博览会区位优势明显，在展会质量和服务水平提升上也是不断地加大力度。

中国艺术品产业博览会落户宋庄，是艺术品产业国家级的展览会落户北京，将为北京打造成亚太地区乃至世界艺术品交易中心具有非常重要的意义。

（四）艺术经纪

艺术经纪具有悠久的历史，是艺术品市场交易中不可或缺的中介角色，分为服务于买家的和服务于卖家的，即帮助买家购置艺术品或帮助卖家处置艺术品。

随着艺术品市场的繁荣，艺术经纪的作用有所增强，艺术经纪活动更加活跃。

（五）艺术品资本市场

传统的中国艺术品市场的交易是以画廊为主体一级市场的交易和以拍卖市场为主体二级市场的交易。近几年来，中国艺术品市场的发展，出现了艺术品资本市场，兴起了（以信托模式交易的）艺术品信托基金和以艺术品资产产权合约份额化为中心的艺术品产权类证券化交易。艺术基金投资与艺术品份额化交易是对传统艺术品市场的一种交易创新，其资金和专业门槛较低、投资周期较短、流通性较强，这些特点能让更多人有机会进入艺术品市场，打开了艺术品交易资本化与大众化的大门，壮大了中国艺术品资本市场的规模，开辟了一条艺术品市场通往大众化的通道。这是市场竞争与资本追求利益最大化的必然过程，也是大众化的投资参与的过程。所以我们说，中国艺术品市场资本化、大众化时代正向我们走来。

艺术投资基金

艺术投资基金是随着艺术品市场的发展和投资热产生的新生事物，其特征是艺术品的投资化。艺术投资基金由专业性的投资公司或信托业发起成立，2011 年我国艺术品投资基金 70 家左右，基金初始资金规模 63.7 亿元。

艺术品信托

起步晚，发展的速度快。2010 年仅有国投信托和中信信托两家公司参与发行艺术品信托。2011 年 18 家国内信托公司发行的艺术品信托达到 45 支。

文化产权交易所

文化产权交易所的出现是近两三年的事，是文化市场与资本市场结合发展的必然产物。文化产权交易所实现文化资源产业化的良性转换，是推动文化产业发展的重要手段。文化产权交易分为两种，文化产权挂牌交易和艺术品份额化交易。挂牌交易多为国有控股的交易所，目前从事文化产权交易的国有控股的交易所是深圳文交所、上海文交所。

艺术金融仅仅处在探索阶段，一方面人们经济收入增加以后，投资、保值、增值要寻找一定的出路，除了过去传统的房产投资之类，艺术品投资的金融化（资本化）是一个趋势。另一方面从艺术品市场发展来看，中国艺术品资本市场的发展与壮大是中国艺术品市场最为直接的重要推动力，资本的参与可以推动中国艺术品市场的规模不断扩张。

（六）艺术品网上交易

艺术品网上交易充分利用了互联网的快捷、低成本和广域性的优势，交易行为不受时间地点的限制，是艺术品市场的有益补充，也是新的市场增长点。2011 年艺术品网络交易进入高速发展阶段，目前知名度较高的艺术品交易网站有 80 多家，交易形式为网络拍卖、网络商店、论坛交易三种形式。有综合的电子商务平台，如淘宝；有专业性的如雅昌艺术网、嘉德在线。

二、艺术品市场存在的问题

（一）赝品泛滥

艺术品市场目前最集中、最突出的问题是造假、售假、拍假，通称为"三假"。"三假"行为已严重损害了投资人的利益和中国艺术品在国际市场的声誉，影响了艺术品市场和我国文化产业的健康及长久发展。

（二）市场结构失衡

二级市场拍卖行十分火爆，一级市场画廊基础较薄弱，发育不良，本该处于市场上游的画廊却落在了下游。一、二级市场倒挂的现象，不利于整个艺术品市场的发展。

一级市场的发展和繁荣是整个艺术品市场发展和繁荣的基础。一级市场为二级市场源源不断提供真实、可靠的优秀作品。一级市场不发达，不利于推出艺术新人，也不利于二级市场的发展。

（三）专家权威和鉴定体系的缺失

文物艺术品的鉴定是一门专业性和技术性很强的工作。做好鉴定工作，有利于制止赝品流传。社会上有一些商业的鉴定机构，拍卖行艺术品的鉴定也大都由本公司的鉴定师担任，但是，对同一件作品，同是权威的鉴定家也会有不同的鉴定结果。此外，就是证据程序的确定，谁来举证，谁来鉴定，鉴定结果交法院能否采信，这些都是需要解决的一系列问题。

（四）投机现象十分严重

近几年，艺术品的价格成倍地上涨，越来越高的投资回报率，吸引了大量来自海内外的收藏者、国内的企业家，从而使大量投机资本介入。过度的投机，会给市场带来大量的泡沫。

（五）立法滞后

为了规范市场，加强监管，政府制定、颁布了一系列有关艺术品市场的管理条例和法律法规，如《拍卖法》《文物拍卖管理暂行规定》《美术品经营管理办法》《文化部关于制定加强艺术品市场管理工作的通知》等，但从法规本身或配套执行情况来说，还远远不够。艺术品市场立法层次低和立法滞后的问题严重地制约了管理部门的监管，迫切需要完善艺术品市场的法制体系，来支持艺术品市场的不断成熟和壮大。

三、北京艺术品市场的发展目标、发展思路和措施

北京"十二五"文化产业发展规划提出，艺术品市场的发展目标是：打造亚太地区乃至世界艺术品交易中心。

（一）以诚信为核心，规范市场交易

逐步推广当代艺术品实名登记制度，建立"艺术品数据库"，建立艺术品市场信用管理机制。

首先，在政府指导下，从当代原创艺术品做起，建立艺术品进入市场的身份证制度，对艺术品经营单位销售的当代原创艺术品进行登记，以确保登记作品的唯一性、真实性、来源的合法性。消费者、艺术家可通过检索系统查询当代艺术作品的资料，对市场流通的作品进行初步鉴别。画廊和拍卖公司经营的作品要出具艺术家的作品证明或画廊开具的真品证明，以挤压假画的生存空间。

其次，规范经营秩序，明确买卖双方的权利与义务。要明确买卖双方之间的责任和义务，在交易合同中明确艺术品售后服务、交易纠纷等处理方案。

最后，逐步建立艺术品市场信用管理机制。

管理部门要加强艺术品市场信用体系建设，推广表彰重信誉、守信用的企业，倡导诚信经营。逐步推行艺术品经营企业信用管理制度，实行艺术品经营企业信用承诺制管理，建立企业信用档案，加强日常监管，每年度对企业承诺守约的情况进行评审，有违约行为的给予警示，有售假和欺诈等违法违规经营行为的，列入信用"黑名单"，对于守信用的品牌企业，应利用媒体、网站等平台予以宣传推广。以上制度解决了售假、卖假的问题和私下交易的问题，因为私下交易得不到保护。

（二）培育并壮大一级市场，建设好艺术园区，推出更多的好作品

要积极培育画廊行业，充分发挥画廊的艺术品市场主体性和基础性作用，改善画廊发展的政策环境，发挥一级市场培育艺术家的作用，引导艺术家创作文化内涵深厚、民族本土原创的优秀艺术精品，扶持一批优秀画廊和优秀艺术家。引导画廊向规范化、品牌化方向发展，推出更多的优秀艺术家和艺术作品。

（三）打造亚太地区顶级的艺术品交易博览会

要发挥北京的优势，加强薄弱环节建设，完善市场体系建设，加快艺术品评估、鉴定、物流、保险、仓储等要素市场建设。完善艺术品市场信誉体系、评估鉴定体系、价格体系以及监管体系等市场体系建设，力争成为亚太地区艺术品的交易中心。

（四）北京要加快艺术品保税区建设

保税区具有进出口加工、国际贸易、保税仓储、商品展示等功能，享有"免证、免税、保税"政策，实行"境内关外"运作方式，是对外开放程度最高、运作机制最便捷、政策最优惠的经济区域。

要加快北京歌华文化发展集团与天竺综合保税区管委会合作建立的北京国际文化贸易服务中心的建设，开展艺术品交流交易，文化产品创意、设计、制作，高端艺术展览等领域的国际文化贸易服务，并

通过提供展示、推介、交易、物流、仓储、担保、租赁、财务、税收及金融等专业服务，形成国际文化贸易服务的专业化体系。

（五）加快艺术品市场立法

一个成熟的艺术品市场需要有非常健全的制度来管制，这样既可以保护艺术创作者的利益，又可以保护艺术交易过程当中每一个商业环节的利益，也可以保护最终投资人的利益，消费者的利益。北京是全国艺术品市场的核心地带，应该为全国的立法做出自己的探索。用好的制度管理市场，规范市场秩序，维护消费者、生产者权益，为产业的发展提供良好的制度和环境的保证。

（本文作者为北京市文化局党组成员、副局长）

对当前形势下首都文博工作科学发展的几点思考

○孔繁峙

近十年来，首都文博各项工作取得了巨大的成就，对首都的文化中心建设作出了重要贡献，党的十八大又为我们提出了文化强国的战略目标，展望未来一段时期，首都文博工作的建设与发展将处于非常关键的阶段。

一、首都文博工作进入到新的发展阶段

随着首都社会经济、文化的快速发展，特别是在筹备北京奥运会的推动下，全市文物保护、博物馆建设、流散文物管理、考古发掘以及传统建筑的保护等各项工作都达到了一个新的高度，并呈现出一系列新的特征。

（一）文物建筑修缮保护工作成绩显著，但文物占用问题使修缮工作无法全面展开

2000 年，北京市以申奥为契机，三年投入 3.3 亿元实施了文物抢险修缮计划，对重点位于"两线、一街、一区"内的市级以上文物保护单位的文物建筑进行抢险修缮；北京申奥成功后，北京市又投入 6 亿元，实施了"人文奥运文物保护计划"，按照"整治两线景

观、恢复五区风貌、重现京郊六景"的保护思路，对全市市级以上文物保护单位的文物建筑进行了大规模的抢险修缮。为加大后奥运时期文物保护力度，维护古都风貌，最大限度地发挥文物建筑的社会效益，构建和谐社会首善之区，北京市编制了《北京市文物建筑修缮保护利用中长期（2008—2015年）规划》，着眼于后奥运时期全市文物保护工作的重点和难点，做到将修缮文物与完善消防等安全设施相结合，将消减文物建筑安全隐患与整治文物环境相结合，将积极保护与开放利用相结合，将风貌保护与城市发展相结合。2008—2011年，每年文物保护修缮专项经费增加到1.5亿元。2012年，北京市继续加大名城保护与文物修缮工作力度，设立文物修缮与历史文化保护区专项资金，每年投入10亿元专项经费，启动了"百项"文物保护修缮计划。截至目前，市级财政投入文物保护修缮专项经费已超过25.3亿元，在很大程度上扭转了我市文物建筑年久失修的被动局面；并有效地带动了社会投资，带动各区县和相关单位配套资金50多亿元，文物建筑搬迁腾退成果突出，搬迁不合理占用单位880余个，居民14 200余户，为抢险修缮和合理利用创造了条件。

但我们也应该看到，大多数文物保护修缮工程仍属于抢险加固或局部修缮；由于历史原因，北京有一批高等级文物长期被不合理占用。文物建筑年久失修、私搭乱建严重、环境风貌较差或存在较大的安全隐患，大量文物保护单位因不合理占用而无法得到修缮；此外，很多区级文物保护单位及未核定为文物保护单位的不可移动文物也未曾进行系统修缮，保存状况仍有待进一步提高。

（二）大批文物建筑得到保护修复，但未能产生相应的社会效益

由于历史条件、管理水平、政策机制、开发资金等多方面因素的制约，近年来虽然不断加大资金投入力度实施文物保护修缮工程，永定门城楼、恭王府银安殿等部分缺失的文物建筑也陆续得到修复，但保护工作中侧重于具体的抢险和保护工程，在文物利用途径方面也仅限于开放为旅游景区、博物馆等较为单一的方式，缺乏对文物背后的价值理念、精神内涵、鲜活故事的发掘，开发的文化产品缺乏创意，

缺少内涵，往往无法充分发挥文物的教育、展示、宣传功能，无法为人民群众提供丰富多彩、寓教于乐的精神文化产品和服务。

因此，"既要见物、又要见文"，今后要进一步充分发挥历史文化在首都文化中心建设中的独特作用，对古都名城历史文化资源必须进行深入的挖掘、合理的利用、展示等方面的研究，加大文物保护修缮腾退和合理的开发利用力度。特别是对发生过重大历史事件和历史著名人物居住过的胡同、四合院、名人故居、会馆、近现代历史建筑等名城要素，进行深入挖掘和深度研究，突出名城历史建筑文化整体展示，把发掘文物的文化内涵作为当前和今后的重点工作，深入挖掘故宫、天坛、国子监、中轴线、云居寺石经等重点文物的丰富文化内涵；在现有工作的基础上，新推出一批保护完好、环境整洁、设施完善，并且具有深厚历史人文内涵的文物景区、历史文化名街、胡同、四合院、会馆以及历史建筑，以增强全国文化之都的历史人文内涵。

（三）北京市名城整体保护规划已实施，但名城内新的建设项目仍未得到有效控制

为进一步加强历史文化名城协调管理，北京市于 2010 年年底组织成立了北京历史文化名城保护委员会，作为历史文化名城保护的专门机构。通过法律法规的不断完善和多年的管理实践，我市初步形成了具有保护价值的建筑、文物保护单位、历史文化街区、历史文化名城四个层次的历史文化名城保护体系，历史文化名城保护整体格局逐步形成。

在保护工作取得成就的同时，我们也清醒地认识到，由于经济社会的迅速发展和城市的快速开发建设，工业化城镇化加速发展对名城和文物保护带来的持续压力与冲击不断增大。一方面，旧城区、历史文化保护区、世界文化遗产及重要文物保护单位周边、"三山五园"等重要历史文化景观区域、十三陵、八达岭等风景名胜区域仍有大量的新建建筑出现；另一方面，旧城区、历史文化保护区部分平房四合院区域原有高层建筑严重影响历史文化景观和古都风貌，短期内尚难以移除和整治。

（四）全市博物馆建设取得空前成就，但难以形成整体的资金优势

依据"优化增量、重点投入"原则，加大博物馆建设投资力度，新建、改扩建了中国国家博物馆等一批标志性博物馆，北京地区博物馆数量以每年 4—5 座的数量递增，建成开放首都博物馆、中国电影博物馆、中国妇女儿童博物馆等博物馆，改扩建了中国航空博物馆、中国科技馆、中国农业博物馆等博物馆。目前全市注册博物馆总数达到 165 座，其中对外开放 152 座，免费开放 48 座，每年推出各类展览 300 多项，接待观众 3500 万人次，组建了首都博物馆联盟，推出了一系列惠民举措。

在博物馆软硬件设施进一步改善的同时，应该更加注重质量建设，不断增强公共文化服务功能，努力提升公共文化服务质量和水平，使更多民众能够免费享用到公共文化资源，成为人民群众新的文化需求点，更好地实现博物馆的公益性和公共价值，充分展示了"人文北京"的独特魅力，增强中华文化的国际影响力，从而取得更大的社会效益。

（五）流散文物市场与文物交流规模已具有世界性的影响，但仍存在多种不规范的问题

在国家和本市一系列有力政策的引导下，鼓励和支持文物拍卖企业将国际通行的拍卖手段与传统经营方式相结合，大幅提升了中国文物的地位和价值，促进了流失海外的中国文物的回流。我市每年海外回流文物达万件以上，改写了中国文物长期流失海外的历史，丰富了首都地区博物馆馆藏和民间收藏。古玩艺术品行业参与文化创意产业的意识不断增强，程度不断加深，对北京市文化创意产业发展的贡献率不断增长。我市已成为全球最大的中国文物艺术品交易中心和全国最大的传统工艺品交易集散地、高端文物流通中心。

但文物和艺术品市场监管还存在漏洞，知假卖假、知假拍假、虚假宣传、假拍等现象还不同程度的存在，市场有待进一步规范。今后

仍需进一步加强政策引导，强化经营企业自律，引导市场向规范化、规模化、精品化、多元化的方向发展；依法开展文物拍卖标的审核等行政许可工作；开展规范古玩市场经营活动管理工作；研究本行业文化创意产业发展的优惠措施，培育行业知名品牌和龙头企业，扶植高端文物流通和艺术品经营企业做大做强，推动文物艺术品行业健康有序发展。

（六）全市已公布大量文物埋藏区，但很多建设工程仍未能落实前期考古工作

北京历史悠久，地下文物埋藏丰富，由于其保存方式的特殊性，就更加弥足珍贵，保护责任就更加重大和紧迫。我市1993年就开始了地下文物埋藏区划定实践，截止到2012年年底已划定并公布了四批地下文物埋藏区，共计56处，总面积达到11 266.61公顷。此外，我市通过政府储备和入市交易土地联审会议，文物与规划、国土、建设等部门加强协调，对相关开发建设项目提出地下文物保护要求，高速公路、南水北调、奥运场馆建设等重大工程均发掘保护了大量的地下文物。这些地下文物埋藏区通过发掘取得的考古成果，为进行相关的学术研究和建设人文北京都提供了可靠的资料，为妥善处理城市建设和地下文物保护的关系，加强地下文物保护工作起到了积极作用，同时为考古研究工作提供了丰富珍贵的历史资料。

虽然文物保护法及相关法律法规对地下文物保护做出了规定，但是对"大型基本建设"没有界定，对考古勘探发掘具体操作程序和处罚没有明确严格的规定，随着城市化、乡镇化建设，地下文物埋藏区之外的很多基本建设项目实施前未进行考古勘探、发掘工作，许多珍贵的地下文物、遗迹遭到破坏。因此，随着北京城市建设速度的加快和大型基本建设项目的不断出现，进一步完善法规体系、制定加强地下文物保护的专项规章，已成为十分必要和紧迫的任务。

二、新时期在北京加快世界城市建设过程中文博工作面临的挑战

（一）首都城市现代化水平的进一步提升与古都传统建筑保护的矛盾进一步加剧

由于历史文化街区部分房屋年久失修，使历史文化保护区进入了修缮改造的高峰时期，改造与保护的矛盾突出。部分单位和居民对原有传统房屋进行翻建，建设二层甚至是高层建筑，改变了原有的院落格局。很多历史文化街区还面临着商业化的问题，沿街房屋普遍存在破墙办商业的现象，历史文化保护区的居住性质发生改变，商业气氛过于浓重，破坏了胡同四合院的传统风貌。

（二）首都城市国际化水平的新发展与古都名城整体保护的矛盾日益突出

目前旧城的办公、商业、居住等功能过于集中，人口较为密集，部分平房四合院地区市政基础设施落后，居民生活质量受到影响，给旧城保护乃至整个古都北京的发展带来了较大的影响。片面追求经济利益、眼前利益，损害古都风貌的现象时有发生，保护与改造、国际化城市发展之间的矛盾突现出来。

（三）首都房地产价位的不断推高，进一步加大了全市文物占用住户的搬迁难度

部分文物保护单位内涉及单位和居民较多，私搭乱建严重，随着首都房地产价位的不断推高，搬迁腾退所需资金逐年提高。

（四）首都新农村改造的全面展开，使古村落的保护面临巨大的冲击

北京郊区拥有众多的富有丰厚历史文化底蕴、独特建筑风格的古

村（落）镇，但由于发展改造等人为和自然的原因，逐步面临消亡的境地。如何抢救、保护现存的古村（落）镇，延续京郊特色的建筑风格、民俗文化，科学地整合、开发、利用古村（落）镇的旅游资源，以丰富京郊民俗旅游业，拓宽农民增收致富的渠道，带动京郊经济社会文化的发展，是推进北京市社会主义新农村建设的一项重要课题。

三、深刻理解新形势下文博工作在首都城市的功能定位

（一）在首都城市中突出古都名城的历史城市特色

名城保护是建设"人文北京"和"世界城市"的重要内容，是展示首都形象、提升北京软实力和国际影响力的重要途径，统筹做好历史文化名城整体保护工作，对于将北京建设成为独具古都风貌和"人文、科技、绿色"魅力的"世界城市"具有重要的战略意义。

（二）在首都全国文化中心中凸显古都历史文化的影响力

随着市民文明素质和城市文明程度显著提升，历史文化资源得到有效保护、挖掘、传承和利用，文化事业和文化创意产业健康快速发展，公共文化设施和服务质量达到世界先进水平，文化创新活力充分彰显，在建设文化强国的历史进程中，北京作为全国文化中心的地位更加凸显，作为全国文化中心的示范作用将进一步得到充分发挥。北京历史文化名城保护的重要性更加凸显，北京文物保护事业的紧迫性更加凸显。

（三）在与世界文化交流中凸显中华民族文化的国际地位

文物是人类文明的物化成果，古都北京众多优秀的文化资源，是中华民族悠久历史和灿烂文明的见证，是一座城市乃至一个国家、一个民族区别于其他国家和民族的标签。通过积极开展对外文化交流，配合国家和北京市的重要外宣活动，展示优秀传统文化、弘扬民族精

神，充分展示"人文北京"的独特魅力，增强中华文化的国际影响力。

（四）在首都文化大发展大繁荣中，发挥文博行业的独特作用

文物是弘扬民族优秀传统文化、建设中华民族共有精神家园的重要载体，承载着民族的传统文化、承载着我们的共有精神家园。通过推出一批精品文化工程，进一步发挥文物的文化场所功能、宣传教育功能、旅游利用功能，促进区域文化、旅游、经济、社会等协调发展，使文化遗产保护工作更好地惠及人民群众，进一步丰富人民群众的物质和精神文化生活，提高文化遗产的经济、社会效益。

四、进一步明确首都文博工作发展的方向和战略

在新的形势下，确定首都文博工作的发展方向和重点工作战略，对全市文博工作的发展至关重要。今后一段时期，首都文博工作要紧密围绕首都文化大发展大繁荣的工作重心，深入贯彻落实科学发展观。文博工作的发展可以实施以下战略：

（一）文物申遗战略

推进中轴线、北海、大运河等保护与申遗工作，推动中轴线纳入世界文化遗产预备名单和相关申报工作，确定遗产申报名单、保护范围缓冲区。按照中轴线申遗要求，继续开展中轴线保护研究，深化皇城的整体保护和旧城的传统空间格局及建筑形制的保护等整治，加强中轴线、朝阜大街等线性文化遗产保护、整治工作。编制保护规划，加强重点文物建筑修缮保护，继续改善文物保护状况和历史文化名城环境景观，协调沿线各区县继续实施运河大环境整治，加强什刹海、北运河周边环境整治，打造首都特色运河水系景观体系，增加城乡休憩和文化体验空间，同时加强基础研究和历史文化内涵挖掘工作。

（二）古建修缮战略

加大重点文物保护经费投入力度，继续保护展示北京深厚的历史文化资源和丰富多彩的传统文化资源，全面完成文博事业"十二五"发展规划、《北京市文物建筑修缮保护利用中长期规划（2008—2015年)》和"百项"文物保护修缮计划，继续推进世界文化遗产和重点文物的保护修缮，创造条件逐步加大区县级文物建筑的保护、修缮工作力度，重点做好远郊历史村落的保护与修复。实施"三山五园""香山二十八景"等历史名园和文化景观保护工程。统筹规划"三山五园"皇家园林文化景观区，抓好"香山二十八景"、颐和园须弥灵境遗址等文物的复建工作，恢复古都历史文化景观，对促进经济社会发展作出新的贡献。

（三）大遗址保护战略

继续积极开展圆明园、周口店考古遗址公园建设工作，大力推进圆明园遗址文物保护修复工程，启动桃花洞遗址抢险加固工程，完成如圆明园、桃花洞遗址考古发掘工作；配合房山区完成周口店北京人遗址博物馆迁建工程，实施原博物馆迁建后即遗址核心区环境整治和生态改善工程，启动周口店国家考古遗址公园专项规划编制工作；积极推进琉璃河、团河行宫、金陵等遗址的保护规划和考古遗址公园规划编制工作，拓展民众的文化体验空间，使历史文化更好地惠及人民群众。

（四）文化街区保护战略

做好旧城整体保护，做到"三不"，即在旧城地区不再安排重大建设项目、不再拆建历史街区、不再增加人口密度，实现旧城文物保护的良性循环。一是严格管理历史街区沿街传统建筑的使用性质和建筑形制，建立和完善胡同、街巷管理的相关规定和规范，完善房屋修缮的标准，指导旧城房屋修缮工作，保护沿街建筑的传统外观风貌。二是继续完善房屋修缮机制，调动各方面的积极性，按政府搭台、社会介入、利益相关者参与的原则，提高居民自主修缮积极性，多渠道筹集资金，建立统一的旧城房屋修缮改造融资平台，形成历史街区和传统建筑长效保护机制。

（五）占用搬迁战略

逐步建立历史街区居民住户外迁机制，改善居住条件。可制订疏解分期计划，采用廉租房、经济适用住房、货币补偿等多种形式，增加居民外迁的吸引力，分不同区域、分轻重缓急，根据点、线、面相结合的方针稳步推进。加大不合理占用文物的腾退力度，强化管理单位的主体责任，逐步完善法律法规的规定，增加文物保护单位管理使用者的鼓励、制约机制，为文物保护单位的保护腾退提供法律依据和工作程序。对违法破坏或有能力而不予修缮的单位予以公开、警告或者处罚。开放是文物保护单位得以保护和合理利用的较好途径，目前对社会开放的文物保护单位的保护状况均较好，鼓励参照历代帝王庙等成功的腾退案例，"建新腾旧"。对于自身没有解决问题的能力，同意转交产权或者不涉及产权问题，由市、区政府创造条件解决搬迁问题。

（六）文物安防战略

文物是不可再生的资源，安全是前提、是底线，容不得半点闪失。一是要落实安全责任。安全工作归根到底是靠人，靠人的责任心、使命感，即使设施再先进，也要靠人来管理和操作。核心是什么？是监管督查机制的建设，是各级领导责任制的真正落实。二是要深化科技创安。不断完善文物安全基础设施建设，大力提高科技安全预防水平，努力实现"人防、技防、物防、联防"的无缝隙链接；推广文物科技创安工作经验，加大科技创安投入，不断提升文物安全管理工作的科学化、规范化、精细化水平。三是要加大执法力度。加强文物安全执法队伍建设，加大文物执法专项经费投入及安全执法力度，推进信息化建设，坚决查处文物违法违章行为，严厉打击文物犯罪活动。

（本文作者为北京市政协文史委副主任，北京市文物局原党组书记、局长）

推动首都哲学社会科学
繁荣发展的探索

○王祥武

党的十八大报告是全党全国各族人民智慧的结晶，是党团结带领全国各族人民沿着中国特色社会主义道路继续前进、为全面建成小康社会而奋斗的政治宣言和行动纲领。深入学习贯彻报告精神，对于在新时期进一步做好北京社科规划工作，推动首都哲学社会科学繁荣发展具有十分重要的意义。

一、深刻领会一系列重大理论创新

十八大报告主题鲜明深刻，提出了一系列新观点、新论断、新表述、新概括。认真学习报告内容，准确把握其中的一系列重大理论创新，是我们贯彻落实十八大精神的基础和前提。

我们党在推进马克思主义中国化进程中有两次历史性飞跃：第一次飞跃是形成了毛泽东思想，第二次飞跃是在改革开放新的伟大实践中逐步形成中国特色社会主义理论体系。此次，十八大报告将科学发展观列为我们党必须长期坚持的指导思想，是继将邓小平理论、"三个代表"重要思想列为党的指导思想之后的又一次与时俱进，这是报告最大的理论亮点和历史贡献，对坚持和发展中国特色社会主义具有重大现实意义和深远历史意义。

　　我们党在改革开放新的伟大实践中，对建设中国特色社会主义的总体布局不断产生新的认识与概括。从物质文明、精神文明"两个文明"建设，到经济建设、政治建设、文化建设"三位一体"，到经济建设、政治建设、文化建设、社会建设"四位一体"，再到十八大明确提出建设社会主义市场经济、社会主义民主政治、社会主义先进文化、社会主义和谐社会、社会主义生态文明"五位一体"总体布局，这是中国特色社会主义实践不断丰富发展的过程，是我们党对中国特色社会主义认识不断深化的结果，对于开创中国特色社会主义新局面具有重大意义，对全面建成小康社会提供了有力支撑。

　　党的十六大提出了全面建设小康社会的奋斗目标，经过 10 年努力，取得了重大阶段性成就。十八大提出了"确保到 2020 年实现全面建成小康社会宏伟目标"，从之前的"建设"到现在的"建成"，一字之变，却是一个历史性的质变，充分体现了我们党对发展中国特色社会主义的坚强决心和全面建成小康社会的充分信心，使得实现小康社会的目标更加明确。

　　党的十六届六中全会提出要建设社会主义核心价值体系，十七大和十七届六中全会进一步作出了部署。十八大报告在阐述加强社会主义核心价值体系建设时，用 24 个字对社会主义核心价值观进行了概括，从国家层面是富强、民主、文明、和谐，从社会层面是自由、平等、公正、法治，从公民个人层面是爱国、敬业、诚信、友善。这三个层面的表述，是对社会主义核心价值观进行的新概括，表明了我们党对社会主义的认识进一步明确与深化，对于推进社会主义核心价值体系建设具有十分重要和深远的历史意义。

　　报告提出把党的纯洁性纳入党的建设的主线中，使党的执政能力建设和先进性建设有了更坚实的保证。提出建设学习型、服务型、创新型马克思主义执政党的目标，表明我们党对执政党建设规律的把握更自觉、更全面、更深刻，体现了我们党与时俱进的精神和时代特色。

　　报告中还有很多重大理论创新，如对中国特色社会主义作出了新的理论概括，提出了在新的历史条件下，夺取中国特色社会主义新胜利必须牢牢把握的八个基本要求，条条都有强烈的现实针对性和长远指导性；提出要健全社会主义协商民主制度，这与我国国情和民主政治发展阶段相适应，是中国特色社会主义政治发展道路和政治体制改革路径的新拓展；提出我国建设生态文明的战略思路，并提出了当前和今后一段时期内亟须完成的四项任务，表明我们党对生态文明建设的认识进一步深化等。十八大报告的重大理论创新，丰富和发展了中国特色社会主义理论，为我们今后做好各方面工作指明了方向，提供了强大思想武器。

二、准确把握首都哲学社会科学研究的主攻方向

在哲学社会科学研究工作中贯彻落实十八大精神，最主要的就是以十八大报告提出的一系列重大理论和现实问题，尤其是对全面建成小康社会具有全局性、战略性、前瞻性的重大问题作为主攻方向，结合首都发展实际，深入开展理论研究，着力推出优秀成果，充分发挥思想库、智囊团作用。要发挥北京社科规划工作的引领、导向作用，引导首都广大专家学者加强以下问题的研究、解读、阐释。

（一）中国特色社会主义理论体系研究

十八大报告进一步丰富和发展了中国特色社会主义理论体系，要密切联系马克思主义中国化的历史进程，深入研究阐释中国特色社会主义理论体系与毛泽东思想的深厚理论渊源，深入研究阐释中国特色社会主义理论体系的历史地位和理论贡献，研究阐释其中蕴含的新思想、新观点、新论断，引导人们不断增强坚持中国特色社会主义道路、理论体系和制度的自觉性、坚定性。尤其要深入研究阐释科学发展观，紧密结合改革开放和现代化建设新的生动实践，深刻阐释科学发展观的第一要义、核心立场、基本要求和根本方法，深刻阐明贯穿其中的马克思主义世界观和方法论，引导人们在新的高度和广度上深化对科学发展观的认识，不断增强贯彻落实科学发展观的自觉性，坚定不移地把科学发展观贯彻到社会主义现代化建设全过程、体现到党

的建设各方面。

（二）实现中华民族伟大复兴"中国梦"研究

"中国梦"升华了我们党的执政理念，是当今中国的高昂旋律和精神旗帜。要深入研究"中国梦"的重大意义、本质要求，阐释论述国家富强、民族振兴、人民幸福的基本内涵，遵循坚持中国道路、弘扬中国精神、凝聚中国力量的重要规律，深入研究实现"中国梦"进程中的重大理论与现实问题，探索实现"中国梦"的有效路径。深入研究阐释"中国梦"同中国特色社会主义理论体系，同社会主义核心价值体系的内在联系，用"中国梦"凝聚共识、团结力量，增强道路自信、理论自信、制度自信。积极探索"中国梦"与首都工作的结合点，深入研究北京在实现"中国梦"伟大进程中如何发挥示范引领作用，如何把"中国梦"作为实施"人文北京、科技北京、绿色北京"发展战略、建设中国特色世界城市的强大精神动力，用"中国梦"指引和推动文化创新、科技创新"双轮驱动"战略，开创首都经济社会发展新局面。

（三）建设社会主义核心价值体系和践行"北京精神"研究

要加强对社会主义核心价值体系的重大意义、科学内涵、基本内容和实践要求的研究阐释，紧紧抓住认知认同、融入贯穿、引领整合等关键环节加强研究，推动形成统一指导思想、共同理想信念、强大精神力量和基本道德规范。加强对社会主义核心价值观的研究阐释，深入研究如何用社会主义核心价值观引领社会思潮，凝聚社会共识，促进精神文明建设，使之成为全社会最基本、最广泛的价值认同和追求。以社会主义核心价值体系和核心价值观为统领，加强对践行"北京精神"的研究阐释，通过理论研究使"北京精神"家喻户晓、人人践行，成为反映首都人民精神面貌、代表首都城市形象、引领首都科学发展与社会和谐的强大精神力量。

（四）　首都科学发展中面临的难点、热点问题研究

要围绕实施"三个北京"战略、加快建设"五个之都"、建设中国特色世界城市的发展目标，深入研究北京在加快转变经济发展方式、推动城乡经济社会一体化发展、开创社会主义民主政治建设新局面、推动首都文化大发展大繁荣、推进社会建设和服务管理创新、加强生态文明建设过程中面临的一系列重大理论和现实问题。尤其要准确把握首都发展的阶段性特征，着力研究、破解当前制约首都科学发展的综合性和热点、难点问题，研究回答如何加强统筹和培育新增长点，如何加快全国文化中心建设，如何解决交通、人口等问题，如何推进城乡接合部建设，如何提高城市精细化管理水平，如何改善首都功能核心区居民居住环境，如何发展生活服务业和新兴服务业，如何完善公共服务价格形成机制等问题，努力拿出一批具有说服力、对实践有指导和推动作用的重大研究成果，提高首都工作的前瞻性、进取性、创造性。

（五）　新形势下加强党的建设研究

要深刻领会和准确把握十八大报告对党的建设主线、总体布局、总体目标和要求作出的新概括，深入研究阐释加强党的执政能力建设、先进性和纯洁性建设的重要性和紧迫性，深入研究阐释如何全面推进党的思想建设、组织建设、作风建设、反腐倡廉建设和制度建设，深入研究阐释增强自我净化、自我完善、自我革新、自我提高能力，建设学习型、服务型、创新型的马克思主义执政党的深刻内涵、主要任务和基本要求。要结合北京实际，突出首都特色，积极探索在建设中国特色世界城市的进程中如何以改革创新精神全面加强党的自身建设，积极探索加强思想理论建设、加强领导班子和干部人才队伍建设、加强基层党组织建设特别是加强社区党的建设、加强以民主集中制为核心的制度建设、加强领导干部作风建设、深入推进反腐倡廉的有效途径，不断总结新形势下党的建设的特点和规律，丰富和发展富有时代特征的党的建设理论。

三、明确北京社科规划工作的任务

近年来，在市哲学社会科学规划领导小组、市委宣传部的正确领导下，北京社科规划工作不断取得新突破。"十一五"至今，围绕首都经济社会发展中的重大理论和现实问题，共设立各类规划项目近2200 项，实现了每个五年规划期项目数量翻番，并初步形成了适合不同研究水平、不同职称结构、不同年龄结构、不同研究方式的项目资助体系；优秀成果不断涌现，有 330 多项成果得到中央和市委市政府领导批示或被有关部门参考采纳，有 180 多项成果在各类评比中获奖，有 370 多部专著正式出版，有 3800 多篇成果公开发表；北京市哲学社会科学研究基地数量达到 61 个，在整合社科资源、服务科学决策、培育优秀人才等方面发挥了重要作用，已成为首都哲学社会科学研究领域的生力军；国家社科基金项目申报和管理工作不断取得佳绩，共获得各类项目近 300 项，有效弥补了目前市级规划项目经费投入总量不足的状况，提升了市属单位的科研能力和水平。

目前北京社科规划工作中仍存在一些问题与不足，表现在：经费总体投入不足，立项数量少，资助力度弱，不能满足首都社科研究工作需要；受经费制约，难以围绕重大问题组织联合攻关，开展深入持续研究，推出重大标志性成果；低水平重复研究现象一定程度存在；成果转化应用渠道不畅，服务和助力首都经济社会发展的作用有待进一步发挥等。

面对新形势、新任务，我们要着眼于首都科学发展，着眼于首都文化大发展大繁荣，着眼于学术之都建设，以十八大精神为引领，站在建设具有国际影响力的国家文化中心和巩固北京全国哲学社会科学研究中心地位的高度来开展北京社科规划工作。

第一，进一步发挥引领、导向、示范、布局作用。坚持正确导向，引导广大社科工作者自觉运用马克思主义的立场、观点和方法指导研究工作，增强首都社科界坚持马克思主义指导地位的自觉性、坚定性，巩固马克思主义在意识形态领域的指导地位。基础理论研究和应用对策研究并重，既支持着眼于哲学社会科学发展全局和学科创新，着眼于基本原理、重要规律探寻的研究，又支持紧密结合国家和北京市发展实际，善于用工具、方法解决具体问题的研究。鼓励学术观点创新、科研方法创新、科研手段创新，积极推动首都哲学社会科学创新体系建设。尤其要鼓励、支持协同创新，引导中央单位和市属单位之间、科研单位和实际部门之间、专家学者和基层工作者之间广泛开展联合攻关和深度合作，实现资源共享和优势互补，推动首都哲学社会科学研究协同创新能力和水平不断提升。

第二，进一步发挥服务决策、服务社会的作用。以建设首都智库为目标，把研究基地质量提升和功能优化作为工作重点，引导研究基地进一步凝练研究方向、汇聚科研资源，全面提升综合创新能力、服务科学决策能力以及学术影响力，努力建设具有专业优势的为市委市政府决策服务的智库。关注重大现实问题，引导广大专家学者增强社会责任感和历史使命感，把个人的学术理想和价值追求同党和国家事业联系在一起，同首都科学发展联系在一起，研究回答好时代提出的问题。推动理论研究与实际工作对接，组织召开由课题组与实际部门共同参加的课题研讨会、成果宣传推介会等，为供需双方见面交流创造条件，让专家学者接地气，让实际部门获得理论支持，促进理论研究"落地"。积极推动成果转化应用，不断拓宽宣传报道的途径和手段，构建立体宣传格局，多层次、全方位开展规划项目研究成果的宣传推广，改变目前很多成果"养在深闺人未识"的现象。

第三，积极推动学术之都建设。把精品意识贯穿于规划工作的全过程和各环节，进一步发挥重大项目、特别委托项目、后期资助项目作用，积极探索培育精品成果的"绿色通道"，推出更多能体现首都水平的精品学术成果。不断增加规划项目的立项数量和资助力度，吸引更多专家学者，尤其是社科名家、理论大家参与项目研究，为首都理论人才队伍造就更多高层次领军人物、高素质后备人才和高水平研究团队。推动科研管理工作创新，努力转变目前一些与哲学社会科学研究规律不相适应的体制机制，寓管理于服务之中，在服务中实现更有效管理，为首都哲学社会科学研究活力竞相迸发、人才脱颖而出创造良好环境。

时代呼唤哲学社会科学的繁荣发展。我们将深入学习贯彻党的十八大精神，把握难得的发展机遇，努力在社科研究领域打造高地、培养名家、培育品牌、创作精品，为提升首都学术话语权、科研竞争力和文化软实力，为推动首都文化大发展大繁荣作出新的贡献！

（本文作者为北京市哲学社会科学规划办公室主任）

关于文化体制改革中现代企业制度建设模式的思考

○康 伟

2012 年年底，习近平同志在视察广东时强调，改革开放是"坚持和发展中国特色社会主义的必由之路"。在文化领域，以 2003 年中宣部《关于文化体制改革试点工作的意见》为起点，改革至今已走过十年漫长历程。这一历史性文件明确要求"以改革国有经营性文化单位为重点，培育市场主体"，并"建立现代企业制度"；而十八大前夕通过的《中共中央关于深化文化体制改革推动社会主义文化大发展大繁荣若干重大问题的决定》再次强调，"以建立现代企业制度为重点，加快推进经营性文化单位改革，培育合格市场主体"。这充分揭示了现代企业制度建设始终并将继续成为中央加快和深化文化体制改革的重要举措。

一、国有改制文化单位现代企业制度建设的曲折历程

2002 年十六大以来，中央明确提出划分文化事业和文化产业、理顺政府和文化企事业单位的关系、解放和发展文化生产力等一系列重大理论创新，从而为我国的文化体制改革开启了一条以打造市场主体为核心导向的正确道路。

2004 年起，我国文化体制改革试点工作在 9 个综合示范地区和

35 家单位全面展开，其中京演集团旗下北京儿童艺术剧院与北京歌剧舞剧院直接进行了股份制改造，完成了当时条件下体制机制改革的一步到位。从 2005 年年底开始，文化体制改革进入"扩大试点、由点到面"阶段，全国 89 个地区和 170 个单位承担起改革试点任务，其中中国杂技团、中国木偶剧院完成股份制改造。2009 年至今，文化体制改革进入"加快推进、全面展开"阶段，其中京演集团于 2009 年 5 月挂牌，成为全国首家按照现代企业制度组建的国有文化集团。

京演集团旗下很多单位在集团组建前已经围绕现代企业制度建设进行了初步探索。作为北京文化体制改革的第一个突破口，北京儿童艺术剧院引入北京青年报社等四家具有较高策划运作能力和产业关联度的国有企业做股东，由原市文化局直属的事业单位直接转制为股份制企业；北京歌剧舞剧院直接改制成为首都旅游集团控股的有限责任公司；中国木偶剧院引入具有较强资本运作能力和丰富管理经验的优秀民营企业北京永庄文化传媒有限公司，成为民营控股的艺术院团；中国杂技团打破行政隶属关系限制和所有制界限，与中国银泰投资有限公司合作，有效解决了企业面临的体制机制和自有资金匮乏问题；北京市电影公司引入市国有资产经营有限责任公司和时代今典影院投资有限公司，由全民所有制企业一举成为混合所有制的股份制企业。

与此同时，上述院团和企业在现代企业制度建设中仍然存在很多问题，集中体现在以下几个方面：第一，法人治理不到位，主要表现为董事会、监事会等基本制度缺失或执行不力，对董事、监事等产权代表的履职行为没有有效监督，对二级和三级子公司的法人治理结构重视不足、监管不力；第二，财务管理不规范，主要表现为基本财务制度不健全、不规范，成本结转、收入确认等关键财务处理不符合国家相关规定，对政府专项资金的使用缺乏规范与监管；第三，资产管理职能缺位，主要表现为所有单位均没有资产管理部门及资产管理专项制度，对资产管理的重要性缺乏认识，对土地确权等重大历史遗留问题不重视、不推动、不解决，对重大投资项目缺乏有效论证；第四，法律意识淡薄，主要表现为普遍没有设立专业的法律部门、法律人员和经济合同管理制度，对重大合同法律风险缺乏有效防范和及时监控；第五，全员绩效考核体系存在较大缺陷，主要表现为缺乏科学制定、层层分解、可量化的业绩指标和严格的考核制度，导致股东及董事会无法实现对经营层的有效监管；第六，党建相关制度不健全，且与企业法人治理结构及经营管理制度融合不力，主要表现为"双向进入、交叉任职""三重一大""党委参与企业重大问题决策"等重要制度有名无实。第七，制度体系完整性、时效性较差，主要表现在艺术生产、市场营销等方面制度不系统、不完善且长期不予更新。

二、京演集团现代企业制度建设的简要回顾

集团组建以来，始终高度重视现代企业制度建设的重要作用，严格按照《公司法》及市委市政府相关部署，全面部署、精心规划、扎实推进，用不到四年的时间初步建成了全集团系统的管理制度体系，最大限度将现代企业制度建设落到了实处、做到了极致。

（一）规范开展基本制度建设，建立健全法人治理结构

集团组建伊始就遵照《公司法》要求制定了规范的公司章程，建立了董事会、监事会和经营层，成立了集团党委会，配置董事长1名（兼党委书记），总经理1名（兼党委副书记），副总经理2名，财务总监1名，同时配置专职党委副书记1名（兼监事长、纪委书记）。在此基础上，集团制定了集团办公会制度和《督查工作管理办法》，从组织和制度两个方面体现了国有出资人、决策机构、执行机构与党组织的各自独立和相互制衡。此后，随着股权划转工作持续推进，集团又先后颁布实施《外派董监事暂行管理办法》《外派产权代表业务工作管理办法》《外派董监事管理办法》等制度，进一步详细规定了集团外派产权代表的职责及管理办法。

在此基础上，集团积极协助中国杂技团、北京儿艺、北京市电影公司等控参股单位制定完善《董事会议事规则》《监事会议事规则》以及《总经理办公会工作规则》等法人治理制度。截至2012年年

底，集团先后委派控参股单位董事长 9 人、董监事 65 人、董事长秘书 5 人，在全集团系统内建立了规范的两级法人治理结构。2011 年起，集团还在所有控股企业（含中国木偶艺术剧院）中推行《年度工作任务书》制度，按照"主营业务收入""净利润""净资产收益率"三项财务指标对企业经营层进行严格考核，进一步明确和强化股东大会、董事会、经营层权利与义务。

（二）科学制定经营管理制度，建立健全制度建设基础

集团组建第一年，就根据集团整体发展定位及经营工作实际，研究制定了 50 余项制度，初步形成覆盖"党、团工作管理""行政管理""人力资源管理""财务资金管理""新闻宣传管理"等 7 大经营领域的管理制度框架。

随着各项工作的全面展开，集团及时补充完善和调整优化上述各领域制度建设。仅 2010 年、2011 两年，集团先后新增制度 33 项，涉及党建、行政、人力、财务、工程等多个领域。这些制度不仅内容更新、措施更细、标准更高，而且与集团整体经营工作结合更紧、监管更加直接有效。截至 2012 年年底，集团先后颁布实施 90 多项管理制度，编辑出台了《京演集团制度汇编（2009 年版）》和《京演集团制度汇编（2010—2011 增编版）》，初步建立了符合现代企业运营规律、符合文化企业发展特点的企业管理制度体系。

（三）精心指导现行制度优化，加快构建内部管控体系

随着控参股单位股权划转的逐步完成，集团加快推进各单位现行管理制度优化调整，建立以党建、艺术生产、资产财务、人力资源、法律五项工作为主线的集团化内部管控体系。

在集团统筹指导下，电影公司制定 50 多项新制度，特别是建立了科学规范的财务管理制度体系；中国杂技团先后两次进行大规模制度修订，新增《创新奖奖励办法》等 25 项制度；北京儿艺全新制定《职能系列绩效考核暂行办法》等 20 项制度，重新修订 49 项制度，并制定《儿童剧联盟工程业务指南》；中国木偶剧院增设薪酬管理和

预算管理两项制度，并设立创新项目提成奖励制度；京演文化设施运营管理公司制定大型活动、市场开发、工程保障等 114 项制度。

与此同时，集团扎实推行全面预算管理模式，积极委派各单位财务负责人，定期开展预算执行及国有资产经营情况分析，财务资产管控体系初步确立。深入统筹重大选题和重点项目生产，制定艺术生产项目管理流程、演出情况定期申报机制，建立集团系统艺术生产规划会机制和节假日演出报送机制，艺术生产管控体系逐渐形成。制定出台《集团中长期人才发展规划（2011—2015 年）》，研究形成 360 度领导干部绩效考核机制，深入推行干部轮岗交流及竞争上岗制度，人力资源综合管理平台初见成效。加快完善合同审批等法律工作规范流程，建立健全法律文件档案管理体系，推进法律文本标准化、电子化，积极帮助控参股单位选聘法律顾问，法律工作管理体系开始建立。积极建立党风廉政建设责任体系，认真开展控参股单位班子成员年度测评，扎实推进基层党组织及团委、工会组织建设，党建工作体系进一步加强。

（四）稳步推进股份制改造，努力开创制度建设新局面

组建伊始，集团就积极推动各单位破除"小富即安"的思想，推动上市融资、推进股份制改造，从根本上提升法人治理层次水平。2010 年，集团明确提出电影公司"以三年上市为阶段性目标、努力打造全产业链的国内领军企业"战略设想，同时协助电影公司制定"三步走"上市融资计划，并就增资扩股等相关事宜与另一股东及潜在战略合作伙伴进行了多次沟通谈判并达成初步共识。同时，集团高度重视并积极支持中国木偶剧院积极开展上市融资前期准备工作，努力打造"中国院团第一股"。2012 年，集团按照宣传部指示，组建由董事长亲自挂帅的上市工作领导小组，协助木偶剧院完成财务审计、资产评估、关联方尽职调查、上市辅导等基础性工作，并最终完成木偶剧院股份制改造。同年 12 月，中国证监会正式下达木偶剧院股份上市申报文件《受理通知书》。

更重要的是，集团结合木偶剧院上市等相关工作，正式组建了集

团上市工作办公室，标志着集团现代企业制度建设进入以股份制改造为特点的全新阶段。

三、切实将现代企业制度建设放到改革中心位置上来

回顾几年来的改革实践，我们深刻认识到，现代企业制度建设是国有文化企业改革、创新、发展的第一要务，也是文化体制改革的核心内容，更是集团完成从首都文化旗舰向引领中国、影响世界的首都文化航母历史跨越的根本保障。

（一）深刻理解现代企业制度建设的重要意义

从理论上看，现代企业制度实质上是现代市场经济规律在企业经营管理过程中的科学的、客观的反映——它以资本为纽带，对内决定着企业内部资源配置和运营管理的水平，对外决定着企业外部资源获取及市场开发的能力，是一整套巩固和提升企业竞争力的可持续发展机制。从实践上看，集团及国内其他企业正反两方面的事实也充分证明，现代企业制度建设抓得紧、搞得好，经营工作开展就顺利；反之，如果不重视、不投入、不专注，则往往容易在短期业绩增长后迅速陷入内外部经营困境无法自拔。

因此，建议政府加强对国有文化企业特别是改制文化院团现代企业制度建设工作的专项督查与长期监管，同时积极支持引导改制企业特别是演艺集团等国有骨干企业加快现代企业制度建设，加快股份制改造，引入战略投资者，完成从有限公司向股份有限公司的升华。

（二）准确把握现代企业制度建设的关键环节

作为西方文明长期发展的产物，现代企业制度本质上体现的是"法治精神"，即现代企业是以"法人"而非"自然人"或其集合体的形式存在和运行的。具体表现在三个层面：一是董事会治理，因为董事会的实际运行模式根本上决定着法人治理结构的规范性和有效性，决定企业最终的经营业绩。二是绩效考核，因为绩效考核是检验

经营层是否符合出资人和董事会根本利益要求的最重要也是最根本的手段，其科学性和系统性直接决定着法人治理结构的有效性。三是法律风险管理，因为法律是企业所有经营决策行为与现实市场之间的第一道也是最后一道关口，直接影响企业经营秩序和经营效果。

国有文化改制企业由于长期处于事业体制之下，缺乏对资本负责、对市场负责的理性精神和实践历练，因此"重人治""轻法治"的情结和氛围非常深厚，严重阻碍现代企业制度建设的正常开展。因此，希望政府重视改制企业董事会、全员绩效考核及法律风险管理工作，重点支持改制企业加快探索董事会直接聘任经营层的体制，健全经营层绩效考核及离任审计制度，建立法律风险防范机制和专业法律队伍。

（三）认真做好现代企业制度建设的顶层设计

现代企业制度建设必须与企业中心工作和发展战略结合起来，真正做到有计划、有层次、有步骤、有实效。具体而言，就是划分为几个首尾相继、统筹联系的工作阶段：改制之初，首先建立好基本制度即法人治理制度，处理好出资人、决策层、经营层及监事会之间的权责关系，重点在于充分授权、合理制衡；初期经营阶段，要建立好各个职能领域经营管理制度，处理好不同层级、不同实际岗位工作之间的流程衔接，重点在于全面协调、务实高效；进入集团化发展阶段后，要加快建设内部管控体系，处理好母公司与子公司在人、财、物、法律等关键核心领域的垂直管理关系，重点在于上下贯通、统分结合，以便更好地开展跨地区、跨领域资源整合；从产品运营进入资本运营阶段后，则要重新回归到法人治理制度的升级优化上来，处理好现有出资人与新加入投资者的关系，重点在于建立真正的股份有限公司，在坚持国有资本主导的同时，最大限度提升社会融资力度、广度和深度。

综上，现代企业制度建设是由法人治理制度、经营管理制度和内部管控体系建设三个基本阶段组成，而法人治理制度建设的整体层次和水平从根本上决定了整个现代企业制度建设的范围和内容。因此希望政府从引进战略投资者、委派董事长、健全经营层考核机制等法人治理结构入手，帮助企业从根本上提高现代企业制度建设水平。

（四）切实加强现代企业制度建设的人才保障

作为一项长期复杂且高度专业化的系统工程，现代企业制度建设工作不仅需要强有力的领导，更需要一支高素质的人才队伍。

京演集团组建之初，就按照选派、选调、选聘各 1/3 的原则，从市委市政府相关部门、市国资系统重点企业、北京奥组委等单位引入了一批熟悉现代企业运营规律的专业人才，并在此基础上组建了专业化制度建设团队。几年来，这支队伍不仅高质量完成了集团内部各项现代企业制度建设任务，而且使制度建设的理念思想深入到集团内部各个角落。同时，成员均为各领域主要负责人和业务骨干，从而有力保证了各项制度及时更新和优化调整。

因此，建议政府重视现代企业制度相关专门人才的队伍建设与管理，支持企业结合特定情况酌情引入文化系统外优秀人才，为制度建设的长期高效开展提供组织和智力保障。

（五）进一步优化现代企业制度建设的政策环境

对于绝大多数国有文化企业，现代企业制度建设都是一个由政策直接启动并在政策指导下进行的"被动"过程。因此，文化领域制度建设的最终完成也离不开政策的持续跟进。

例如，在以往政策环境下，改制企业的国有出资人职责统一由市财政局履行，但由于其职责繁杂、分管领域众多、专业背景不符等原因，事实上难以有效履行资产监管职能。2012 年以来，市国有文化资产管理办公室的成立从制度上为理顺出资人关系创造了空前良好的条件，但从目前来看，其在帮助企业建立健全国有文化资产管理体系等方面的工作仍然任重道远。再如，很多国有骨干文化企业经过改制以来的发展，客观上已具备打造行业战略投资者的实力地位和制度基础，但目前国有文化资产条块分割、分散配置的现状，使得上下游资产无法整合、形成完整产业链条，挫伤了企业继续完善制度、深化改革的热情和积极性。

因此，建议政府加大相关政策创新力度，推动改制企业真正建立并不断完善现代企业制度，并在此基础上创造更大业绩，更好地服务和推动首都社会主义先进文化之都建设。

（本文作者为北京演艺集团有限责任公司党委书记、董事长）

探索新形势下深化报业改革之路

○刘爱勤

报纸是我国文化体制改革的排头兵。1978年，《人民日报》等八家报社联合向财政部要求实现"事业单位，企业化管理"的经营方针得到批复；1985年1月，《天津日报》率先在全国报刊中刊登广告；1985年，《洛阳日报》实行自办发行取得成果；1996年，《广州日报》集团成立，开启了报业集团化之路；1997年，《人民日报》推出网络版；2000年，《成都商报》"借壳上市"成功；2004年12月，《北京青年报》成立了北青传媒股份公司并在香港上市，成为国内首家在香港通过IPO上市的平面媒体；2009年，《中华新闻报》成为迄今唯一宣布倒闭的第一家中央级报纸媒体；2011年5月8日，中国新闻出版报社挂牌成立中国新闻出版传媒集团有限公司，率先完成了非时政类报刊全面改制。这些事件成为我国报纸改革，乃至文化体制改革进程中的重要里程碑，被载入史册。

回顾30多年的改革与探索之路，开放是核心思想，产业化是大势所趋。在产业化和市场化的探索中，中国报业经历过很多的战略决策，包括开放资本市场，组建报业集团等。当前，报业改革进入了深水区，新的时代背景和历史环境，对报业发展提出了新的挑战，如何认识形势的变化，探索深化改革之路成为值得关注的问题。

一、报业发展的新形势

全球化、网络化和激烈的市场竞争是报业发展环境的特征。全球化加剧了我国媒介市场的开放程度，网络的普及和应用形态的丰富，导致了报业核心资源——受众的流失，引发报业产业链调整，导致报业市场竞争激烈，报业组织的生存和发展压力增长。

（一）全球化深刻影响我国报业发展

全球化成为当前世界发展不可阻挡的潮流。在这种潮流下，境外的跨国媒体早已对我国媒体市场垂涎已久。境外媒体进军我国报业市场，有着政治和经济的双重动力。政治方面，它们在华或者对华的新闻活动得到国内政府或者政治势力的支持。政府鼓励报业集团的在华活动。经济方面，中国报业市场广阔，随着中国经济实力的增强，利益的诱惑使它们越来越青睐这块蛋糕。外国报业集团能够在国内立足，也与国内市场需求有关。随着中国经济社会的高度开放，中国参与全球性经济、社会、文化活动的程度越来越高，受众对全球信息的需求不断增长。这些强大的境外媒体在提供全球性新闻报道中具有资源优势和品牌积累。

（二）互联网等新媒体冲击纸媒

互联网等新媒体犹如洪水猛兽般冲击着纸质媒体的市场。从世界范围来看，一些具有百年历史的报纸纷纷歇业。2009 年 2 月 27 日，《落基山新闻报》在当日出版了最后一期报纸后宣布停业，而这个时间，距离它 150 岁生日仅仅相差 53 天。3 月 17 日，在美国华盛顿州西雅图，有着 146 年历史的《西雅图邮报》发行了最后一期印刷版，只保留网络版，而在此之前，该报所在的赫斯特报业集团一直在寻找买家，但是未获得成功。这个集团还宣布，如果未来不能削减成本，集团将关闭或者转让《旧金山纪事报》，几乎与此同时，这家报业集团已经提出了破产申请。提出破产申请的还有另外三家报业集团。这仅仅是个开始。之后，175年历史的《AnnArbor新闻报》、102年历史的《基督教科学箴言报》等一批百年老报停发印刷版。在日本，20世纪90年代以来，报纸的发行量平均每年下降20万份至30万份。导致纸质媒体噩梦连连的原因有两个，一是读者阅读习惯和信息获取方式的改变，二是纸质媒体巨大的成本负担。

（三）报业市场竞争进入白热化

在文化体制改革的推动下，我国报业产业化进程加快。目前来看，报业市场环境正在发生深刻的变化，报业市场的集中度下降，竞争激烈。竞争一方面表现在从事新闻信息服务的媒介组织数量增长，导致信息资源相对稀缺，报业组织之间的竞争加剧；另一方面表现为当前报业市场的竞争已经不能局限在单一媒介形态之间，各种媒体在受众市场和广告收益的竞争几乎进入了白热化阶段。

二、新形势下报业改革亟待解决的几个问题

面对新的形势，报业发展中的一些问题亟待引起重视，下阶段报业改革中应积极探索解决。

（一）对二元属性和分类管理的理解误区

2003年，中央提出了将公益性文化事业与经营性文化产业分类指导的原则，并在关于文化体制改革试点工作的意见等相关文件中，明确将报业纳入文化产业的范畴。2009年，原新闻出版署对报纸行业的转企改制进行了具体部署。从目前国内的实践来看，报业集团的组建基本上还是依托原来的地域分配，因此在报业集团内部既有公益性的报纸，也有经营性的报纸，属于两种体制的混合体。为了保证新闻传播的宣传属性和公益属性，集团在经营过程中实行采编和经营分离，采编业务按照事业管理，经营业务按照市场化运作。事实上，这种做法不符合媒体运作规律，破坏了媒体产业链的完整性。采编和经营是产业链上唇齿相依的环节，人工的割裂不利于行业的健康发展。

（二）集团化发展中战略管理能力较弱

我国的报业集团从某种程度上，并不是资本驱使下的自然结合，而是在政府和政策指导下的联姻，因此，尽管现在全国的报业集团已经多达数十家，但是在发展战略和经营模式上差异性不明显，面临着许多共同的问题。首先，媒介集团加剧了报业市场的区域固化。报业集团建立在行政区域划分的基础上，甚至体现着一定的行政级别差异，使计划经济遗留下的、分割的报业市场进一步固化，影响了市场流动性；其次，报业集团在很多战略选择上混沌不清，缺少特色，关于"先做大再做强，还是先做强再做大""多元化还是单一化""全球化还是本土化"等的回答缺少清晰的思路，基本上都是在左顾右盼；最后，政府对集团战略发展的引导不足，导致集团之间的竞争停留在短期市场方面，从而造成了结构性重复，整体创造力没有充分发挥。这是一个个体理性和群体非理性的博弈。对于单一报业集团或者报业组织而言，占据高回报率的市场是无可置疑的正确选择，但对于群体而言，如果将资源都集中在某单一市场，就会造成过剩和失衡，需要必要的平衡。

（三）报业在媒介之间的竞合中处于弱势

不可否认，互联网从诞生到成熟，给报业带来了沉重的打击，但是在移动、伴随性阅读方面报纸依旧有生存的空间。近年来，移动互联网的兴起，进一步挤占了报业的生存空间。面对新媒体的竞争，报业组织并非单方面的挨打，做出了很多尝试，从最初提出报纸"触网"，到"报网融合"，以及积极推出新媒体产品，包括手机报、网络报纸等。但是，在这轮竞争中，报业组织处于劣势。报业组织掌握的核心资源——新闻内容，并没有产生应有的效益。一方面，由于报业组织涉足互联网的思路受到传统媒体经营思路的限制，在触网的过程中，没有完全按照网络新媒体的经营理念和运行方式运作，因此媒体网站的影响力不能很好地发挥；另一方面，网络媒体和网络运营商凭借渠道优势，"剥削"报业的内容资源。它们以非常低廉的价格获取报业组织的内容资源，通过它们的渠道进行发布。这样一来网络媒体和运营商的媒介产品，如手机报，内容和质量越来越高，赢得了越来越多的受众，使受众对传统报纸的依赖度更低。

（四）缺乏全球化意识

全球化成为当今世界不可逆转的潮流，在世界很多大型报业集团或者媒介集团纷纷觊觎我国媒介市场的时候，我国的报业集团也应该看到全球市场对中国资讯和中方媒体态度的需求在上升，因此对于一些有实力的报业集团，应该重新审视国际机遇，树立全球化发展的眼光。当前我国的报业集团在全球化发展方面略显底气不足，缺乏战略雄心。

三、未来报业改革的发展思路

报业发展面临的形势和环境，既有时代和历史造就的客观因素，也跟体制、机制以及报业组织内部管理水平息息相关。未来我国报业要实现突破性发展，必须正视环境的改变和现存的问题。

（一）引导结构调整，完善报业产业链

报业所承担的二元属性不能改变。促进报业的发展，不能以舆论环境改变为代价。对报业适当的监督和内容的引导依旧必不可少，但是需要在管理方式上有所转变。对报纸的分类管理应当从业务环节上的分割，向报纸分类型管理转变。在报纸类型的划分中，我们通常分为时政类和非时政类，其实，按照新的经济学和社会学理论，报纸的分类体系应该更加多元，例如介于两者之间、提供公共服务类的报纸等。政府出台的政策应该为不同类别的报纸设计原则和底线，同时，鼓励探索适合不同类型报纸的商业模式和经营方式，这样才能发挥报业组织的创造力，提升报业产业链水平，保持报业市场活力。

（二）提升集团化发展的战略规划能力

与具体的经营能力相比，战略规划层次的能力和水平欠缺是制约我国报业集团整体实力提升的关键问题。报业集团战略能力的提升依赖于两个方面的力量，一是政府和行政管理机构应当给予报业集团一定的自主权利，让他们可以依据资源禀赋的差异，设计各自的发展战略，适当放宽对经营地域、门类等的限制，允许资源在一定空间和水平范围内流动；二是媒介集团要练就内功，对集团内外的竞争环境进行合理评估，研究核心资源和核心能力，发掘核心竞争力，从而为有效的战略规划提供必要的依据。战略规划能力的提升需要有魄力的领导，高素质的人才，以及科学的决策机制。

（三）重新定位报纸在媒介生态系统中的功能与地位

媒介技术的日新月异改变着传统媒体的生态环境，报纸已经被互联网、手机等新媒体挤压到一个非常狭小的空间，但是，认为整个报纸行业都已经到了濒临全军覆没的地步，未免有点过于悲观。报媒如果能够重新定位在新的媒介环境中的功能和地位，依旧大有可为。一方面，报纸要实现从"新闻纸"向"体验纸"的过渡。媒介市场越成熟，对市场消费的要求就越高，纸质媒体依旧有存在的细分市场。在高度屏幕化、电子化的媒介环境中，始终有一些读者保留着对纸质媒体的钟爱。也许，报纸与电子媒体的较量中，同样都可以传递新闻与内容，但是对于纸张阅读的体验感是其他产品不能替代的。报纸体验带来的附加价值可能把纸质媒体送入更小但更高端的细分市场中，这对报纸而言未必是坏消息。另一方面，纸质媒体应该采取新的媒介融合战略，改变在新媒体市场中的弱势地位。越是渠道多元、终端发达的时代，新闻和信息内容的价值就越弥足珍贵，报业组织要改变"贱卖"内容和被网络媒体及运营商"绑架"的困局。

（四）树立全球化发展意识

报业组织要利用全球化和国际社会对我国的关注，树立全球眼光，向全球化方向勇敢地迈出步伐。可以说，全球化战略未必适用于所有的报业组织或报业集团，但是对于有实力的组织应该将此作为一种使命。通过全球化发挥后发优势，占据更多市场，在赢得利润的同时，为我国在世界范围内提升话语力量服务。这需要报业组织有面对国际竞争的信心和勇气，同时要有驾驭组织结构迅速扩张带来的管理挑战，以及在陌生环境中生存的技能。

（本文作者为北京日报社副社长）

关于北京建设版权之都的
思考与建议

○王野霏

　　北京市委十届十次全会审议通过的《中共北京市委关于发挥文化中心作用加快建设中国特色先进文化之都的意见》，提出了建设版权之都的奋斗目标。2012年6月，郭金龙同志在"保护音像表演外交会议"上进一步强调，北京将抓住机遇，不断提升知识产权保护水平，努力打造中国知识产权保护的首善之区和版权之都。

一、北京建设版权之都的战略意义

（一）版权之都的概念与特征

　　版权之都是指在版权的创造、运用、保护、管理方面具有很强能力，在通过版权制度促进经济发展、文化繁荣、科技进步和争取良好的国际知识产权环境方面发挥引领作用，在全国版权产业发展中具有典型示范效应，在国际版权产业竞争中具有很高知名度和影响力的大都市。从目前国际版权影响比较大的地区和城市特征看，其本身具有一些共性，主要表现为：

　　1. 核心功能：一是版权创造的核心区。强大的版权创造能力是版权之都的根基和关键。要形成以版权机构（企业）为主体、市场为导向、产学研相结合的自主版权创造体系，在文学、艺术和科学作品领域形成强大的版权内容创新能力，引领版权发展潮流；二是版权贸易的集聚区。版权之都应具备完善的会展设施和强大的媒体传播平台，成为重要的国际性版权展览活动的举办地，能够聚集众多的版权机构，尤其是具有重要品牌影响力的机构。版权之都应当是版权相关人才、信息集散的枢纽，具有配置和调度国内外版权资源的能力，是版权信息的传播中心、版权资源的配置中心、版权人才的集散中心；三是版权运用的先行区。版权之都应当是版权运用的先行区，与版权相关的产业体系比较完整，规模较大，在经济发展中起到引擎和支柱作用。

2. 支撑体系：有影响力的国际城市通常有比较健全的版权支撑体系，主要涉及法律和政策、研究和理论、教育和人才、投融资服务、机构和平台、维权和救济、版权信息服务、环境氛围等方面。

（二）北京建设版权之都的战略意义

北京建设版权之都对我国的经济社会发展具有重要战略意义。一方面有利于在全国范围内整合版权资源，健全服务体系，促进产业发展，推动文学、艺术和科学作品的创作与传播活动，提升我国版权业的国际竞争力。另一方面有利于发挥首都优势，大力提升版权保护能力和保护水平，提高我国版权保护的国际影响力和话语权，展示我国良好的国际形象。

1. 北京建设版权之都可以更好地发挥首都的引领示范作用。北京作为首都，是全国的政治、文化中心，有着其他城市无可比拟的融合力、辐射力、示范力。建设版权之都是北京建设中国特色社会主义先进文化之都的重要举措之一，对贯彻落实《国家知识产权战略纲要》，发挥好"首善之区"的表率、引领作用，推动文化大发展大繁荣有着重要意义。

2. 北京建设版权之都有利于改善我国总体的国际形象。北京是我国的国际交往中心，是亚洲乃至全世界重要的国际交往城市。北京不仅是各国驻华使领馆、国际组织驻华代表机构、外国新闻机构、外国企业代表机构、外商投资企业的聚集之地，还是世界著名的国际旅游目的地和重要的会展中心，常住和临时居住的境外人员数量以及海外游客数量居全国各城市之首，举办大型国际会议次数位居亚洲前列。加快北京版权之都建设，对树立我国改革开放的良好形象、展示我国知识产权事业的发展成果、争取有利于我国发展的国际知识产权环境有着重要意义。

3. 建设版权之都是北京建设社会主义先进文化之都的重要内容。建设版权之都，完全符合北京市发展的战略定位，是北京进入新的发展阶段的必然选择，是建设中国特色社会主义先进文化之都、发挥首都全国文化中心示范作用不可或缺的重要内容。版权制度作为鼓励和保护文化创新、促进经济社会发展的基本制度，是文化产业发展的基础和提升文化竞争力的核心要素，在推动文化发展繁荣方面发挥着重要作用。

二、北京建设版权之都具有独特优势

北京作为我国首都，是全国的政治、文化中心和国际交往中心，拥有丰富的资源，在版权的创造、运用、保护、管理等方面都有着其他城市无可比拟的优势。具体体现在以下几个方面：

（一）版权资源丰富

北京是世界历史文化名城，是全国文化中心，文化资源十分丰富。截止到2011年年底，全市拥有注册博物馆156座；重点文物保护单位98处，市级文物保护单位224处；公共图书馆25个，总藏量4451万册；艺术表演团体35个，表演场馆73个。北京还集中了全国一半的出版社和1/3以上的报刊社及众多影视机构。

北京具有丰富的智力资源。作为首都，北京人才荟萃，拥有大量优秀的文学、艺术和科技人才，版权资源集中。据统计，在北京，从事科技活动的人员占全国10%以上，两院院士占一半以上，而就业人员中大专学历以上的占1/5，名列全国第一。

（二）版权产业发达

国际上对版权产业的称谓不尽一致，如美国称其为"版权相关产业"，英国称其为"文化创意产业"，此外还有"文化产业""内容产业"等不同提法。尽管称谓不同，但它们所包含的行业部门基本是相同的，其核心产品和服务都是通过版权制度来保护的。

北京文化创意产业发展迅速，优势明显。2010 年，北京市规模以上文化创意产业单位共 7576 家，文化创意产业创造的增加值由 2005 年的 674.1 亿元增加至 2010 年的 1697.7 亿元，平均增速为 20.3%，高于全市 5.1 个百分点，增加值占全市 GDP 比重由 2005 年的 9.7% 提高到 2010 年的 12%。截至 2010 年年底，全市规模以上文化创意产业单位实现收入 7442.3 亿元，同比增长 24.3%；从业人员 122.9 万人，同比增长 7%；资产总计 8624.8 亿元，同比增长 20.9%。

（三）版权保护能力

改革开放以来，我国形成了司法与行政并行的版权保护体制，版权监管取得显著成效。北京市版权局成立于 1991 年，是我国《著作权法》颁布实施后首批成立的地方版权行政管理部门。目前，北京建立了两级行政管理和执法体系，行政管理能力全国领先。北京还建立了一套比较健全的版权司法审判体系，各级人民法院承担着版权民事、刑事及行政案件的审判工作，在解决民事纠纷、制裁犯罪行为等方面发挥着越来越重要的作用。北京市高级人民法院知识产权庭是中国最早成立的知识产权专业审判庭，也是中国审理知识产权案件最多的高级法院知识产权庭。

（四）版权服务与管理能力

自 2002 年以来，北京市陆续成立了北京版权保护中心、北京计算机软件登记中心、中关村科技园区版权保护中心等专业化服务机构。目前北京市已基本形成以市版权局、版权保护中心、计算机软件登记中心、版权保护协会、反盗版联盟、版权代理公司为核心的版权管理和服务体系。近年来，北京地区版权登记持续大幅度上升。"十五"期间，作品登记 161 184 件，图书版权引进 35 007 种，分别占全国的 46.33%、66.23%。"十一五"期间，作品登记 1 861 310 件，图书版权引进 37 837 种，分别占全国的 53.4%、92.14%。作品登记量、引进和输出总量在全国遥遥领先，成为全国的版权贸易中心。

北京地区作为国内版权交易中心的地位正在逐步形成，交易规模和交易品种均居全国领先地位。中国目前已有的三家国家级版权贸易基地全部设在北京。以展会为主要内容的文化交易要素市场有北京国际图书博览会等图书会展、中国国际影视节目展、北京电影季、中国怀柔影视文化节等。

虽然北京建设版权之都有着良好机遇与先天优势，但也面临着不少困难与挑战。特别是存在着版权资源分散、优势品牌缺乏、侵权盗版现象较多、市场机制不健全、专业人才不足、研究支撑薄弱、政策和资金支持力度低等许多问题。

三、北京建设版权之都的战略目标

建设总体目标：到 2020 年，要把北京打造成全国版权创造的核心区、版权贸易的集聚区、版权运用的先行区、资源集散的枢纽区、科技保障的主宾区、版权保护的示范区、版权管理的创新区、交流展示的窗口区，使北京成为国内领先、国际上有重大影响力的"版权之都"。

——版权创新能力大幅提升，文学、艺术和科学作品的创作活动活跃，优秀版权作品不断涌现。力争北京一般作品和计算机软件版权登记量年均增长 15% 以上；相关版权作品、产品在国内外的影响力显著增强，获得的国内外奖项明显增加。

——各类版权人才队伍不断壮大，版权专家力量显著增强，版权理论建设不断取得新进展。建成国家级版权人才培养基地、国家级版权人才库和专业人才信息网络平台，形成完善的版权专业人才评价体系、合理的人才流动机制。版权理论不断创新，有效引导和推动各类版权实践活动的发展。

——版权相关产业繁荣发展，在经济社会中的作用不断增强。版权相关产业增加值占全市国内生产总值的比重力争达到 18%，核心版权产业比重力争达到 10%，核心版权产业吸纳社会就业人数力争达到 100 万人以上。

——版权贸易基础设施发达，版权资源和信息的集聚功能进一步增强，版权输出品种量不断攀升。形成以中国国际版权交易中心为核心、多家版权贸易基地为支撑、众多版权代理机构踊跃参与的版权资源和信息集散网络、版权贸易平台，推动优势版权资源集聚，提升北京版权走出去的水平，力争年度版权输出品种量突破 10 000 种大关。

——版权保护管理和服务体系更加健全，版权法治环境根本改善。建成与全国文化中心、先进文化之都地位相适应的版权监管队伍和执法力量，力争做到面上不出现群发性侵权，点上不出现规模性侵权。全面完成规模以上企业软件正版化工作，正版产品市场占有率明显提升。实现版权宣传普及和教育工作的常态化，版权文化氛围浓厚，版权意识深入人心，全面改善版权保护的社会环境和相关产业发展的市场环境。版权投融资服务体系和信息服务体系发达。

——版权国际交流不断加强，北京作为主办地、主力军的作用日益凸显。国际版权论坛、国际版权博览会等重要会展的规格进一步提升，规模进一步扩大，北京国际化版权大都市的影响力不断彰显。

四、北京建设版权之都的重点任务

北京建设版权之都，需要为版权的创造、运用、保护和管理创造良好的宏观环境，不断健全和完善版权行政管理与执法体系，大力加强公共服务体系和社会服务体系建设，努力推动国际版权交流体系创新发展，为全面提升版权竞争力奠定坚实基础。

（一）不断创新版权管理与执法体系

1. 加强数字版权保护综合服务平台建设，有效利用各种技术手段开展版权管理与执法工作。大力推进国家数字版权监管认证平台、北京数字版权保护服务平台等项目的建设，建立版权侵权受理系统和版权预警应急机制。

2. 深入开展"版权保护百城联动计划"，优化首都版权保护宏观环境。重点加强与北京周边省份、环渤海地区省份、全国版权示范城市以及其他一线城市的联系，搭建合作平台，健全协调机制，逐步加强相互间的交流、合作、联动与共享，促进行政、司法、媒体、行业协会、中介组织等有关各方的积极合作。同时，充分发挥联动城市作用，以点带面、以城带乡，形成覆盖环渤海地区、辐射全国的版权保护生态带。

3. 设立北京版权保护基金，完善相应的基金管理办法。逐步改善各级版权管理与执法机构的办公条件。加强版权执法队伍和司法队伍建设，加大对版权管理与执法人才的培训力度，对为版权保护作出贡献的先进集体和个人进行奖励，对版权保护相关研发和应用项目给予资助，切实提高版权保护水平。

4. 进一步完善版权工作站、版权流动监督岗等成功做法。拓展版权日常监管范围，在文化创意产业园区、大型集团、骨干企业派驻版权工作站；借助社会力量，在大型文化创意商业场所、重要会展场所以及网站、网吧等设立版权流动监督岗，对相关交易、展示、传播活动进行巡察。

（二）大力加强版权公共服务体系建设

1. 创新版权宣传方式，加大版权宣传力度。编印《北京版权行政处罚案例选编》等手册，借助图书、报刊、手机短信、公交地铁移动电视、楼宇广告等各类传播媒介宣传版权知识。在北京各类文化创意产业展会现场设立专门展台，派出专门人员，宣传北京版权管理和保护的制度、政策和举措，营造良好的版权保护氛围。

2. 完善版权登记服务，建立版权综合信息系统。进一步完善现有版权登记服务流程，并在部分区县、相关产业园区、集聚区、大型企业集团设立版权登记代办处或工作站，缩短版权登记时间。

3. 加强专项调查和公益性版权研究，完善政策法规。注重对"版权之都"建设过程中各项基础性工作的调查研究，做好对国外大都市版权相关产业发展数据的对比分析和长期跟踪研究。针对出现的新问题，组织优秀的研究团队和专家学者参与相关基础理论、发展战略、应用对策和法律法规研究。

4. 加强科技创新，提高创新成果的产业化水平。构建版权技术创新体系，加强版权核心技术、关键技术、共性技术攻关，加强对国外先进技术的引进消化吸收和再创新，充分发挥科技对版权相关产业发展的支撑作用。建立版权行业技术标准，引导和支持创新要素向企业集聚，促进高等学校、科研院所的创新成果实现产业化。

5. 建立版权人才培养基地，加快版权人才队伍建设。充分发挥北京高等院校和版权企事业单位集中、版权专家学者相对较多的优势，建设国家级版权人才培养基地。通过学校教育和社会培训两条途径，加强版权人才培养，造就一支在版权创造、版权管理、版权贸易等方面具有专业特长的人才队伍，形成一批行业领军人物。建立和完善版权人才的职业资格管理制度和职称评定制度，建立科学合理的评价指标和人才激励机制。

（三）积极推动版权社会服务体系快速健康发展

1. 支持全国性行业组织、版权集体管理组织在京的业务活动。支持全国性行业组织、版权集体管理组织依法开展各项业务活动，及时查处全国性行业组织、版权集体管理组织的投诉案件。结合相关业务暴露出的实际问题，提请国家有关部门加强对全国性行业组织、版权集体管理组织的管理、监督与指导，更好地引导这些组织为在京权利人服务，促进北京版权相关产业发展。

2. 充分发挥北京相关行业组织的作用。支持和鼓励版权相关行业组织结合版权保护和产业发展需要建立健全组织机构，完善"自我管理、自我约束、自我发展"的工作机制。加强行业组织基础设施建设，指导和督促行业组织不断提高行业服务能力和水平。

3. 积极发挥中介机构作用，推动中介组织健康、快速发展。规范北京版权市场中介机构及个人资质，加强对其业务活动的指导，探索开放条件下的版权市场中介服务管理新模式。支持相关行业组织面向中介机构开展"金牌代理人""首席评估师"等评选活动，不断提高中介人员服务水平。

4. 建设版权投融资服务体系，解决版权相关企业和个人融资难问题。推动版权科技金融产品创新，开展版权抵（质）押登记、交易登记，改进版权投融资模式，完善版权贷款和入股办法，鼓励"软件贷"等版权科技金融产品创新。加快建立版权小额贷款公司、版权担保公司、版权保险公司。

（四）努力推动国际版权交流体系创新发展

要充分利用成功举办世界知识产权组织保护音像表演外交会议和缔结《音像表演北京条约》的契机，努力搭建国际版权交流体系新平台，着力打造具有北京风格、中国特色、世界水准的版权交流品牌。通过召开新闻发布会、举办展览、参观游览等形式，向所有成员国展示北京建设"版权之都"的基础、优势和计划，争取成员国尤其是周边国家和发达国家的支持，筹划版权保护及相关产业发展市长论坛等新型国际版权交流平台，从而更好地把握建设"版权之都"的主动权。

（本文作者为北京市版权局副局长）

建设北京国家数字出版基地的探索

○孙　瑛

随着计算机技术日新月异以及互联网的普及，新兴的数字出版技术启发了人们的无限创意，虽然目前以纸质媒介为代表的传统图书仍在出版业中占据主导地位，但数字出版势不可挡，已经成为未来出版业的发展方向。

数字出版是指用数字化技术从事的出版活动。广义上说，只要是用二进制这种技术手段对出版的任何环节进行的操作，都是数字出版的一部分。它包括原创作品的数字化、编辑加工的数字化、印刷复制的数字化、发行销售的数字化和阅读消费的数字化。

数字出版作为一种新兴的出版形态，包含了电子图书、电子期刊、手机出版、数据库出版、按需印刷、动漫出版、网络游戏出版、网络音视频出版等多种形式。出版物不管以何种方式存在，其核心目标都是为了满足广大人民群众的精神文化需求。

一、建立数字出版基地的必要性

（一）国内外数字出版现状

从 20 世纪 90 年代末开始，数字出版有了长足的发展。美国政府于1993年发布《电子出版业评估报告》，显示出政府开始对这一新兴产业开始关注。到目前为止，在欧美发达国家，数字出版行业主导者主要分为两类，一类为传统出版集团，它们或是委托技术提供商为其研发平台，或直接并购技术提供商以直接掌握相关技术；另一类为强势技术及平台服务提供商。

随着我国计算机信息技术和网络技术行业的迅速进步，我国数字出版在技术领域得以快速发展。2011年4月，新闻出版总署出台了《新闻出版业"十二五"时期发展规划》和《数字出版"十二五"时期发展规划》，将数字出版作为做优做大做强新闻出版产业，提高新闻出版业整体实力和竞争力的"五大产业"之一，突出强调要顺应数字化、信息化、网络化趋势，推进产业转型和升级，使数字出版与国际同步。当前我国数字出版产品越来越丰富，产业链条日趋完善，产业融合逐渐深入，产业规模不断壮大。我国已经批准成立了九家国家数字出版基地：上海张江、重庆北部新区、浙江杭州、湖南中南、湖北华中、陕西泸灞、广东广州、天津空港、南京雨花。多家数字出版基地纷纷明确定位布局，利用现有基础及优势资源打造数字出版产业高地。

国家政策的支持和高新技术的进步，带动我国数字出版产业迅猛发展，2010年产值已经突破1000亿元大关，连续五年增长幅度接近或超50%。数字出版产业已经成为新闻出版业当之无愧的新的经济增长点。

（二）北京数字出版发展现状

北京地区的数字出版产业，目前已经覆盖传统出版的所有领域。手机出版、数字期刊、数字报纸、网络原创文学、网络音像、网络游戏、网络教育、网络数据库等不同领域，均表现出强劲的增长势头。目前北京拥有数字出版企业数量在国内所占比例约为1/3，大力发展数字化文化创意产业，发展文化信息化，是北京建设世界城市的应有之义。

为进一步弄清北京数字出版产业的发展过程和发展现状，我们在北京市工商管理局支持下，对相关企业数据，包括手机出版、网络游戏、电子图书等企业有效样本共1394个进行了统计分析。

从数量上看，本市数字出版企业主要集中在海淀区、朝阳区、东城区以及通州区，注册企业数目分别占到全部样本企业的 23.17%、14.35%、13.27%、8.54%。四个区总体注册的企业数目占到全部样本企业 59.33%。

从企业注册资本情况看，海淀区、朝阳区、东城区以及大兴区分别占到全部样本企业的 52.21%、18.56%、6.74%、3.53%。四个区注册资本总量达到全部样本企业注册资本的 81.04%。

从注册时间看，在 2000 年前，数字出版企业注册数量很少。从 2000 年开始，每年的企业注册数量大幅度增加，尤其是在 2007 年企业数量直线上升，2007—2009 年有大幅下滑，2010 年有小幅上升，2011 年再次出现小幅下滑。

从注册资本情况看，注册资本总量发展趋势总体是向上的，但是波动幅度比较大。2000 年和 2009 年是两个峰值点，随后开始出现了直线下降，到 2011 年下降幅度达到了 65.54%，2010 年的下降幅度也达到了 56.05%。

再从数字出版企业的规模看，企业注册资金规模主要集中在 50 万元以下，占到全部样本企业的 56.57%，其中 5 万元以下的企业最多，占到全部数量的 25.70%。注册资金超过 1000 万元的企业占到全部企业的 14.21%，其中规模最大的企业注册资本为 10 亿元。

以上情况表明，企业注册数量调整、企业注册资本下降，数字出版行业出现了"瓶颈效应"，开始进入了调整期。目前北京市数字出版产业中，规模较小的企业居多，大型企业很少，行业规模尚未形成，行业的"规模效应"尚未体现。这就需要将数字出版企业集中起来，运用行业的"集聚效应"带动整个产业，进而推进其他相关行业的发展。

二、北京建设数字出版基地的优势

（一）文化优势

北京是世界闻名的古都和历史文化名城，具有丰富的文化底蕴，融合了我国不同历史时期、众多民族的优秀文化，是中国及东方几千年古老文化的浓缩和典型代表。与此同时，北京也是现代文化与古老文化、中国文化与世界文化的交会处，聚集了全国一流的文化艺术机构和文化人才。

北京出版业在政府主导下，通过加强内涵建设，形成了一个有较强竞争实力的出版主体，基本上形成了比较完整的出版格局和产业结构，出版业的社会贡献率在文化产业中也不断提高，在数字出版的浪潮下，积极顺应潮流，寻求变革。首都出版业发展成就巨大，图书、报纸、期刊、影像制品等出版物所占的比重显著，是首都文化产业中的一支重要力量，对推动首都文化产业的大发展大繁荣起到了不可低估的作用。

北京数字出版占全国比重超过 20%，年均增速超过 50%，拥有全国最大的产业规模、最多的出版机构、最丰富的出版资源、最顶尖的出版人才、最活跃的出版市场，数字出版产业已经成为首都经济新的增长点。

（二）经验积累

中国北京出版创意产业园区是北京市推进出版体制改革、加快产业发展的重要举措。在产业园区建设中，通过体制创新、科技创新、政策创新，推动产业结构调整和升级，优化增长方式，形成集聚效应。出版创意产业园区在 2010 年 5 月正式挂牌运行，首批 32 家出版企业正式入住园区。在一年多的运行中，园区为这些企业提供了一系列服务，大到财政补贴、书号问题、融资问题，小到民营出版发行企业编辑职称问题、组织关系问题、户口问题，为入住企业的发展提供了良好的环境，入住企业也取得了很好的业绩。2010 年入住企业磨铁图书公司图书发行总码洋达到 6.6 亿元，比上年增长 32%，同年实现纳税 3395 万元，每本书的平均销量从 2009 年的 24 000 册提高到 33 000 册。出版创意产业园区 2010 年销售总码洋 70 亿元，利税总额 15 亿元。

中国北京出版创意产业园区经过一年多运营，已经取得了园区建设的宝贵经验，这将为北京数字出版产业基地建设提供借鉴。

（三）总结国内九大数字出版基地建设经验的后发优势

目前我国已有 9 个国家级数字出版基地，这些出版基地，根据各自地方的数字出版资源、产业发展情况，制定了各具特色的建设规划，并通过扎实的实施，取得了不小的业绩。通过对九大数字出版基地建设经验的分析研究发现，北京在数字出版产业发展上还有着很大的发展空间，北京数字出版的特色和优势领域具有很强的竞争实力。在总结数字出版基地建设经验的基础上，根据北京的资源、产业发展水平提出具有北京特色的建设方案，可以形成北京基地的后发优势。

三、北京数字出版基地建设目标

北京国家数字出版基地将打造集内容原创、技术研发、创业孵化、人才培训、版权交易、投融资服务等为一体的综合性数字出版产业链，在吸引投资、降低成本、提供信息、塑造品牌和集约发展等方面形成具有自身特色的管理和运营模式，实现数字出版产业的技术创新、产品创新、市场创新和机制体制创新。力争通过八年时间，围绕打造首都数字出版"航母"，培养一批有发展潜力、社会影响好、具备较强国际竞争力、具有自主知识产权的品牌数字出版企业，建设成为世界一流的数字出版产业集聚区。

园区在国家新闻出版广电总局、北京市委市政府的领导和支持下，以满足人民群众精神文化需求为出发点和落脚点，以改革创新为动力，进一步贯彻落实文化强国战略，深入贯彻党的十八大和十七届六中全会精神，以国家《文化产业振兴规划》等为依据，立足北京特色与优势，以"创新、创作、创造、创业"为基本思路，以"新技术、新平台、新体系、新模式、新业态"为基本方略，以数字出版特色产业为突破口，推动北京数字出版事业大发展大繁荣，促进北京文化科技的不断融合，带动北京文化创意产业发展。

园区将遵循"科技支撑，融合创新；项目引领，应用导向；突出特色，拓展业态；重点突破，集群发展"的基本原则。

——科技支撑，融合创新。促进科技创新资源与要素互动衔接，加强对数字出版重大科技问题的攻关，进一步发挥科技创新对文化发展的支撑和引领作用，创新"文化＋创意＋科技＋产业化"的融合发展模式，建立文化科技协同创新的数字出版体系。

——项目引领，应用导向。瞄准专业化及教育资源的需求，通过大项目的引进和建设，充分发挥重大项目的示范推广效应，加快出版领域科技文化成果的应用转化，丰富出版内容产品，繁荣文化市场，满足人民群众日益增长的精神文化生活需要。

——突出特色，拓展业态。加强统筹规划与政策引导，明确产业定位，进一步强化特色，巩固核心竞争力，重点发展数字出版战略性新兴产业，将其进一步做强做大。突出自身特色与优势，培育新兴数字文化业态，增强产业竞争力。

——重点突破，集群发展。重点支持大产业，培育龙头企业，搭建公共技术研发服务平台，强化园区建设，加强专业孵化体系建设，构建产业创新链，推进特色集群发展，强化文化创意产业的集聚效应。

四、北京数字出版基地建设思路

（一）建设思路

北京数字出版基地拟采取"一区多园"方式建设。将北京地区出版创意产业园区统一纳入到数字出版基地的建设规划中，使北京已有的出版创意产业园区在数字出版基地的整合引领下，发挥出协同性的规模效应。同时，在丰台区花乡榆树庄村建立北京数字出版基地核心区，该园区建筑指标可达 67 万平方米。经过这样的规划，北京数字出版基地就形成了以西城区、海淀区、东城区、石景山区、丰台区五区协同发展、相互促进的产业格局。

北京国家数字出版基地将通过建设数字出版产业发展必需的平台

（包括内容、资源聚合平台，信息传输平台，综合管理平台，公共服务平台等），提供支撑数字出版业发展必备的物理空间，营造数字出版业创业、创新的环境空间，为入住企业提供信息服务、政策咨询服务、投融资服务，实现对数字出版产业的导向功能和数字出版业态的培育功能。在入住形式上，企业既可以实体全部入住基地，也可以在原驻地不变，通过享受基地的信息、政策以及各种平台服务，成为基地成员。

（二）建设运营模式

在政府的资金支持、政策引导和产业扶持下，以企业为主体，市场机制推动，充分发挥政府因势利导作用，采取"管办分离"的方式，共同推动数字出版基地全面协调可持续发展。政府还可充分发挥产业方向制定及政策引导的作用，组建北京数字出版协会，组织数字出版相关标准（国际标准、行业标准及地区标准）的研究和制定，促进北京数字出版行业整体能力的发展和提升。

在基地管理方面，由北京市新闻出版局和基地总部所在地政府、基层组织等共同建立管理委员会进行基地管理。管理委员会的主要职能包括：编制基地中长期发展规划；研究招商引资相关政策、法规；编制基地园区投资指南、入园条件等；负责编制规划方案；协助入园企业办理前期手续；负责监督统计园区企业收入；负责基地公共服务平台建设等。

在运营方面，吸纳社会资本成立北京数字出版产业发展公司。以公司作为基地的开发建设主体对基地进行开发建设及运营管理。公司实行股份制，根据入股份额建立法人治理结构，实行规范的市场化管理。同时，公司将吸引相关行业的领军代表型企业参与到基地从开发建设、功能平台搭建到招商、运营的全过程中，整合各种产业资源，形成基地的集聚优势。

（三）重点发展领域

根据北京数字出版的产业基础、技术与人才优势，北京国家数字出版基地将以教育出版、移动出版、互联网出版为核心，以数字教育软件、电子图书、数字期刊、数字音乐、数字视频、网络游戏和动漫产业等数字出版内容为基础，重点发展技术研发、创意设计、标准规划、平台建设、产业运营和人才培训等数字出版高端领域。

此外，推动传统出版企业数字化转型也将是本基地发展的一个重要内容和特色领域。基地将通过政策引导、技术服务、信息服务等手段扶持传统出版企业数字化转型，使传统出版企业的数字出版潜力健康有序地释放出来。

重点发展市场潜力大、发展基础好、技术先进并对数字出版产业发展有整体带动作用的数字出版技术与服务、数字阅读技术与应用、数字资源聚集与创新、数字教育应用示范、移动阅读应用服务五大产业集群。

为促进园区产业的持续发展，提升园区数字出版企业的研发和自主创新能力，提供技术服务和支持，加快建设核心服务云平台，推进产学研相互促进、良性发展。

五、措施保障

（一）加强组织领导，形成有效协调机制

成立数字基地工作领导小组，相关部门参与，建立定期协商制度，协调解决园区开发建设及运营中的实际问题。

（二）提供政策支持

数字出版基地建设是现代出版业发展的重要举措，在促进产业集聚、优化产业结构、加速经济发展、扩展数字出版产业规模等方面将发挥积极的作用，并成为数字出版产业经济发展和招商引资的主要平台，为数字出版的深入发展奠定基础。为了更好地实施数字出版转型战略，加大基地内的产业承载力，要及时对数字出版基地进行调整和改革，在政策上给数字出版基地建设更多的支持，包括财税政策、科

技政策、创业创新政策、金融政策、产业政策、土地政策、人才政策、对口支援政策等。

（三）加快体制机制创新

建立多元化的数字出版产业投融资体制，调动全社会投资数字出版产业的积极性。鼓励企业通过股票上市、引入战略投资者、产业基金投资等多种投融资模式发展数字出版产业，形成政府、企业、社会相结合的多元化投资格局。

（四）增进对外交流

邀请国内外数字出版企业、研发机构、高等院校开展各种形式的技术交流，为推进园区产业的发展建言献策、牵线搭桥。

（五）组建北京数字出版协会

加大新闻出版管理机构对数字出版行业标准的制定及引导能力，通过北京市新闻出版局联合权威研究机构共同组建有数字出版业龙头企业参与的北京数字出版协会，旨在对数字出版资源共享、产业环境、运营模式等与数字出版产业链有巨大引领作用的行业规范、标准进行研究和制定，以此来切实地促进数字出版产业的良性发展。

（六）坚持"亲商、亲环境"

要把对园区的亲商服务融入日常运营中去，优化开发和管理机制，完善配套设施建设，降低入住企业运营成本，解决企业实际问题，持续改善区域生态环境，探索出一条集"科技创新、经济循环、资源节约、环境友好"为一体的新型文化创意及数字出版发展之路。

（本文作者为北京市新闻出版局副局长）

发挥人才优势
推进首都文艺科学发展

○张占琴

　　党的十八大报告在党建部分对人才工作作出新的部署，并明确提出，要实行人才优先的战略布局，建设规模宏大、素质优良的人才队伍，由人才大国迈入人才强国。这说明我们党把人才工作提升到更高的战略位置。首都文艺事业涉及文学、电视、电影、音乐、戏剧、美术等诸多领域，有成千上万的从业人员，建设一支门类齐全、结构合理、素质过硬、专业扎实的文艺人才队伍，是搞好首都文艺建设的基础。

　　北京市文联在市委市政府的领导和关怀下，着眼首都发展大局，全力围绕中心工作，积极落实市委市政府的各项文化发展部署，文艺发展工作形势喜人，正在向新的境界迈进。在这场前所未有的文艺大进军中，我们深刻地认识到中央一系列判断与决策的科学性和前瞻性，深刻地认识到文艺人才工作在文艺发展中的极端重要性，也深刻地认识到要做好文联各项工作，发挥人才优势势在必行。特别是要发挥好文联在人才方面的专业优势、队伍优势、群众优势、组织优势、传统优势、品牌优势等多方面优势，弘扬传统文化，拓宽文联功能，全方位挖掘人才，多层次培养人才，大手笔使用人才，努力做到人尽其才，才尽其用。我们要努力按照党的十八大精神的要求，在造就高层次领军人才和高素质文艺人才队伍方面，在加强基层文艺人才队伍建设方面，在加强文艺工作者的职业道德建设和作风建设方面，周密筹划，精心组织，积极推进，努力培养造就德才兼备、锐意创新、结构合理、规模适度的文艺人才队伍，从而推动首都文艺事业科学发展。

一、发挥人才优势，必须着眼于顺应时代潮流，弘扬传统文化

作为首都，北京是中国与世界交流的窗口，是展示中国文化的平台，在建设有中国特色社会主义文化事业中具有独特的责任。北京文艺人才荟萃，这是优势，这种优势必须建立在文化传统基础之上，文化脚跟才能站稳。当前，文化界也存在着崇拜西方、缺少民族文化自信的现象。增强传统文化素养，树立传统文化观念，是文艺家或文艺工作者面临的一项课题。弘扬中国优秀传统文化并不是狭隘的爱国主义，而是顺应时代潮流、顺应世界文化环境新变的需要。当今世界多元文化之间的交流、交锋、交会频繁激烈，传统文化的作用和地位愈显重要。中国是文化大国，经过几千年积淀形成的中国文化，是世界文化的一部分，也是民族精神的重要承载者。当今时代，解决任何问题，无论是环境保护，还是人文关怀，都离不开中国文化。越来越多的西方学者在研究中国传统文化，我们自己一定要珍视这些宝贵的精神财富，树立文化自信，否则，空有人才，没有根基，恐怕不是健康长远的文化优势。

二、发挥人才优势，必须重新定位文联角色，大力拓展功能

新时代有新要求，在新时代文化发展背景下，市文联扮演的角色发生了重要变化，其功能已经有了较大拓展，人才工作也必须紧紧跟上。文联已经不仅仅是桥梁纽带，还应当是生产和输出高品质精神文化产品的基地，应当是承担大规模国内外文化艺术交流的平台，是全

社会精神文明建设的助推器和排头兵。我们要坚持高起点、高标准，立足全局，面向全国，把首都建设成文化精神创作中心、文化创意培育中心、文化人才集聚中心、文化信息传播中心、文化要素配置中心、文化交流展示中心。这是一幅非常宏伟的文化蓝图，对文联的人才工作也提出了新的更高的要求。我们除了发挥好传统职能，还要树立世界眼光，深化对外文化合作交流，发挥好首都文化中心的原创、展示、交流、推动作用。市文联要充分做好对所属各文艺家协会的联络协调服务和管理工作，要打造人文高地，培养文化名家，培育文化品牌，创作文化精品，真正发挥好文联在打造首都文化中心上的人才优势。

三、发挥人才优势，必须深度挖掘文联潜力，充分展示既有优势

发挥人才优势，就是要根据人才资源是第一资源的科学判断，坚持党管人才原则，坚持以人为本，坚持尊重劳动、尊重知识、尊重人才、尊重创造的方针，把促进发展作为人才工作的根本出发点，紧紧抓住培养、吸引、用好人才三个环节，加强人才资源能力建设，深化人才工作体制改革，大力培养各类人才，加快人才结构调整，优化人才资源配置，努力把各类优秀人才集聚到文联的队伍中来。

市文联拥有近900名国家级艺术家的丰厚资源，一直以来致力于联络艺术家、团结艺术家，发挥艺术家在国内、国际的影响力。在未来五年内，发挥专有优势，为艺术家广建平台，深入塑造名人名家的品牌和影响力，不断推出优秀精品力作，将是我们进一步深度挖掘的发展方向。具体可以从两方面入手：一是大力挖掘培养人才，以德艺双馨艺术家为领军人物，建立充满活力的人才队伍，不断完善人才培养机制。二是拓宽、拓深对外文化交流渠道，通过艺术家个人及其作品的影响力，拓宽对外宣传的出口，优化对外宣传的路径，提升对外宣传的效力。这些功能是政府部门不容易做到的，也是文联发挥人才优势的独有资源。

四、发挥人才优势，还要牢牢树立群众思想，科学决策规划

要抓住群众人才、协会专门人才、理论评论人才三大人才潜力股，科学决策规划，充分发挥人才优势。

（一）牢牢抓住文艺为群众服务的这个抓手

毛泽东同志 70 年前《在延安文艺座谈会上的讲话》至今仍有现实意义。为人民服务，为社会主义服务，依然是今天文艺工作遵循的指针。在抓好尖端人才培养的同时，一定要重视发展群众文艺。群众生活是艺术的不竭源泉，广大人民群众是文艺产品的接受者和消费者，我们一定要牢牢坚持党的文艺工作的"二为"方向，遵循正确原则，找准服务对象，抓住工作重点，以艺术家为基础，以市民群众为主体，使文艺生产、传播和消费辐射北京市 2000 万常住人口。要深入发展社区文化，为艺术家打好群众基础。走进社区，增加艺术家展示锻炼的机会，与群众交流的机会，这样既能让大众享受首都优秀文化，心灵受到熏陶，又能树立文联品牌，提升市文联艺术家的专业水平和思想素质。这是一项异常艰巨，也异常光荣的任务。除了体制内的艺术家、艺术骨干，还要将着眼点落在体制外的年轻人身上。他们富有生机活力，是文化可持续发展的新鲜血液。细分服务对象，有针对性地开展服务艺术人才工作，才能更好地发挥既有人才优势。根据文联多年服务艺术家的经验，可将服务对象分为体制内艺术家、体制外艺术家，他们在生活、思想、工作方式、文艺风格上有诸多不同。有了具体分类后，市文联就能有针对性地开展政策制定、项目规划、资金支持、服务方式、人才培养等各项工作，因人制宜，更有效地发挥人才的力量。

（二）按文艺生产、传播、消费的规律办事，科学发展

首先，要有品牌意识，这是市场经济条件下发展文艺的一个规

律，也是发挥人才优势的重要方式。文艺家创作一定要持之以恒，一定要做出品牌，做出影响。其次，要加强各门类之间的艺术合作，重在发挥人才资源的集团优势。要适应市场化要求和文化产业化新趋势，克服片面追求、单打独斗的陈旧思维，以各协会为阵地，促进各协会推出品牌活动。发现、造就和打造品牌，进而推出品牌协会，在文联内部形成良好的竞争风气，在文联外部树立品牌形象，以增强协会间的合作意识、精品意识。以作协、剧协为例，剧本作者队伍不但人数少，而且水平普遍不高，所以如今的好剧本凤毛麟角。然而，小说创作队伍远远强于剧本作者队伍，许多有影响的电影，都是从优秀小说改编而来。如果作协能产出高质量的小说，剧协负责改编，能更充分地利用文联现有资源，文联的生产力将得到极大提升。最后，重视校园文艺活动。开展大型进校园活动，对于学生人才的发掘，有投入少、回报高的特点。当今，年轻人思想活跃，创作精力旺盛，人才辈出，他们不仅有着良好的文化素养，也有着敏锐的触角和探索新事物的热情和勇气，是现有文艺人才队伍的有力补充。另外，开展艺术家校园演出，能发展忠实的年轻观众，使他们成为有效的口碑营销传播者。

（三）大力挖掘理论评论人才方面的优势

十七大以来，我党十分重视理论评论工作，文联在这方面也负有重要使命。我们成立了北京市评论家协会，广泛联系首都文艺理论评论界，可谓人才荟萃。可以以评论家协会为领头羊，展开一系列持续有力的理论研究，即时总结、归纳北京市文艺发展动态信息调研结果，定期持续上报市委市政府，为上级提供参考和决策依据。组织各协会按季度、年度开展文艺理论研讨，指导各艺术门类的发展方向，在社会上形成舆论导向。研讨会除了要有好的选题策划，还要求出席专家、研讨人员研讨的内容有质量上档次。理论评论工作者应当认识到，一流的批评家才能写出一流的评论，一流的理论研究支持一流的文艺创作作品。

五、发挥人才优势，还要加强宣传资源的整合，注重发挥新媒体作用

由于文联有着人民团体的属性，区别于一般文化行政单位，资源丰富。下属单位除了各类专业协会，还主办几种文艺报刊和一个门户网站，在推动国内外文化传播和交流方面有着天然的媒介人才优势。一是传统媒体资源。包括《北京文学》《东方少年》《北京纪事》三个文艺刊物，集文学、少年文艺、文化纪实于一体，加上其在首都和全国读者中较强的辐射作用，以及对一大批数量可观的作者的联系作用，就形成了一个各具特色、相互补充、影响广泛的文艺平台。三刊目前各自运营，独立操作，各刊都有自主权，能充分调动办刊人员的积极性。但在管理、营销等诸多方面，还存在较大改革空间，比如在人力、财力等方面的资源共享。如果能将三刊资源有机整合，对发挥文联的整体优势大有益处，三刊所涵盖的编辑人才、作者队伍和读者市场等方面的优势，都可以得到更有效的发挥。二是开创新媒体。基于手机、平板电脑平台的电子杂志，集视频、音频、用户交互功能于一身，能及时收到用户的反馈，也能由用户分享到社交网络，表现手段多样，形式活泼，又与移动互联网紧密结合，是近年来新兴的信息传播媒介，对文联文化走向大众，特别是走向世界，有着传统媒介无法比拟的优势，对于在国际上弘扬中国传统文化有着不可替代的作用。

"人才聚，国运兴。"无数史实已经证明，一个民族、一个国家的发展离不开人才支撑，人才是国家的未来和民族的希望，是党的事业薪火相传的重要保证。党的十八大为人才工作指明了方向，市文联要坚持贯彻落实党的十八大精神，树立高度的文化自觉和文化自信，认真落实市委市政府各项部署，充分发挥人才优势，积极开拓奋进，为推动首都文学艺术事业科学发展作出新的更大贡献。

（本文作者为北京市文学艺术界联合会党组副书记）

关于新媒体电影受众
观影行为的观察和思考

○杨永安

一、课题题目解析及研究综述

近年来，新媒体逐渐成为学界和业界日益关注的焦点。然而，立足于实证调研，以数据为基础，针对新媒体受众观影行为特点、偏好、需求展开的专项调研却并不多见。因此，本文以新媒体电影受众为研究对象，重点通过定量数据，描述他们通过新媒体途径接触电影的行为特点、偏好和影响因素。

我们需要对若干概念进行界定。首先是"新媒体"。宫承波的观点是依托数字技术、互联网技术、移动通信技术等新兴科技而产生的、向受众提供信息服务的一系列工具或手段。从传播学视角看，一类是新兴媒体，以网络传媒、手机媒体和（互动性）电视媒体为代表，它们依托全新的传播技术，以改变传播形态为主要诉求点；另一类是新型媒体，是在传统媒体的基础上依托新技术衍生而来，虽然传播形态未发生根本性改变，但是信息质量获得提高、传播范围更加广泛。① 在此前提下，电脑、平板电脑、手机等可移动的存储、播放设备，以及

① 宫承波：《什么是新媒体》，《新媒体概论（第二版）》，2009 年。

配备高清机顶盒的家用电视都可以视为新媒体。其次是本文将"新媒体电影"定义为通过互联网、有线电视网等现代技术，通过新媒体终端观看的电影、微电影、DV 电影和手机电影。相应的，通过上述渠道接触过电影的人群，都可以定义为"新媒体电影受众"。新媒体电影受众与传统电影受众并不对立，大部分人群往往是两者兼而有之。

为进一步分类调查新媒体电影受众的差异，本文以最近一年通过新媒体渠道观看的电影数量为主要分类变量，将其分为三类，分别定义为轻度、中度和重度消费者。其中，轻度消费者在过去的一年内通过新媒体渠道观看的电影低于 18 部，中度消费者观看了 18—54 部，重度消费者观看了超过 55 部。在 800 份有效样本中，这三者的比例分别为 46.1%、36.1% 和 17.8%。

二、新媒体电影受众的观影行为特点

（一）休闲娱乐是最主要的观影原因

数据显示，受访者通过新媒体渠道观影的最主要目的依次是"娱乐消遣、放松心情"（83.6%），"消磨时间、陪伴解闷"（57.5%），"了解信息、开拓视野"（25.8%），其次是"支持喜欢的演员、导演""视听享受"和"欣赏艺术"，出于"追赶潮流""学习充电"

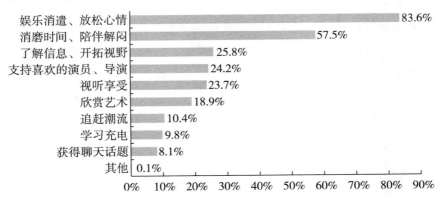

图 1　受访者观看新媒体电影观影的目的（n＝800）

"获得聊天话题"等原因观看的受访者比例相对较低。其中，女性受众、高中和大本学历的受众，以及中度消费者更倾向选择"支持喜欢的演员、导演"。"消磨时间"多被老年受众选择。随着学历水平的提升，选择"娱乐消遣"和"视听享受"的比例相应提升。

（二）观影数量远多于电影院观影数量

过去一年，受众通过新媒体渠道观看电影的数量远远多于在电影院观看的数量。此外，还有 51.9% 的受访者表示，2012 年观看新媒体电影的次数增多了，这比表示去电影院次数增加的受访者比例（46.9%）还要高。数据显示，在通过新媒体途径观看影片的渠道中，只有网络免费电影的观看比例超过电影院途径，而且通过这个途径观看电影的中值和平均值都是最高的。

表1　受众通过新媒体途径和电影院途径观看的电影数量对比

	新媒体途径			电影院途径
	网络免费电影	网络付费电影	电视机顶盒	
平均观影数量	37	8	14	8
观影数量中值①	15	5	5	5
看过的观众比例	96.6%	8.9%	31.9%	90.0%
未看过的观众比例	3.4%	91.1%	68.1%	10.0%

（三）微电影未成为新媒体电影观影主流

调查发现，"近一年影院公映过的电影"和"以前的电影"（特指非近期公映过的国内外影片）最受青睐，受访者选择的比例均超过80%；这两类影片的人均观影数量也分别达 13 部和 15 部。选择"微电影"的比例为 52.0%，不仅比例与传统院线电影相差甚远，而

---

① 中值是指在一组数据中居于中间的数，即在这组数据中，有一半的数据比它大，有一半的数据比它小。这里引用中值，主要是为了排除个别样本的观影数量过于极端而影响实际平均值的情况。

且人均每年观看的数量也只有8.5部。尽管观看电影的终端是新媒体，但受访者观看的内容仍然以传统院线电影为主。单就调查通过新媒体渠道观看最近一年院线电影的情况发现，20—29岁、研究生学历、可支配收入在7000元以上的受访者和重度电影消费者，观看这类影片数量的中值在各自维度的交叉分析中都是最高。

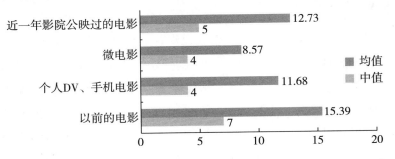

图2　受访者在过去一年内观看的新媒体电影数量（n=800）

（四）喜剧、动作和科幻片最受欢迎

按照影片内容，请被访者排出最常看的五种类型①。位于前三名的依次是"喜剧片""动作片"和"奇幻/科幻片"。这与之前关于观众对电影院放映影片偏爱情况的调查结果大体一致。

（五）观看电影的时间、地点更加灵活

此前的调查中，受众普遍集中在周末白天去电影院看电影。相比之下，受众通过新媒体渠道观看电影的时间更加多样，在每个时段都有不同程度的分布，主要集中在晚上19：30—23：30，并且不再拘泥于是否是周末。此外，对于观看地点，从住所、办公或学习场所到室内外公共场所都有涉及，甚至还有相当一部分人专门利用乘坐公交、地铁的时间观看影片。在某种程度上讲，通过新媒体渠道观看电

①　问卷中本题为排序题，在数据分析时采用赋值的方法，把最常看的赋值为5分，第二常看的类型赋值4分，依次类推，不在前五个常看类型的赋值为0分。通过数据转换并计算出均值，均值越高，表示越常看。

影，已经成为人们日常生活中一种比较主要的文化休闲活动。

（六）新媒体电影的观看终端与平台

1. 多数受访者选择在线观看新媒体电影。按照影片来源，受众观看的电影主要可分为"在线观看"与"下载观看"两类。数据显示，65.0%的受众选择前者。总体上看，随着学历水平的增高，选择"在线观看"的比例逐步降低，而选择"下载观看"的比例则逐渐上升。

2. 通过网络在电脑上观看最受欢迎。一方面，从电脑、平板电脑、MP4/MP5和手机等不同观影终端的使用频率上看，"经常"使用电脑观看新媒体电影的受访者比例达到54.9%，如果加上"偶尔"，则使用电脑观看的受访者比例接近95%。这其中，20—29岁、大专及以上学历和可支配月收入在1000元以下的受访者和重度消费者对电脑尤为偏爱。对于后三个终端，即便是使用频率最高的平板电脑（38.5%），也远不如电脑普及。另一方面，从观影数量上看，过去一年，96.6%的受访者都观看过至少一部网络免费电影，他们平均看了37.22部，比在电影院观影数量的4倍还要多。

3. 播客类网站和专业视频网站是首选平台。问卷列出六种接触平台，请受访者按使用频率排序。数据显示，受访者最常使用的平台是"播客类网站"（例如优酷等），其次是"专门提供视频的网站"（例如搜狐视频等）。相比之下，通过人人网等社交网站的分享而观看的平台排序最低。由此可以推断，受访者更青睐专业的视频网站，尤其是互动性较强的平台。

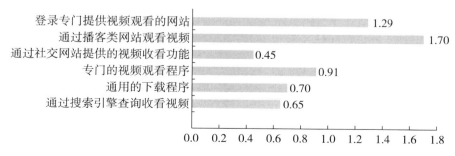

图3　受访者对观看平台的使用情况（$n = 800$）

（七）付费观看虽然尚未形成习惯，但具备开发空间

调查发现，只有 33.6% 的受访者愿意为通过新媒体渠道观看电影支付费用。以 2012 年为例，只有 8.9% 的受访者以在线付费的形式观看过，主要原因是"价格比电影票价便宜"。而在愿意付费的受访者中，愿意为单部电影付费的平均金额达 11.39 元，中位数为 5元；愿意每月付费的平均金额达 79.51 元，中位数为 47.5 元。这个调查结果比现有的、一般视频网站的付费额度都要高。由此可见，尽管实际愿意付费的受访者比例较低，但他们愿意付费的额度较高，说明在线观影付费还有一定的发展空间。进一步调查发现，在付费方式上，受众更愿意接受按照观看数量"单项收费"（51.5%），其次是"缴纳注册会员费"（34.6%），排在最后的是包月、包年付费（13.9%），这在一定程度上反映出受众在线观看电影还存在较大的随机性。

三、新媒体电影受众观影影响因素分析

（一）观看的便利性是受众选择不同观影途径时共同考虑的因素

1. 观看的便利性、价格和自己控制观看节奏是观看网络免费电影的主要原因。调查发现，在受访者观看网络免费电影的原因中，选择"足不出户很方便"的比例最高，为 77.4%，其后依次是"免费"（63.7%）、"可随时暂停"（47.9%）、"资源丰富"（44.3%）、"有些影片不值得去影院观看"（36.6%）、"更喜欢一个人观看的感觉"（5.9%）和"互动形式多样"（2.2%）。

进一步分析发现，性别、年龄、学历和电影消费程度对受众都呈现出比较显著的影响。从性别上看，"可随时暂停"的特点更吸引女性。就年龄而言，20—29 岁的受访者更倾向出于"可随时暂停""有些影片不值得去影院观看"和"资源丰富"等因素。在学历方面，大本学历的受访者更倾向于"可随时暂停"和"资源丰富"，对这两

项因素的选择比例都超过50%。在电影消费程度方面，中度和重度消费者比轻度消费者更加在意"可以随时暂停""有些影片不值得去影院观看"和"资源丰富"等因素。

2. "打发时间"和观看的便利性是受众利用电视机顶盒点播电影的主要原因。总体上看，受访者利用电视机顶盒点播电影的原因中，选择"随便看看，打发时间"的受访者比例最高，为60.1%；其次是"足不出户很方便"（51.8%）。值得注意的是，"不会使用电脑"成为一部分受众不得不通过机顶盒点播电影的因素。从年龄来看，超过1/3的60岁以上受访者选择此项，比例远远超过其他年龄段。从学历水平上看，受访者学历越低，选择此项原因的比例就越高。从收入水平上看，可支配收入为"1000—2999元"的受访者选择此项比例最高（19.6%）。

（二）更新速度和资源的稀缺性是影响选择观看新媒体电影种类的重要因素

调查发现，在通过新媒体渠道放映的四类电影中，各自形成相对稳定的受众群。这其中，有324人选择看"近一年影院公映过的电影"的数量最多，主要原因是能够"免费观看"（46.9%），而且影片"点击率很高，想了解网络最新动态"（35.8%）。有42人看"个人DV、手机电影"的数量最多，他们也选择了同样的原因。有122人看"微电影"的数量最多，主要原因是这种电影"题材、手法新颖"（46.7%），还可以"免费观看"（41.0%）。有426人看"非近期公映过的国内外电影"的数量最多，他们观看的最主要原因是"免费观看"（44.4%）和"只有在新媒体上才能看到这种电影"（30.8%）。综上所述，调查结果一方面验证了前文关于"价格是主因"的结论，另一方面也说明新媒体电影资源的实时更新，以及只能在特定平台存储、播放的特性，是受众决策观看时重要的考虑因素。

（三）资源的丰富性和获取的便利性是影响受众选择观影平台的主要因素

总体上看，新媒体电影资源是否丰富（64.4%）、获取是否便捷（60.7%）是受众选择观影平台时最优先考虑的因素。而价格、视频质量和广告等因素的影响作用就相对弱一些。

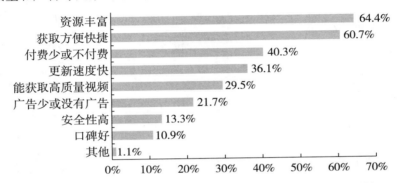

图 4　受访者在选择观影平台时的影响因素的总体情况（n = 800）

（四）对观影时间及地点的影响

1. 对观影时间段的影响。在年龄上，30—39 岁的受访者在 21：31—23：30 观看新媒体电影的比例最高，而老年受众此时几乎没有观影行为。在学历上，高学历的受访者在工作日晚上（19：31—23：30）观看的比例更高，以 19：31—21：30 为例，大专学历受访者的观影比例（44.4%），远低于硕士及博士研究生（63.8%）。此外，在 21：31—23：30 的时段，轻度消费者看电影的比例（37.7%）明显低于中度和重度消费者（60.0%、59.3%）。

2. 对观影地点的影响。在公共汽车上/地铁上和工作单位/学习场所观看新媒体电影的受访者中，20—29 岁的受访者比例更高。被访者对新媒体电影的消费程度越高，在工作单位/学习场所观看新媒体电影的比例越高。

（五）男性、低龄受众和高收入的受众更倾向观看欧美电影

调查显示，受访者最常看的新媒体电影产地依次是欧美电影、内地电影和港台电影。其中，男性较女性更偏爱欧美电影；60 岁及以上的受访者更偏爱内地电影，较少观看欧美和日韩电影；初中以下学历的受访者较少观看港台电影；可支配月收入 7000 元以上的受访者观看欧美电影的比例最高；同时，轻度新媒体电影消费者更倾向观看内地电影。

（六）中低龄受众、重度消费者和收入处于两极的受众付费观看的意愿更高

20 岁以下的受众中，有 31.4% 愿意付费观看，随着年龄增长，付费意愿越来越低，老年人尤其不能接受。在学历方面，受教育程度越高，愿意付费的比例越高，同样的情况也体现在新媒体电影的消费程度上，消费程度越高的受访者，付费意愿越高（三者比例分别为 25.5%、38.0% 和 45.8%）。可支配月收入在 7000 元以上的受访者有近一半愿意为新媒体电影付费，同时个人月可支配收入在 1000 元以下的受访者（多以在校学生为主）也有近 40% 的人表现出付费意愿，其他收入段的受访者愿意为新媒体电影付费的比例则都在 30% 左右。

四、新媒体电影受众肖像勾勒

调查发现，新媒体电影核心受众普遍有如下特征：年龄大多在 20—29 岁之间，一般具有大学本科学历，职业大多是在校学生、一般职员和专业技术人员，每月可支配收入在 1000—4999 元之间。他们大多通过网络在电脑上免费下载或观看，而且在观看结束后，更加主动、自发地传播、推荐影片或者发表评论。按照消费程度不同，这三类消费者还有以下差别。

（一）轻度消费者

轻度消费者在三类消费者中所占比例最高，主要存在于 20 岁以下及 40 岁以上的受访者中。轻度消费者使用电脑观看新媒体电影的频次较低，观影数量最低。其中，网络免费电影的平均观看数量是 6.96 部，中值为 6 部；在线付费电影的平均观看数量是 3.33 部，中值为 2 部；通过机顶盒渠道看电影的平均数量是 3.73 部，中值为 3 部。在类别上，他们最喜欢观看的影片依次是喜剧片、动作片、爱情片和科幻片。此外，他们不太愿意为新媒体电影付费，参与互动的比例也最低。

（二）中度消费者

硕士及博士研究生学历有一部分是中度消费者。中度消费者通过新媒体渠道观看近一年院线电影的比例最高。相较于其他受访者，中度消费者更倾向出于获得谈资、支持喜欢的主创以及获得视听享受等目的观看新媒体电影。在选择新媒体观影平台时，中度消费者更注重资源的丰富性。他们的观影数量相对居中。其中，网络免费电影的平均观看数量是 27.31 部，中值为 25 部；在线付费电影的平均观看数量是 6.10 部，中值为 5 部；通过机顶盒渠道看电影的平均数量是 10.57 部，中值为 8 部。在类别上，他们最喜欢观看的影片依次是喜剧片、科幻片、动作片和爱情片。此外，中度消费者更倾向以社交网站转发、推荐的形式参与互动。

（三）重度消费者

重度消费者在三类消费者中所占的比例最低。重度消费者主要存在于 20—39 岁及可支配月收入为 3000—4999 元的受访者中。他们大多使用电脑观看新媒体电影。过去一年，他们观看过的网络免费电影、在线付费电影和电视机顶盒点播电影的平均数量要远远高于其他两类受访者。其中，网络免费电影的平均观看数量是 131.87 部，中值为 100 部；在线付费电影的平均观看数量是 18.60 部，中值为 6

部；通过机顶盒渠道看电影的平均数量是 38.82 部，中值为 10 部。在类别上，他们最喜欢观看的影片依次是喜剧片、动作片、科幻片和警匪片。此外，重度消费者更倾向于在深夜、在工作单位和学习场所观看新媒体电影，并且付费意愿更高。

五、有关对策和建议

（一）进一步深入研究新媒体电影受众特点并有意识地引导和培育

按照北京市常住人口的性别结构和年龄配额，问卷共调查了 827人，其中只有 27 人不是新媒体电影受众。排除在电影院取样可能会使结果偏高的因素，仍可推断目前新媒体电影受众数量可观，且占据了电影观众的大多数。据 CNNIC 发布的《第 31 次中国互联网络发展状况统计报告》，北京市目前的网民普及率已经达到 70% 以上，京沪的网民普及率已经达到北美、西欧和日本的水平。

面对如此庞大的新媒体电影受众，以及发展日益迅猛的新媒体技术，一方面，迫切需要对新媒体电影受众进行研究，掌握他们的年龄、收入、文化程度等基础信息，以及他们观影的心理、需求和习惯。另一方面，有意识、有针对性地对他们进行适当的引导和培育，通过提升他们的审美品位树立正确的消费观，使新媒体电影市场激发出更多的活力和潜力。

（二）扎实做好新媒体电影的内容创作，全面提升影片质量

调研发现，一方面，在问及观看新媒体电影的原因时，除了费用、可控制观看节奏等因素外，受众选择"资源丰富""有些影片不值得去影院观看"的比例也很高，分别达到 44.3% 和 36.6%，这说明广大受众对高质量片源有较高的渴求度，同时也从侧面反映出现有高质量影片资源仍较为匮乏。另一方面，虽然受访者以新媒体渠道观看电影，但观看的内容仍然以传统的院线电影为主。此外还有观众反

映，同样一部电影，如果内容好的话，通过新媒体渠道看完之后一定还会再去影院观看。这些发现都说明，无论以何种形式面向受众，"内容为王"依旧是影片最根本的核心竞争力。

新媒体的诞生调动了受众观看和参与电影的热情，使新媒体电影在短时间内快速发展，达到了一定的创作和制作规模。随之而来的，则应该有针对性地实施精品战略，正确把握数量与质量的关系，减少在新媒体电影快速发展中出现的思想贫乏、低级趣味、过分随意、粗制滥造等现象。在注重对受众主体培育、引导的基础上，大力倡导创作、制作出积极、健康、优质的，兼具思想性、观赏性、艺术性、知识性的新媒体电影作品，通过它们向社会传播正能量。

（三）加大知识产权保护力度，建立正常、规范、公正的市场秩序

随着电影产业的发展和市场规模的扩容、电影运营产业链的日臻完善、电影网络版权价格一路水涨船高等现象的出现，关于版权保护问题的严峻性也日益凸显。国务院还组建了国家新闻出版广播电影电视总局，主要职责是统筹规划新闻出版广播电影电视事业产业发展，监督管理新闻出版广播影视机构和业务以及出版物、广播影视节目的内容和质量，负责著作权管理等。在这个背景下，针对新媒体电影市场特点，进一步加大对新媒体电影业态中著作权和版权的保护力度，加大维护版权法律法规的执行力度，加大对于违反版权规定行为的打击和惩处力度，提高违法成本，从根源上杜绝违法行为，建立正常、规范、公正的新媒体电影市场秩序，让创作、制作者们既能大展拳脚，又无后顾之忧，从而加快行业发展步伐。

（四）加强对相关内容的监管，营造积极健康的市场环境

新媒体的发展为电影带来了新的传播方式，比如从 iPad、iPhone 上可直接登录并观看境外多种节目平台，并使内容传播变得相对开放和自由，这容易给一些思想意识和传播目的有问题的内容生产者可乘之机。对此，行业管理部门应给予足够的重视，针对由此带来的内容

监管等新问题及时了解和研究，制定相应的监管政策。注意境外节目平台可通过多种新技术渠道接触新媒体电影受众的现象，研究相应的监管措施和管理办法；对一些价值观导向存在问题的作品应加强管制，将其负面传播和影响力降到最低，营造积极健康、良性发展的新媒体电影市场环境。

（五）加速新媒体电影相关技术升级，培育人才梯队建设

调研发现，在问及"您对新媒体电影最不满意的地方"时，多数受访者都针对新媒体电影的传输、播放、设备兼容等技术问题表达了自己的意见，并希望新媒体电影能从技术研发到实现上有更进一步的发展和飞跃，满足广大新媒体电影受众的观影需求。此外，问卷调查也发现，"不会使用电脑"成为迫使 60 岁以上、学历水平和可支配收入较低的受访者只能通过机顶盒渠道来点播电影的重要因素。

对此，行业管理部门可充分借助社会力量，发挥专业院校和科研单位的优势，鼓励并加速新媒体电影相关技术问题的研究和升级，提高自主创新科研能力，让受众、特别是对新技术掌握能力较弱的受众在便捷观影的同时，有条件获得更优质、更流畅、更真实和更震撼的视听享受。同时，注重科研技术人才的梯队建设，为新媒体电影的持续发展提供有力的智力支持和人才保障。

（六）针对新媒体电影发展特点探索新的制作、发行、运营模式

目前，一些有能力挤上院线的电影制片方和发行方已自发地和新媒体之间建立了新的发行和运营模式，并依靠市场自身的调节，逐步平衡交易价格、条款和其他制度机制上的内容。但除此之外的微电影，一些没有公映的优秀电影，以及国外优秀电影等却未能在新媒体这个新平台上形成较为统一、合理和有效的制作、发行和运营模式。由此，行业管理部门可针对这些影片缺乏平台对接能力的部分给予必要的扶持和规范，为其能够快速进入新媒体平台并建立良好的可持续发展机制提供必要的引导和帮助，从而全面发挥新媒体电影的传播影响力和对整个电影产业及文化产业的带动、促进作用。

（七）全方位、多层次开掘更大的市场潜力

在评价新媒体电影的发展前景时，认为新媒体电影"会有一定的发展，但只是我观影方式的一种补充""具有很大的上升空间，将会成为我的优先选择"和"会逐渐取代电影院"三项的累积比例超过90%，这说明从电影消费者的角度来看，新媒体电影有广阔的发展前景，也从侧面说明目前的新媒体电影业态仍有一定的潜力没有挖掘出来。

对此，行业管理部门应注重对新媒体电影业态进行全方位、多层次的开掘。全面打通上下游产业链，开通多种合作渠道和优惠政策，并对相应环节进行必要扶持，对相关问题尽早制定法律法规；更好地利用新媒体的便捷性和传播影响力，更加深入地挖掘其内在潜力，使新媒体电影业态保持良性、可持续的发展。

（八）抓住新机遇，抢占宣传新阵地

当前，新媒体电影、新媒体平台的技术革新和新技术应用发展迅猛，技术建设方兴未艾，新应用层出不穷。随着3G时代的到来和4G时代的召唤，新媒体电影的内容制作吸引了大批从业者，他们以更新锐、更自由、更开放的姿态生产制作了大量作品。而在新媒体平台方面，微博、微信、云存储、APP终端等技术平台不断升级，为大众提供了更加便捷、流畅的服务。大量的新媒体电影通过多种平台蜂拥而至，在商业利益的驱使下上演着一轮轮激烈的受众争夺战，秩序稍显混乱，管理相对松散，内容和技术安全皆存在一定隐患，例如目前就很难分类、分区统计出终端受众。

对此，行业管理部门一方面应加紧制定监督管理的新政策，另一方面要研究新媒体电影和新媒体平台的传播特点和受众心理等问题，及时抢占新的时代宣传阵地，促进新媒体电影和新媒体平台更加健康、安全、有序地发展，并在此基础上进一步传播社会主义核心价值观和优秀文化，推动文化繁荣发展。

（本文作者为中国电影博物馆馆长）

三

创新实践

关于提升广电媒体
内部管理水平的思考

○刘志远

广电媒体普及率高、传播迅速、信息量大、亲和力强，在党的十八大提出的"构建和发展现代传播体系，提高传播能力"中占有重要地位，对于传递党和政府的声音、引导社会舆论、建设社会主义核心价值体系以及推动文化大发展大繁荣发挥着重要作用。当前，适应改革开放和经济社会发展提出的新要求，广电媒体正在主动融入数字化、网络化、信息化、市场化进程，加快转变发展方式，努力推进技术装备、内容生产、业务运营、产业布局等各方面的优化升级，不断调整、完善与之相适应的内部管理理念、制度体系和运行机制。

下面，结合北京广播电视台的工作实际，就新形势下提升广电媒体内部管理水平问题谈几点思考。

一、充分认识提升广电媒体内部管理水平的战略意义

党的十八大提出"两个百年"奋斗目标和"两个五位一体"战略布局，描绘了实现"中国梦"，实现国家富强、民族振兴、人民幸福的美好前景。北京市第十一次党代会确定了"推动首都科学发展、建设中国特色世界城市"的战略任务。落实中央和北京市精神，融入发展大局，服务中心工作，客观上要求广电媒体顺应形势、找准定

位、明确重点，切实增强传播力、影响力、公信力以及整体实力、竞争能力和发展活力。深化内部管理，提高整体运行效率，增强协同聚合效应，可以有力地推动融合发展、创新发展，为广电媒体综合能力提升奠定坚实基础、创造有利条件。

（一）提升广电媒体内部管理水平是切实履行新闻宣传职责的需要

当前，我国已进入全面建成小康社会的攻坚阶段，进入矛盾凸显期、改革深水区，社会思想多元多样多变，人们思想意识的独立性、选择性、多样性、差异性显著增强，统一思想、凝聚共识的任务十分艰巨。同时，网络电视、微博微信、移动视频等新媒体加速崛起，互联网正日益成为舆论传播的主渠道、成为舆论争夺的主战场、成为各种思想文化交会和意识形态较量的主阵地。这样的社会舆论环境为新闻宣传、舆论引导、价值引领和阵地建设提出了新问题、新挑战、新要求。确保广电媒体导向正确、播出安全，必须强化新闻报道、节目制作、影视生产、播出传输等方面的管理，增强编辑、记者、主持人、导演、播控技术人员的政治意识、风险意识和安全意识，不断完善责任落实体系。

（二）提升广播媒体内部管理水平是积极应对全面竞争挑战的需要

当前，广电传媒业新旧媒体交融，体制机制改革与系统化创新正在成为新一轮发展的重要驱动力量，人才、资金、技术等要素争夺日趋激烈。"三网融合"深入推进，来自电信业的竞争压力不断增大；制播分离步伐加快，广播电视产业化发展与传统管理体制和经营机制之间矛盾更加突出；广告投放增量同比下降，广播电视广告保存量、求增量面临更大压力；省级广电改革不断实现新突破，资源整合能力、系统运营能力、市场拓展能力和品牌影响力已成为新的战略制高点。在这种"上下挤压、内外拼争"的全面竞争格局中，长期保持优势和快速缩小差距变得越来越难，需要做好顶层设计，从战略层面调整定位、明确方向，引导资源、资金、资产和人才的流动与配置，聚焦新兴领域，拓展优势业务。为确保这一系统性转变过程得以实现，必须强化战略管理和综合考评管理，提高经营管理者的竞争意识、市场意识和创新意识，促进良性运行体系的形成、发展和完善。

（三）提升广电媒体内部管理水平是主动把握融合发展机遇的需要

当前，融合已成为传媒发展的主流，从技术、网络、终端到内容、业务、经营等各方面各环节的融合正在由表及里日益深化、由点到面不断拓展。这一趋势的出现并不突然，但却无法阻挡。不论是否情愿，广电媒体都不得不接受融合发展的现实并努力融入其中，要整合内部资源，打通产业链条，加强与外部的对接和合作，在内外兼容并包中充分挖掘和释放广电媒体的发展潜力。这要求广电媒体必须按照融合发展的需要加快推进体制机制改革，减少管理层级，建立细分化、社会化程度较高的扁平型组织架构；推动生产和经营层面的管理创新，建立面向融合发展的利益共享机制和利益协调机制；加快人事制度改革和人力资源管理创新，打破身份限制，建立人才竞争、流动、激励和协作机制，建设适于融合发展需要的全能型业务人才队伍和具有多种能力的高素质经营管理者队伍。

二、提升广电媒体内部管理水平要树立正确导向

管理工作意义重大，影响重大。深化广电媒体内部管理往往与体制机制改革紧密相连甚至难以区分，在推进某方面管理工作中可能会出现"牵一发而动全身"的情况。因此，深化广电媒体内部管理工作要认真谨慎，掌握好节奏，把握住导向。导向正确，才能对各项管理工作形成正面、明确的指引，避免走错路、弯路。目前，提升广电媒体内部管理水平要树立三个导向：

（一）树立目标导向

目标是工作中期望达到的成果，既为各项管理活动指明了方

向，又可以作为标准用于对工作绩效的衡量与评价。广电媒体的多重属性决定了工作目标的综合性，在对各方面目标的把握上既要分清主次又要注意协同。因此，首先要重视顶层设计，编制发展战略规划，明确整体发展定位，找准发展路径，探索实际发展模式，为各项战略重点的确定和落实提供依据与指导。其次要在战略目标的指引下，结合实际确定各年度发展目标和各单位预算指标，制订、执行年度工作计划，强化成本和收益的预算管理，年终再对照计划落实情况和审计结果进行综合绩效考评，从而在目标效益和过程效率的兼顾中实现整体发展质量的提升。北京广播电视台自成立以来，一直在推行包括思想政治考核和经营绩效考核的综合考评体系，实现了目标管理理念的落地，推动了全台整体发展水平的持续提升。2012年，除电台、电视台和中广传播外，北京广播电视台直属的其他15家单位盈利面已达到93%，较2010年北京广播电视台成立之初有大幅提升。

（二）树立开放导向

广电媒体正处于一个开放度日益增大的环境中，无论对外对内、对上对下，资金流动、信息流动、人才流动的频率在增加，速度在加快，规模在扩大。管理不可避免地要受到内外各种因素的制约和影响，必须用全面的、发展的眼光来审视环境，注重内外对接，顺应趋势、实事求是地出台制度、建立机制、引进和推广新的管理模式和手段。就广电媒体而言，无论是内部的宣传管理、行政管理，还是内容、技术、经营等方面的管理，都不能固守封闭的老路，必须走出一条与外部环境充分交流、不断适应调整的新路。尤其在内容、技术、经营等方面，管理中的开放意识越强、开放程度越大，内容创新创优、技术引进应用和经营创收增效的动力、活力就会越强。近两年，北京广播电视台在直属企业中不断推进优化法人治理结构工作，建立董事会、监事会和经营管理层间的良性运行机制，提高董事会决议执行效率，加大董监事培训力度，强化企业利润收缴和分红工作，使直属企业的市场主体意识显著增强，切实提升了直属企业的市场经营能力和竞争能力。

（三）树立人本导向

管理既要重视对资产、制度和组织结构等物化因素的配置、调整，更要注重发挥人在组织中的能动作用。广播电视业属于智力密集型行业，对高素质人才的依赖度较高。一定意义上，人力资源是广电媒体最重要的资源。为使人力资源的价值得到最大化开发，一方面要尊重、爱护、理解、关心、激励人才，激发广大干部职工对广电媒体单位的归属感、责任感，充分发挥人的创造性、积极性、主动性；另一方面要加强从管理者到普通员工的全员教育培训，始终坚持把提高人的素质作为广电媒体发展的首要条件来抓。只见物不见人的管理，忽视组织中个体心理和行为的重要作用，将抑制和影响各类物化因素的效能发挥，造成整体运行效能低下和创新乏力问题。因此，要以人为本，提高人的素质，强化人的能力，调动全体员工发挥巨大的群体动力，共同作用于资产、资金、资源等物化因素，才能创造出非凡的工作成绩。2011年北京广播电视台组织了优秀共产党员、"十佳员工""优秀员工"等评选活动，通过树立群众中的典型，学习"身边的榜样"，营造"比学赶超"的良好氛围，广大干部职工工作风貌有了明显改换。

三、提升广播媒体内部管理水平要找准主攻重点

管理涉及的范围广、层次多，是一项复杂而繁重的系统工作。广电媒体担负政治职责、公益责任和发展任务，要兼顾政治效益、社会效益和经济效益，管理的复杂性、艰巨性进一步增大。因此，提升广电媒体内部管理水平，需要按照目标导向、开放导向和人本导向的要求，集中精神和力量找准主攻重点，解决最关键和最紧要的问题，才能事半功倍、打牢基础。

（一）健全制度体系

无规矩不成方圆，制度体系的建立和完善是一个单位有序运转的根本保障。健全制度体系包括丰富的内涵，既有文本层面的制度制

定、出台和修订，也有制度意识的培养和制度的普及、推广、解释，还有制度的执行、监督、考评、奖罚。经过多年积累，广电媒体大多建立了自成体系的内部管理制度，当前文本层面制度建设的重点在于从整体发展、长远发展角度出发开展制度的调查、梳理、评估工作，进一步修订、更新原有制度和出台新的制度。北京广播电视台成立以来，已出台了覆盖全台各项工作的七大类45项制度，下一步还要按照事业产业发展要求继续抓好制度完善工作。在制度执行层面，广电媒体的运转不间断性在客观上对制度执行到位起到了"拉动"作用，尤其在制作、播出、传输方面体现得最为明显。今后制度执行中要注重树立和增强"按制度、按规矩办事"的意识，将这一意识贯彻落实到每一项具体工作中。健全广电媒体制度体系的过程中，会碰到很多实际问题，要通过发展思维和科学手段加以解决。目前，北京广播电视台下属的电台、移动电视公司以及歌华有线的客服系统已通过了ISO9001质量管理体系认证，下一步将在台总部和台属其他单位逐步推广认证工作，为提升全台管理的规范化、科学化程度提供有力支撑。

（二）转换运行机制

机制不灵活，运行就难以顺畅。广电媒体内部事业企业相交织，人、财、物等各方面的管理都会涉及在事业企业间区分、对接和转换的问题。如果不能建立一套与之相适应的、具有一定灵活性的机制，内容生产、人员调配、资金拨付、广告经营、产业发展等各方面工作就会障碍重重、问题不断，既降低工作效率，又可能影响内部和谐。机制不得力，工作也难以实现预期的效果。广电媒体运行的惯性较强，如果机制不能深入到关键点，而是浮在表面，是很难奏效的。当前，广电媒体转换机制的重点是建立协作机制。外部的媒介融合和内部的融合发展都要求广电媒体强化各层次各方面的协作协同，既要有各单位、各部门之间的协作，又要有各团队、个人之间的协作，既要有内容生产、业务开发方面的协作，又要有市场拓展、资本运营方面的协作。建立这样一个覆盖多层次多方面的协作机制并不容易，关键是要寻找到利益共同点并促成利益共识。下一步，北京广播电视台将以北京北广传媒集团公司为依托，加大经营性资产整合力度，打造业务培育、产业拓展和资本运作平台，为各单位、各部门、各团队以及个人之间的合作提供机遇和空间。

（三）建设组织文化

"国民之魂，文以化之；国家之神，文以铸之。"文化"润物细无声"，虽然是"久久为功"，但对人的教育和影响却是深刻和持久的。管理落到最具体处还是做"人"的工作。广电媒体人才济济，不乏对社会有巨大影响的名人，在这样的基础上充分开发人力资源的整体价值，壮大广大干部职工的工作合力，单纯依靠制度和机制还不够，还需要以文化和情感的力量招才、聚才、拢才、爱才、育才、用才，激发干部职工的归属感、责任感、主动意识、团队意识和创新意识。广电媒体的组织文化建设不同于一般的企业文化建设，无论是内容和方式都更加丰富。要充分发挥党、团和工会等组织的作用，以更加生动活泼的形式开展思想政治教育工作，组织党员、团员和工会会员参加各类积极向上的文体活动、学习交流活动。要及时掌握各单位、各部门内部的思想动态，发现和培育有益于发展的价值观念、道德标准、行为规范，积极营造风正、气顺、劲足、事成的良好氛围，树正气、朝气和锐气，戒俗气、暮气和惰气，大力弘扬攻坚克难的"亮剑精神"、精益求精的"极致精神"和敬业忘我的"奉献精神"。

以制度、机制和文化为主攻重点，体现出当前广电媒体管理中的刚性、弹性和柔性相结合、相统一的特征。关注制度重在提升管理的规范化、科学化水平，关注机制重在以顺畅运行提高工作效率、取得显著效果，关注文化重在建设价值体系为发展提供强大精神动力。这三个方面无轻重差别、无先后之分，共同构成一个相互关联和作用的体系。按照外部环境变化和事业产业发展的要求，处理好、调整好这三方面的关系，将有力推动广电媒体的转型升级，为实现持续发展打下坚实基础。

（本文作者为北京广播电视台党委书记）

关于建立科学合理节目考评体系的探索

○赵多佳

作为拥有最广泛受众的电视媒体，媒体的一切内容建设、渠道建设都是为了达到良好的传播效果，而建构衡量传播效果的标准则显得尤为重要。因此，建立一套行之有效的评价体系，是时代和电视自身发展的迫切需要，具有重要的意义。随着"指尖传播时代"的到来，媒介大融合趋势的加快以及媒体间竞争的加剧，如何建立起媒体战略使命与传播效果、考评体系三位一体的目标与路径，发挥考评体系的价值引领作用，推动主流媒体承担社会责任与担当，建构媒体影响力，成为当前摆在所有电视媒体面前的一项重大命题。

一、媒介的延伸与延伸的媒介

著名传播学者麦克卢汉曾在《理解媒介：人的延伸》中提出"媒介即人的延伸"，亦即媒介是人的感觉能力的延伸或扩展。

媒介是人的延伸，而媒介的传播如何作用于受众呢？这显然是传媒业界最为关注的领域，也是检验延伸于受众之中的媒体实力的重要标准。传播效果有广义和狭义之分。广义上的传播效果，指的是带有说服动机的传播行为在受传者身上引起的心理、态度和行为的变化，换言之，传播效果通常意味着传播活动在多大程度上实现了传播者的意图或目的。狭义上的传播效果，指的是传播活动尤其是报刊、广播、电视等大众传播媒介的活动对受传者和社会所产生的一切影响和结果的总体。[①] 后者也正是传媒经营和管理最为关注的评价性指标，包括阅读率、视听率、点击率等在内的受众测量已然成为现代传媒产业发展不可或缺的助推剂。

在传播学中，传播效果一般分为三个层面，其一是分享和认知层面的效果，作用于人们的知觉和记忆系统，引起人们知识量的增加和知识构成的变化，属于认知层面的效果；其二是情感和态度层面的效果，作用于人们的观念或价值体系而引起情绪或感情的变化，属于心理和态度层面的效果；其三是引起行为，上述变化通过人们的言行表现出来，则成为行动层面的效果。[②]

而具体到电视传播效果的测量和评估，受众对于电视节目的接受和认识也大致可以相应地划分为三个层面：一是浅层次的传播效果，即有多少人收看了节目，收看了多长时间，主要的衡量标准是通过收视率加以量化，譬如《养生堂》节目全国每年观众规模达到 5 亿；二是中层次的传播效果，即节目的传播力如何，有多少观众接受、喜爱并认可传播者的内容。换言之，在具有一定收视率的前提下还需有"忠诚度"和"赞同度"，譬如《养生堂》的每年忠诚观众达到 6000 万；三是深层次的传播效果，即节目的影响力如何，传播内容不仅能深深触动和感染受众，并且能够影响到人们的行为和思想，甚至于影响到整个社会观念和意识，推动社会的进步，譬如《中国好声音》《舌尖上的中国》有文化、有情怀、传递正能量，也因而席卷全国、影响广泛、树立了节目新标杆。

实际上，传播效果的这三个层次是互相依存、层层递进、强度逐步上升的关系。其中收视率，也就是电视节目能够抵达观众的规模，处于传播效果金字塔的基底。尽管当前对于收视率存在着这样那样的非议，但是从指标和数据本身来讲，收视率就是客观记录受众收视行

---

① 郭庆光：《传播学教程》，中国人民大学出版社 1999 版，第 188 页。
② 郭庆光：《传播学教程》，中国人民大学出版社 1999 版，第 188 页。

为的结果，即受众看没看，看了多少。中央电视台总编辑罗明曾经说过："如果连收视率都没有的话，导向也就无从谈起。"鲁迅先生说得好："文艺本应该并非只有少数的优秀者才能够鉴赏，而是只有少数先天的低能者所不能鉴赏的东西。倘若说，作品越高，知音越少。那么，推论起来，谁也不懂的东西，就是世界上的绝作了。"如同世界上的任何经典名著都拥有最广泛的读者群一样，无论《中国好声音》还是《舌尖上的中国》都创造了远超电视剧、远超同类节目的超高收视率。

因此，收视率是保证电视传播内容实现传播力和影响力的基础。当然，作为肩负着社会守望者和舆论引导者重任的大众媒体，电视节目不能仅仅满足于到达受众的"广度"，更要考虑影响受众的"深度"，媒介的延伸效果才是我们所追求的终极目标。传播学研究表明，任何传播内容要渗透到观众的情感、直抵观众的内心，才会有良好的传播效果，才会在更大程度上存在影响受众的潜能。作为节目传播效果更高层次要求的传播力和影响力，就是要在努力提高收视率和收视份额的基础上，确保主流媒体对受众的影响力和对舆论的引导力，有效体现节目的思想性和导向性。而一个科学的电视媒体考评体系既要纳入代表传播广度的收视率、收视份额指标，更要包含衡量传播深度的传播力、影响力指标。

二、变革时代社会责任的守望者

那么，对于媒体来说，它在受众中的传播延伸效果如何，取决于它在多大程度上实现了它在社会架构中所应承担的社会功能。

以报纸、广播、电视等为代表的大众媒体自诞生以来就承担着监视环境、守望社会的基本功能。作为社会公器，传媒在无意中为人们建构起一个由真真假假的影像所组成的虚拟世界，即"媒介真实"，大众媒介的议题设置功能，也一直都在对社会产生着重大影响。

也正因此，作为社会主流信息和权威信息的掌握者、发布者，新闻媒体肩负着重要的社会责任，如普利策所说，"倘若一个国家是一艘航行在大海上的船，新闻记者就是船头的瞭望者。他要在一望无际的海面上观察一切，审视海上的不测风云和浅滩暗礁，及时发出警告"。受众从媒体获取信息，在满足对新鲜事物好奇的同时，更是一种求知和探索，对自己的生活和价值观具有指导意义。从这个角度，媒体应是公众的代言人和社会良知的守护者。作为一种社会舆论的载体，媒体绝非属于媒体，而是属于国家和人民。

目前，以新技术为核心的传播革命浪潮席卷全世界，SNS、博客、微博、微信、轻博客……各种新型的互联网应用形态和各种新媒介形式正在以狂飙突进般的态势影响到人们生活的方方面面，同时也对自媒体时代主流媒体的核心社会功能和社会担当提出了更高要求。电视媒体在新媒体的推动下，不仅需要进行媒体整合和自我提升，更需要传递核心价值观和引领观众。

2009 年 10 月，胡锦涛同志在世界媒体峰会上提出："媒体对国际政治、经济、社会、文化等各领域的辐射日益加强。对人们思想、工作、生活等各方面影响日益深入。正因为如此，对各类媒体来说，树立和秉持高度的社会责任感比以往任何时候都更为重要。"[1] 鲜明地阐述了变革时代所带来的传播媒体的重要责任的挑战与担当。

北京电视台作为首都电视台，身处国家政治经济文化的中心，既享有独一无二的政治文化资源和首都地位，无疑也要承担更深厚的期待和更重大的责任。我们的一切传播效果、一切影响力的实现，都建立在我们的使命与责任的承担之上。在社会变革与媒体变革的滚滚潮流中，我们更需要坚守与坚持，从而为建设更加开放、理性、明达、健康、有序的社会环境，为继续更好地传承文化、凝聚思想、展现社会主义核心价值观作出应有的贡献：

首先，我们要承担起新闻宣传和舆论引导的责任。新闻媒体是党和人民的喉舌，承担着宣传党的路线、方针、政策，促进社会和谐稳定的重要责任。我们不仅在舆论引导中要处于主导地位，而且需要始

---

① 引自：新华每日电讯《世界媒体峰会——世界新闻史上浓墨重彩的一笔》，http://news. xinhuanet. com/mrdx/2009 – 10/11/content_ 12210619. htm。

终承载社会主流舆论，体现社会的主流意识形态和核心价值观，传递时代的最强音，反映党的意志和人民的心声，建立高度的公信力。

其次，我们要承担起传递真善美的社会责任。媒体的生存依赖公众的支持。不管媒体发展到哪个层次，其核心都应是民本取向，是民生情怀，是民权代言；媒体同时也是社会良心所在，我们的节目应该向公众传递公平、正义的基本价值理念、传递社会中的真善美，以正确价值观影响和引导社会及公众，起到文化启蒙者和传承者的功效，潜移默化地影响和塑造社会大众的精神操守，建立起媒体的文化品质。

再次，我们要在急剧变化的舆论生态格局中发挥好社会"稳压器"的功能。毫无疑问，新兴媒体和自媒体的勃兴，从根本上改变了传统时代新闻传播模式，在加速信息流动、丰富公众表达的同时，也带来了信息传播的碎片化、易偏性、情绪化等问题。在众声喧哗中激浊扬清，在利益诱惑下允中守直，是所有主流媒体应尽的本分，也是媒体维持权威性，受到社会公众尊重的根本所在。

最后，我们要在社会分化日益显性、社会利益诉求日益多元的当下发挥好"社会弥合"功能。我国社会正处于经济转型和社会转轨的关键时期，也处在一个矛盾纷争的多发期，妥善协调好各方的利益诉求，帮助疏导社会不良情绪，也是主流媒体当仁不让的责任。"发挥好'社会弥合'功能，这是判定主流媒体的重要标准，也是社会对媒体担当的共同期待：维系社会主流价值体系，而不是割裂它；弘扬社会公平与正义，鞭笞一切恶行；提供优质的信息产品，而不是流于粗陋、失于低俗；倡导社会互信和共识，而不是放大误解，助长偏见；传播事实，揭示真相，而不是道听途说。总而言之，就是成为社会张力的疏解者。"①

三、首善媒体的价值追求

美国专家盖特勒曾经在一篇关于收视率调查的文章中指出，收视

---

① 刘晓鹏：《当代主流媒体的"社会弥合"功能》，《新闻战线》2011年第4期，第72-74页。

率调查方法的改变，会导致广告经费流向的改变，也会潜在地改变各种电视节目类型的相对价值，甚至会导致整个行业乃至文化本身的改变。电视节目的考评体系与收视率调查方法一样，同样对电视媒体发展乃至文化本身具有巨大的引导作用。

我们不断地深入思考，在电视行业发展的浩荡潮流当中，在国家文化大发展大繁荣的战略机遇期，作为党和政府的"喉舌"，作为文化生产和文化传播的媒体机构，北京电视台如何承担起社会责任和历史使命，如何发挥首都文化中心的示范作用，如何建设与首都地位相适应的"首善媒体"？如何在当前形势下，当前环境中，现有基础上，解放思想，勇于开拓，抓住机遇，迎接挑战，谋求突破式发展？

恰在此时，国家广电总局自 2011 年 6 月起，连续三次召开全国广电系统高层会议，座谈和调研建立节目科学评价体系，传达刘云山、蔡赴朝等领导同志有关批示精神，针对我国电视节目泛娱乐化、低俗化的倾向，要求全国各电视媒体能够形成在收视率外更为多元的节目评价体系，从而建立有中国特色、能够真正展现社会主义核心价值观、可管可控的科学节目评价体系，以引导制作节目内容的方向。2012 年 8 月 22 日，总局 76 号文件《关于建立广播电视节目综合评价体系的指导意见（试行）的通知》和 77 号文件《关于加强广播电视收视（听）率调查数据使用管理工作的通知》正式下发。这一系列密集会议、密集批示与密集文件发布的背后，是国家对于建设文化软实力的高度重视和高度期待，是国家对于电视媒体在建构社会主义核心价值、承担媒体社会责任的高度期待。

北京电视台迫切需要明确自身定位和价值理念，形成一套适合自身发展的战略规划，建立一套科学机制，用机制的约束力和引导力确保我们建立起自身的传播力、影响力，确保我们实现新传播环境下的媒体使命、社会责任和社会担当。

为此，2011 年 8 月，北京电视台在省级卫视中首开先河，确定了"首善媒体　大美品质"的战略目标以及"追求媒体品质，成就品质媒体"的核心价值追求。

为了全面践行这一战略目标，形成全台上下贯通、共同遵循的内容生产价值系统和行为准则，我们参考了BBC、NHK的节目评价体系，探索构建了以"品质"为核心的全新节目考评体系，使节目内容生产有方向、有依据、有标准、可测量，并以此机制引导全台的内容生产，实现社会效益和经济效益的双赢。

媒体的品质指媒体节目所展示的思想、品性、认识和专业水准等，这些元素也是恒定衡量我们是否能制作出符合或超越观众需求、能够影响观众心智节目的重要标准。具体来说，北京电视台的全新节目考评体系具有四个突出特点：一是该考评体系建立起"台—频道—栏目"三个层次垂直延伸、互相关联的体系，从全台的宏观战略层面到节目微观层面，层层分解、逐级落实，确保考评理念可以贯穿到每一个节目的创作生产中；二是该考评体系重视但不唯收视率，强调以"品质"为核心，把全台总体目标"首善媒体 大美品质"分解为社会责任、品牌价值、文化品质和专业品质四个具体的可测量指标；三是考评体系强调自身节目制播的品牌性、创新性和可持续发展性，同时加重对节目社会效果的评价，强化社会舆论引导力和传媒的传播力、影响力，以发挥节目考评在传播主流文化、构建社会主义核心价值观方面的示范和引领作用；四是该考评体系首次将新媒体因素纳入评估范畴，在对频道的评价体系中，将新媒体融合力（主要考查网络媒体观众触达）作为质化指标之一进行测量，体现出新考评体系的与时俱进和前瞻性。

通过以品质为核心的考评体系的建构，我们清楚定义了北京台内容生产的目的、角色、愿景，品质的概念融入经常性策略评估与绩效衡量制度之中，整套制度不仅是绩效衡量指标，更重要的是改变组织文化的工具，无论自制或委托制作的节目都能据此思考北京台传播内容的价值与追求何在。

2012年是北京电视台全面践行"首善媒体 大美品质"核心价值追求的第一年。这一年，正是北京台的大思考、大境界，决定了北京电视台发展的大格局。这一年，北京电视台的品牌价值全面提升：连续五年委托权威的第三方独立公司进行全国和北京地区品牌调查显示，文化底蕴成为北京台品牌的独特符号，北京电视台的品牌效应逐步扩大：在北京，今年北京电视台已有七个频道跻身北京地区频道品牌力排名前十，其中新闻频道、体育频道为后起之秀，发展迅速；在全国，北京卫视在全国省级卫视中综合实力排名跻身前五，品牌力排名第四，文化引领力、舆论引导力等在所有省级卫视中排名第一。这一年，北京电视台打造的系列大型晚会，不仅展现了思想性、艺术性和贴近性，而且创造了影响力和超高收视的双峰效益。2012 年北京电视台春节联欢晚会《中华欢腾夜　幸福一家亲》展现了海纳百川的情怀，晚会在北京地区收视总计为 19.13%，市场份额为 47.61%，创下历届北京电视台春节联欢晚会收视最好纪录；北京电视台原创品牌《环球春晚》以其"国际化"形象，在全国独树一帜，树立了高端晚会的标杆；《"天涯共此时"——卢沟晓月 2012 年中秋晚会》实现了京、港、澳、台四地首次同步直播，体现了"文化同根，情感同源"的同胞之情，在北京地区收视总计达 8.34%，也刷新了北京电视台历届中秋晚会收视新高。

北京电视台全新节目考评体系的建构，发轫于自身发展的要求，却在探索中伴随着这样一个波澜壮阔的背景，我们的思考也因此更加深邃、我们的实践也因此更富有前沿的探索，我们的责任与担当也因此更加坚实。

四、结语

没有灵魂的媒体，就不会有力量。"品质"就是媒体的灵魂，"品质"体现在传播内容的思想性、文化性和创造性上。"首善媒体　大美品质"的提出，正是北京电视台自觉承担社会责任、传承弘扬优秀文化、努力建设"品质媒体"的崭新实践。"首善媒体　大美品质"是北京电视台未来发展的"核心价值观"和"品牌理念"，更是全体 BTV 人不懈追求、为之奋斗的最高目标！

（本文作者为北京电视台总编辑）

浅议广播节目精品的打造

○席伟航

学习贯彻党的十八大和十七届六中全会精神中很重要的一个方面就是要通过创先争优促进文化大发展大繁荣。胡锦涛同志在十八大报告中提出，要丰富人民精神文化生活，要增强文化整体实力和竞争力。文化繁荣发展的重要标志如《十七届六中全会决议》中所说，是"创作生产更多无愧于历史、无愧于时代、无愧于人民的优秀作品"。笔者认为，北京电台应进一步建立和完善精品生产机制，大力实施精品节目战略，凭借打造精品力作来进一步提升影响力、传播力、公信力。

一、精品的内涵

"所谓精品，就是思想深刻，艺术精湛，具有强烈的吸引力和感染力，在社会和群众中产生广泛影响的优秀作品。"（丁关根语）将这个"精品"概念展开可以概括为，精品就是舆论导向正确，能够给一定时期的政治、经济、文化以正确的引导，对社会"热点""焦点"问题予以关注，对受众富有吸引力和感染力的，能形成舆论宣传强势的宣传报道作品。

首先，精品的舆论导向必须是正确的。判断一个报道的导向是否正确就是要看它是否符合社会主义核心价值体系。六中全会强调社会主义核心价值体系是"兴国之魂",是社会主义先进文化的"精髓"。这个理论新概括既突出了社会主义核心价值体系建设的极端重要性,也突出了社会主义文化繁荣发展的关键所在。社会主义核心价值体系所以如此重要,是因为这个体系的四层含义都是决定国运的灵魂。例如:"马克思主义指导地位",是中国共产党制定方针政策、战略规划的理论之魂。"坚定中国特色社会主义共同理想",是引领中国实现中华民族伟大复兴的旗帜之魂。"弘扬以爱国主义为核心的民族精神和以改革创新为核心的时代精神",是增强全国各族人民凝聚力和创造力的团结奋进之魂。"树立和践行社会主义荣辱观",是国民道德规范之魂。一段时期以来,一些新闻媒介为了追求所谓"轰动效应",使一些新闻过分追求猎奇、煽情,更有甚者报道失实,宣传不健康思想,造成了对人们思想行为的误导。要牢牢把握舆论导向,就必须坚持社会主义核心价值体系。广播电台作为媒体,提倡什么、反对什么,都要有鲜明的态度,因为它对听众的思想行为有着直接或间接的影响。

其次,精品必须坚持"三贴近"原则。坚持贴近实际、贴近生活、贴近群众的原则,努力提高舆论引导水平,是现阶段党对新闻宣传工作的新要求,是新闻媒体在从事新闻报道过程中必须遵循的一条重要原则,它体现了按新闻规律办事的内在要求。贴近实际,要求新闻工作者以有新闻价值的客观事物或事物的发展变化为自己的报道对象,为受众正确地认识世界和改造世界提供有价值的新闻信息。贴近生活,要求新闻工作者深入到变化发展的现实生活中,以生活为新闻源泉,忠实、客观地反映、记录、表现生活。贴近群众,要求新闻媒体必须坚持全心全意为人民服务的宗旨,充分满足人民群众对精神、文化和新闻信息的需求。将"三贴近"原则贯彻到宣传报道中,就是要关注社会的"热点""焦点"问题。综观历年的精品,它们都以深邃的历史眼光去观察重大新闻事件,以抒情性的手法去展现重大的历史事件,这些精品紧跟时代发展的步伐,热情讴歌新时期改革开放成就,创造性地宣传、解释党和政府的方针、政策,以典型、新鲜、生动的事实反映广大人民伟大的社会实践,所报道的新闻既反映了舆论，又关注了中央及人民关心的"热点""焦点"问题，另外又具有为广大人民群众所喜闻乐见的报道特色。我们的记者只有贴近实际、贴近生活、贴近群众，才能对社会的"热点""焦点"问题予以正确引导和解惑，只有扎实开展"走基层、转作风、改文风"活动，才能做出有震撼力的精品节目来。

最后，精品必须能经得起时间的考验。真正的精品具有穿越时空的能力，不会随着时间的流逝而成为"明日黄花"。精品能影响人们的思想观念、价值取向甚至社会风气，带来巨大的社会效益。如记者穆青等采写的《县委书记的榜样——焦裕禄》一文，尽管已过了几十年，但报道中所歌颂的全心全意为人民服务的精神还在继续鼓舞着一代又一代的党员干部。

二、精品的特征及评判标准

精品具有三个特征，即思想精深、艺术精湛、制作精良。因此，称为精品的新闻作品必须具有一定的思想深度、独特的视角、快速的反应、精良的制作等特征。

精品以一定的思想深度取胜，它总是与中央在政治上保持高度一致；精品重在深，立意深刻，思想深刻，即能通过现象把握事物的本质，能把握大局，唱响时代的主旋律；精品以独特的视角取胜，它的题材往往比较新颖，时代感较强，角度新颖，独辟蹊径，手法巧妙，不落俗套，即使是凡人小事，也能"以小见大"，发挥优势，突出特色；精品往往以快速的反应取胜，它对社会上"热点""焦点"问题，以新闻工作者敏锐的目光和类似政治家的胆识予以捕捉、反映和正确引导；精品往往以精良的制作取胜，是从音响采制到后期制作的每一个环节都精心雕琢的成果，是创作者智慧的结晶。

具体到广播节目精品，它应是精品的内在品质和广播特质完美结合的产物。区别于报纸精品和电视精品，广播精品应有以下特性：一是极强的时效性。追求时效是对大众传媒的基本要求也是其本能，但对于广播而言，"快些，更快些"有着更为特殊的意义。就传输方式而言，报纸、广播和电视各有其优势劣势，在媒介竞争趋于白热化的今天，谁能变潜在的优势为客观存在，谁就能在竞争中占据主动。由于广播制作程序简单、传输快捷、接收方便，在同等情况下确实可以做到最快，因而速度成为广播在竞争中取胜的一大"法宝"。作为广播节目典范的广播精品也应充分展示这一特性。二是极强的可听性。从听众角度看，可听性应包含三个层次：能听——即节目拥有足够信息量，因为获取信息仍是人们收听节目的主要目的；愿听——节目提供的能为听众所用的信息越多，有效价值就越大，收听活动越能持久；好听——广播手段与听众接收心理、接收习惯越契合，越能激发和保持听众的收听欲，完成传播活动。广播精品应是这三个层次的和谐统一体。三是极强的欣赏性。广播是声音的艺术，高品质音响在广播中的成功运用是节目品质提升的重要手段和标志。这就要求记者在现场采访时注意典型音响的采集，在新闻报道中注意典型音响的使用，在节目制作上注意对音响效果精益求精。这样做出来的节目不仅能满足听众的信息需求，而且能带给听众巨大的艺术享受。

三、精品战略的意义

精品是一个相对的概念，它在节目总量中总是居于少数，但这个少数有着辐射、带动、启动的作用，其战略意义体现在以下四个方面。

（一）精品战略是北京电台节目质量理念的具体体现

节目质量是电台竞争力的基础。北京电台不断创新节目内容和形式，逐步完善节目生产制作机制，形成了自己独特的节目质量理念——"节目即产品　精心铸精品"。节目即产品，指北京电台将广播节目视作产品，在节目生产中引进 ISO9001 质量管理体系，明确节目方针与节目要素，严格控制节目生产流程，以保证节目的质量。精心铸精品，指北京电台追求为受众提供更多更好的精品节目，用精品节目吸引受众，留住受众。

（二）多出精品是实现良性循环的起点

北京电台这些年出了一大批好作品、好节目。但不可否认，也有一些比较平庸的节目。只有继续以精品为支撑点，提高产品的整体素质，才能维持良性循环，也就是实现从多出精品到节目整体素质提高，到视听率上升，经济效益提高再到节目制作条件进一步改善，节目质量进一步上升的完整循环。

（三）精品是领头羊，有探索积累的作用

精品的诞生，会伴有丰富的经验，如果及时总结、推广、应用，自会带动节目整体素质的提高。相比之下，有些广播电视节目虽曾十分轰动，但长期魅力保持不够，受众渐渐疏远。因此，如果将精品的成功经验推广到节目整体中去，必将有助于媒体整体节目质量的提升。

（四）产出精品的过程也是学习、探索和积累的过程，对于锻炼和培养人才队伍非常有益

对于节目制作一线的领导来说，抓精品就是抓住了提高节目质量的方向盘。精品不仅在于突破，更在于带动。从采、编、播岗位个人角度来说，完成一部精品得到的收获远远多于一部作品本身。在思考、推敲的过程中，会有自身独特的认识、体验和积累，它会将采、编、播人员引到一个更高的水平。因此出精品也是突破自我、超越自我的战略措施。这里需要强调的一点是，出精品与办好日常节目是相辅相成的，如果放松日常节目，专攻"精品"，反而达不到"多出精品"的最终目的了。

四、精品生产机制

多年来，北京电台在抓创优、出精品的实践中已经摸索出了一套

比较成型的精品生产机制并取得了显著成效。

（一）抓好培训是创优、出精品的基础

实践表明，节目质量的高低关键在于采编播人员的整体素质。为此，北京电台把大力提高职工队伍的思想素质和业务水平，努力建设一支"政治强、业务精、纪律严、作风正"的队伍，作为可持续发展的一项重要工作来抓。北京电台每年都要进行多层次、多项目、多形式的队伍培训，并派出多批人员到国内、国外学习、考察，把国内兄弟台、国外同行的好的经验、新的知识输入到我们的队伍中来。此外，还实施人才培养战略，搞好人才知识储备。诸多立体式的培训，既为北京电台的可持续发展积累了人才，也为广播节目的创优奠定了良好的基础。

（二）加强管理是创优、出精品的保障

除了在全台实行 ISO9001 质量管理体系，北京电台还在创优、评优方面摸索出了一整套的有效管理方法。

首先，各级领导中都有专人负责。台领导在宣传工作中把抓导向、抓精品放在首位，并专门责成一位副总编侧重这项工作。各专业广播也有专人负责此项工作。全台从上到下形成了一个创优、评优的网络。其次，提供优秀节目的播出阵地。从 1999 年起，北京电台开办《精彩节目联播》，将此节目作为创优的一个阵地，抓此项工作。每周各专业广播向总编室提交上一周的优秀节目，由主抓创优的副总编和各专业广播负责创优的副台长一起评选出最佳作品在《精彩节目联播》中播出。此外，从 1995 年开始，每年年底举办为期一个月的《主持人节目展播》，由各专业广播选出优秀的主持人节目提交到台里进行展示。每天在九个专业广播中播出同一个节目，让听众评头论足，提出评价意见。再次，对日常播出节目进行质量考评。从 2002 年开始，台里成立了节目质量考评科，对全台播出的各个节目逐一进行考评，每月出一期《节目质量考评报告》。对报告中提出的主要问题、涉及的专业广播要及时给予回复并提出改进措施。这一举

措，虽然不是评优，但对整体节目质量起到了监督和保障作用。最后，搞好各级、各类奖项的评选并不断完善奖励机制。近十几年来，北京电台内部逐步建立、完善了多项奖项和评选办法，使节目创优、评选工作常年不断，规范有序。目前主要评选内容有全台年度优秀节目评选、全台年度名牌栏目评选等九个大项。这些评奖大部分与全国评奖接轨，为参加本市和全国的各级各类评奖奠定了基础。此外，奖励机制也日益完善。除本台设立的奖项外，对于获得北京市和国家级奖项的人员台内还将进行不同程度的奖励。

（三）促进整体节目质量提高是创优、出精品的目的

为了达到借创优促进全台整体节目质量提高的目的，北京电台采取了多项措施。首先，聘请专家、学者等权威人士为评委会成员。在北京电台的各类评选中均聘请有关专家、学者，有时也请听众代表参加，这就增强了评选的权威性、指导性，从而达到学习提高的目的。其次，坚持一线领导参加评选。在全台组织的各类评选中，评委中不光有专家、台领导，还要求各专业广播台长或管宣传的副台长参与。通过参加评奖，让专业广播领导在业务上得以学习、交流和提高。再次，充分利用评奖成果，建立并用好"获奖节目精品库"。全台采编播人员可通过音频网，从"获奖节目精品库"中随时、任意调出自己需要的节目，进行听评分析，开阔眼界，增长知识，吸取经验和营养，同时约请专家点评、辅导，安排获奖者介绍经验体会。最后，创新与创优相互促进。在鼓励创优的同时，北京电台还积极鼓励创新。自 2008 年开始，研究中心的"赢在创意"广播栏目大赛和节目制作中心的节目创新大赛同时上马。"赢在创意"面向全国，每年都能征集到一大批富有创意的广播栏目。节目创新大赛面向台内，通过大赛为专业广播节目招投标提供更多的选择。两个大赛相得益彰，共同推进广播节目的创新。

（四）提高媒体竞争力是创优、出精品的方向

随着媒体的激烈竞争，树立品牌意识、加强品牌效应已经成为广

播电台可持续发展的重要手段。一个台的品牌首先要依托精品栏目的产生和经营，知名品牌栏目是广播发展的重要支柱，也是抢夺受众市场的"旗舰"。北京电台在大力抓好节目创优工作中，把创名牌栏目、创优秀栏目、培养打造知名主持人作为创优工作的重要一环。为此北京电台开展了以"听众喜爱的主持人评选"和"听众喜爱的名牌栏目评选"为代表的多项品牌推广活动，形成了影响巨大的北京人民广播电台的品牌效应。

多年来，北京电台的精品生产机制在实践中已经取得了显著的成效。截止到2012年，北京电台共获得中国新闻奖44个，"五个一工程"奖25个，中国广播奖91个，中国广播影视大奖21个；20人获得"金话筒"主持人和播音主持作品奖。然而，广播节目毕竟是一种特殊的产品，它的生产过程因为包含了较多的人为因素而更加复杂。因此，广播精品的生产机制也将是一个不断完善的过程，只有持续地改进，才有可能产出更多更好的精品。

伟大的时代呼唤精品，建设文化强国需要精品，人民群众渴望精品。如果推不出精品，那就是时代的不幸，更是我们的失职。文化工作要回应人民关切，以更多精品满足群众文化需求，这是我们义不容辞的责任。北京电台事业发展的最最根本是要创作出一大批弘扬社会主义核心价值观的精品节目和精品栏目，并以此来占有受众，占领市场，也唯有如此，才能继续保持北京电台在业内的领先地位，并为推动首都文化的大发展大繁荣作出自己应有的贡献。

（本文作者为北京人民广播电台总编辑）

深化党刊改革需要处理好的若干关系

○祁金利

目前，党刊的发展正处在一个关键的时期。新媒体技术革命来势汹涌，多元价值观念、形形色色社会思潮此起彼伏，党刊如何能够抓住机遇，迎势而上，改革创新，扩大影响，是不容回避的现实挑战。迎接挑战的过程就是分析矛盾、解决矛盾的过程。当前，党刊的改革发展面临若干重要矛盾或重要关系，这些矛盾有的来自社会，有的来自技术革命，有的来自党刊自身。它们反映了党刊的发展状态，影响着党刊的发展趋势，某种程度上决定着党刊的前途和未来。

一、"党刊姓党"与"党刊是刊"的关系

党刊必须姓党，这是由其自身的地位决定的。其实不光是党刊姓党，党的一切组织和职能部门都姓党，都要贯彻落实党的路线方针政策和主张，这是政党的纪律性所决定的。但党的不同组织和职能部门是以不同的方式和形式贯彻执行党的主张的，就像手和脚都要听大脑指挥，但手和脚又都是按照不同的方式发挥自身职能。因此，光承认党刊姓党还不行，必须同时承认党刊是"刊"。要真正、彻底地贯彻党性原则，还必须要在党刊姓党的前提下遵从办刊的规律。否认党刊的党性原则，就会犯根本性的错误。不尊重、运用刊的规律，就是在

教条地、形式地贯彻党性原则。比如，把党刊简单当作是一个讲话汇编、文件汇编，生吞活剥，七拼八凑，不接地气，不关痛痒，结果干部群众不爱读，不仅达不到宣传党的主张、引导舆论导向、团结广大干部群众的目的，还浪费了大量人财物力，岂不是给党帮了倒忙？这不是在发扬党性，而是与党性背道而驰。

二、经济效益与社会效益的关系

党刊必须要把追求社会效益放在第一位，这是由党刊的性质决定的。同时，党刊也要重视经济效益，这是由党刊所处的外部经济环境和内部管理需要决定的。我们的时代既需要政治家办刊，也需要企业家办刊。一个合格的党刊负责人，应当既懂得理论宣传的规律，又懂得经营运作的规律，总之既是政治家，又是企业家，只有这样才能保持党刊的可持续发展。由于各地党刊体制和政策不同，有的党刊参公（工作人员属于公务员编制），有的党刊属于全额拨款事业单位，有的则属于差额拨款事业单位。因此，地方党刊对于经济压力的感受是不一样的。差额拨款的党刊单位，对于取得经济效益的必要性感受相对更深刻一些。对于参公的、全额拨款的党刊来说，经济压力相对小一些，但应当看到，即使目前没有取得经济效益的要求，不等于没有利用市场资源、遵循市场规律、降低经营成本的问题。勤俭办事应当是我们永远遵循的建设方针。面对市场经济的大环境，从某种意义上说，党刊可以不去挣钱，但是不可以没有挣钱的能力。未来党刊改革发展路程还很长，追求社会效益与经济效益的统一，是根本的出路。对此，早作准备才能争取主动。

三、共性和个性的关系

党刊根本的共性就是党性，这是党刊的灵魂所在，但同时党刊又有着各自的个性，也就是矛盾的特殊性。党刊一定要有自己的个性，应当体现在办刊理念、思路、内容、风格、体制、经营诸方面各具特色上。1000 种党刊，应当有 1000 种不同的风格。都是一个面孔，都是相同模式的复制，党刊就没有吸引力了，也不利于党刊之间的互相学习借鉴。党刊个性的形成，受到地域、历史、社会、体制、负责人等多方面影响，同时需要正确的理念和宽松的环境。在今天，有个性的党刊不是太多了，而是太少了。应当解放思想、鼓励创新，只要有利于党刊更好地把握政治方向，提高可读性、影响力和感染力的个性，都应当鼓励。

四、发挥传统优势与利用新媒体技术的关系

我们的时代正在经历着一场前所未有的信息技术革命。告别铅与火，迎来光与电是大势所趋。结合不同媒介的特点来看，各种新媒体将成为信息传播的主流，传统出版物虽不会彻底消失，但是影响会逐渐式微。在西方发达国家，这一点已经得到了充分的证明。诸如《纽约时报》《华尔街时报》这样的著名报刊的发行量都呈现逐年递减趋势，《新闻周刊》也在 2013 年 1 月 1 日停止纸版印刷。在我国，一些面向市场的传统出版物，同样呈现逐年递减的趋势。对于正在到来的危机，一些同志反应并不敏感。有的观点认为，内容为王到什么时候都不会变的，党刊的优势就在于内容为王，而新媒体不过是一种技术和手段，只要守住内容为王就是守住了根本。不错，内容为王的原则永远是正确的，但是由于信息技术质的革命，信息的传播速度、发酵速度都发生了前所未有的变化，并因此影响到了社会舆论和思想观念的形成，因而就不能漠视这种新技术手段的革命性作用了。优质的内容如果不和现代传播途径及技术相结合，劣质资源就会先入为主地占领读者的头脑，优质内容想消除消极影响就会事倍功半，甚至有可能失去了挽回的机会。这方面的教训不是经常在重复上演吗？技术的影响是如此之大，以至于单纯强调内容为王已经远远不够了，还必须同时强调新技术为用。其次，不能仅仅把新媒体作为若干可以选择的技术手段之一来看待。由于媒体形式变化了，媒体内容的选择、办刊的理念、运行和运营的规律等都会发生相应的变化。比如，把传统

的刊物变成手机报，并不是简单地把纸介质内容搬到手机上发出去，而是要改编成适合手机平台特点的体裁、形式、风格、频率，手机报和传统媒体之间不能完全互相替代，因而实际上是一种新的媒体形式诞生了。因此，为了保持党刊的传统优势，发展新优势，必须以变应变，以攻为守，尽快尽早地积极利用新媒体技术。

五、依托体制优势和利用市场的关系

处于市场经济条件下的党刊，难道也要走市场化的经营道路吗？要回答这个问题，先要弄清楚党刊的特殊规定性。首先，党刊的发行对象是党政干部，不是普通群众。阅读党刊，不仅是为了获得新闻信息，获得休闲，更重要的是为了用科学理论武装头脑、指导工作、提升能力。因此，对党政干部来说，读党刊不是可有可无的消遣，而是一种工作必需。其次，党刊多是理论性、政策性刊物，并非是新闻类刊物，通过网络等渠道较容易获得新闻类信息，但是相对来说获得理论性信息要难些，而且新闻类信息可以一目了然，而理论性、政策性的信息则需要研读回味，纸介质杂志有其自身的长处。因此，借助体制优势，保证党刊的发行，有着充分的必要性。但这只是问题的一个方面，另一个方面是，如果不能正确看待、利用体制优势，也有可能使一些党刊缺乏办刊的积极性与主动性，因而窒息刊物的活力与生机。走市场经营之路的刊物因为存在强大的外部生存压力，会更加注重更新理念、贴近读者、找准定位、突出特色，从而激发刊物的活力。陈云同志曾经批评过我们一些国有企业是大少爷办企业。其实我们一些党刊的同志也是大少爷办刊物。突出表现在：不按照办刊规律办刊；缺乏危机意识，精神懈怠，不思进取；缺乏成本意识，粗放管理，大手大脚等。这种办刊理念和做派不符合科学发展观的理念，是不可持续的发展之路，即使依托体制的优势暂时保证了发行数量，依然达不到入脑入心的目的。因此，党刊决不能躺在体制优势的温床上睡大觉，必须增强危机意识和责任意识，把有体制优势当作没有体制优势来做，采取"模拟市场"的经营理念，自我加压，自立自强，焕发活力，才能永远立于不败之地。

六、立地与顶天关系

在今天这个时代，打造一批具有全国影响的一流地方党刊，对于全社会形成舆论传播和思想宣传的主旋律是很必要的。地方党刊要服务地方工作，要接地气，这是地方党刊立刊的根本。同时，地方党刊也要顶天，不顶天就无法打造全国一流的党刊、一流的刊物。顶天，就要关注具有全国普遍意义的重要栏目和话题，产生有深度、有高度、有影响的作品。立地，就必须结合本地的工作，结合本地的特点，用本地干部群众喜闻乐见的形式和风格办刊。时至今日，在信息化日益深入的社会，党刊的地域性已经被打破，一旦信息上网，就不存在所谓距离远近的问题，本地外地、前方后方已经没有了绝对的意义。如广东省委党报《南方日报》把自己定位在"地域性、国际化的权威政经大报"，确立了"高度决定影响力"的理念，提出"有高度的贴近"的口号，锐意革新，完成了从传统党报向新型党报、向主流政经媒体的转变，从而赢得广大读者认可，发行量遥遥领先于其他省级党报。其影响力不仅在于广东，更在于全国，乃至世界。这就像地方电视台节目上星的情形一样，某些地方台的栏目上星后，具备了和中央媒体一搏的可能。由此可见，地方党刊并非注定只能是有地区性影响的刊物，高度决定视野，理念决定出路。

七、聚焦中心工作与广泛关注的关系

一些党刊给人的印象是，内容单一、枯燥，可读性不强。即使是党员干部，也有人对党刊不感兴趣。解决内容单一枯燥的问题，就要想方设法地丰富党刊的内容，这就涉及如何处理好聚焦中心工作和广泛关注关系的问题。辩证法告诉我们，没有重点就没有政策，同时要学会弹钢琴，学会统筹兼顾。党刊的党字说明了刊物的性质，但是不等于刊物的内容只狭隘地关注党的中心工作。党的中心工作必须要给予重点关注，不这样就没有了党刊的特色，背离了办党刊的初衷。但光有中心工作是不够的，必须有一定的广泛关注度。我们的目的是为了让广大干部群众关注党的中心工作，但是如果不考虑他们关注的东西，就不会引起他们更好的关注。这就像我们需要树干，但是你必须要关注树叶、树枝、树根，否则树干就失去了基础一样。同时，对于中心工作切不可做狭隘的理解，中心工作不能被简化成主要领导同志的讲话、会议纪要、工作总结。党的十八大进一步指出，建设中国特色社会主义的总布局是"五位一体"，这五位一体都是党刊应当关注的重点。另外，既然是一本刊物，就应当符合刊物的起码规律，符合人们阅读的心理规律和认知规律。比如，一本党刊，政治理论的比重是不是越多越好？即使是理论的内容，是否也可以密切联系实际，表达上能够更生动活泼一些？不同内容之间是否可以合理搭配，既要有严肃的话题，也要有轻松的话题？总之，党刊要想被更多的干部群众关注，前提应该要关注读者的需要和感受，只有这样才能增强党刊的可读性，增强其感染力和影响力。

八、采和编的关系

开门办刊是办好刊物的根本原则和方法。闭门造车、主观臆想或者守株待兔、捡到篮子里都是菜的工作理念和方式，是和开门办刊格格不入的。采和编，都是办刊的必要手段，都应当统一于开门办刊这个基本原则之上。由于体制的原因，很多党刊的稿件都来自于领导干部或领导机关的工作材料，来自于党政干部的投稿。从维持刊物的生存底线来说，多数党刊都不缺乏稿件来源，"编"的任务量很饱满。在这种条件下，走出去"采"的必要性就大打折扣。而采和编是互相影响的，就像一个人如果没有了胳膊，要想跑快也是不可能的，一个刊物的编辑队伍，如果"采"的能力逐渐不足，对于社会脉搏的真实把握能力逐渐不足，对于社会正确地把握也就成了问题，"编"的能力也会逐渐不足。因此，党刊必须时刻把握开门办刊这个真谛，积极走出门去采，打开门来编。努力打造采编结合的编辑记者队伍，不光培养编辑编的能力，更要注重采的能力。创造更多的机会，让他们在实际当中加深对理论和政策的理解，增加对社会的真实把握能力，成为具有高超采写能力的编辑家。

九、办好正刊与构建媒体群的关系

在过去党刊只有一本正刊的情况下，不存在构建党刊传播格局的问题。随着社会发展的需要和新媒体技术的日新月异，一些党刊已经出现了新的传播格局。一是一些新刊物被创办出来，它们或者作为党刊的外围刊物，或者作为党刊的衍生产品，在市场上很受干部群众的欢迎，往往形成了社会效益和经济效益双丰收的局面。二是随着新媒体技术的发展，为了保持和扩大正刊影响力，基于正刊的或相对独立于正刊的微博、网站、手机报等新媒体大量出现，这些媒体形式有的本身就能产生良好的社会效益和经济效益，有的则能为放大正刊的社会效益提供支持。因此，正刊是党刊的核心业务和基础，在办好正刊的基础上，迎势而上办好副刊、子刊、衍生媒体等，形成党刊媒体群，有利于增强党刊的办刊实力和影响力。对此，一定要解放思想，与时俱进，开拓进取，大胆尝试。如北京市委前线杂志社，目前除了办《前线》正刊之外，还创办了《北京文化创意》季刊和前线新媒体群。《北京文化创意》季刊是为了响应党的十七届六中全会关于建设社会主义先进文化的号召，推动首都文化大发展大繁荣而创刊的。前线新媒体则包括了《前线网》《前线手机报》《前线电子刊》《前线视频》《前线微博》等诸多新媒体形式。正刊是杂志社的核心业务，季刊则是顺应新形势的需要而创办的重要新业务，新媒体群则既为正刊的发展提供了新途径和新保障，又开辟了党刊发展的新空间。这是一种值得探索的积极现象，对于新时期党刊的改革发展具有重要启示意义。

（本文作者为《前线》杂志社副总编辑）

在云端探索纸媒转型新路径

○李洪洋

　　文化与科技的融合，是一个永恒的命题。纵观经济社会发展的历史，文化的概念与科技文明一道发生着变革，文化与科技在相互融合、相互促进的过程中，螺旋式上升波浪式前进。"艺术借助科技的翅膀才能高飞"，达·芬奇的名句恰如其分地揭示了文化与科技的关系。

　　北京在推动文化科技融合方面有着得天独厚的优势。特别是2012 年 7 月，北京市第十一次党代会提出加大首都文化改革发展力度，加快建设具有世界影响力的文化中心城市和中国特色社会主义先进文化之都，在 2020 年率先形成科技创新、文化创新"双轮驱动"的发展格局，初步建成有世界影响力的科技文化创新之城。可以预见，文化与科技融合创新，势必成为当前及今后一个时期文化产业发展和转型升级的战略路径之一。作为文化产业的主力军、文化体制改革的先行者，新闻出版业重任在肩。

一、云时代，纸媒转型需要智慧力量

　　勾勒 2012 年纸媒的全景图，可以用"惨淡"来形容。在近代定期报纸的发源地德国，2012 年 12 月 8 日，其主流报纸《德国金融时报》正式宣告停刊，而此前三周，德国最古老的日报之一——创刊

67 年的《法兰克福评论报》提出破产申请。在美国，三大新闻杂志中的《新闻周刊》12 月 31 日出版最后一期印刷版而"转战"网络版，这个创办于 1933 年的《新闻周刊》鼎盛时期发行量超过 400 万份；《纽约时报》，这个创刊 161 年的传媒"教父"，去年前三季度亏损 4000 多万美元，其总部大楼已被抵押还债，破产传闻不绝于耳。在欧洲，很多国家报纸的发行量近三年下降了 10% 以上。在日本，互联网广告早在十年前就已经超过了报纸广告，平均每个家庭拥有报纸的数量从 1.12 份下降到 0.9 份。不难看出，互联网的出现，在世界范围内给纸媒带来的冲击都是致命的。全球报业都在为印刷广告的跳水、发行量的骤减，以及越来越多的读者去拥抱网络免费新闻而哀鸿遍野。

反观国内，情势同样不容乐观。2012 年，中国传统媒体广告市场仅增长 4.5%，创下 2008 年以来的新低。为此，业界对 2013 年充满期待，希望能够有所回升。然而，残酷的现实却又一次真实地摆在了业界面前。

据 CTR 媒介智讯提供的数据，2013 年 1—6 月，传统媒体广告刊登额增长 7.9%，与上年同期 3.9% 相比，尽管数据上呈现回暖的势头，但各类媒体变化的巨大差异令人忧虑。数据显示，在传统媒体中唯有电视一枝独秀，增长率超两位数，达到 11.3%，成为拉动增长的唯一动力。广播仅增长 2.7%，与去年 11.5% 相比增幅很小。户外去年还增长 2.4%，今年却下降了 1.5%。最令人感到不安的是，平面媒体双双沦陷。报纸呈持续衰退趋势，减幅 6.1%。杂志的变化最为显著，从去年上半年 10.0% 的增长急剧下降，且降幅最大，下降 8.3%。

近十年来，伴随着互联网的高速发展，纸媒出版业生产方式转型明显加速，数字化、网络化成为必然趋势。互联网所特有的开放性、互动性和海量的信息使传统的纸媒出版业无法安之若素，在这一时代背景下，全球的纸媒出版业都试图在网络上开疆辟土，欲求发挥纸质与网络媒体的合力，扩张自身的影响力。

国内纸媒出版业对互联网的围追堵截，大致经历了不屑、紧张、奋起直追、缴械投降几个阶段。现如今，基本上所有的报纸和杂志都拥有自己的网络平台，出版相应的网络数字版。然而，不能否认的是，几乎全国所有的报纸大举开展的轰轰烈烈的报网融合运动，并没能挽救报纸的颓势。甚至从某种意义上说，报纸网络化不过是为几大互联网门户巨头采集整合报纸新闻，提供了更为便捷的技术条件。报纸在最初拥抱网络媒体时，趋之若鹜地想借网络"推广自己的品牌"，却最终发现，互联网几乎消灭了所有报纸的品牌。

有学者曾统计，一个新的传播媒体普及到 5000 万人，收音机用了 38 年，电视用了 13 年，互联网用了 4 年，而微博只用了 14 个月。因互联网的发明而引发的第四次传播革命，正在解构和重塑我们的世界。传播资源的泛社会化和传播权力的全民化，重构了全新的媒介环境和传播格局。在这种变革下，传统媒体的转型成为必然。但如何转型，却需要借助更多的智慧性力量。

二、云技术，科技助力纸媒数字化转型

几年前，在北京的地铁里，五成人手里拿的是都市报；几年后的今天，九成人手里持有的是移动终端。互联网的成功、云计算的实现，人类社会从此跃进大数据时代。大数据时代的技术革命推动了社会进步，加速了报纸衰亡，却也从另外一个层面开启了数字化时代纸媒转型的新路径：纸媒迎来"云"时代。

2012 年 5 月 17 日，京华云报纸全球首发，一种全新的阅读方式——"云阅读"展现在世界的面前。它通过图像识别技术，在报纸与网络之间架起一座桥梁，开启了一个互联网全新入口。

京华云报纸是纸质报《京华时报》与云技术的一种无缝结合，读者可以通过手机拍摄报纸上的图片，打开云端的海量信息。简言之，京华云报纸设置了前后两个终端，前端是传统形态的报纸，后端则架在"云"上，借助新的技术手段，满足用户对新闻资讯的延伸阅读。这两个终端将互为入口，前者的功能是"沙里淘金"，后者的功能是"顺藤摸瓜"。

英国学者贝尔纳说："科学技术是社会变革的力量。人类历史上每次生产力大发展，均伴随着科学技术的伟大革命。"纵观近几年信息传播模式的发展，三大技术改变了我们的生活，推动着社会的进步：一是互联网的发展，一大批网络公司应运而生，彻底打破了人类社会信息闭塞的壁垒，让信息传播呈爆炸式增长；二是移动智能便携终端的发展，让每个人拥有了一个实时攫取信息和发布信息的平台，给微博、微信带来了春天；三是云计算和大数据的发展，整合了网络的优质资源，推进了社会的信息共享，改变了人类的生存方式。穷则变，变则通，通则久。陷入空前困境的传统媒体必须借助网络数字技术，开辟出自身发展的空间。云报纸的出现，是传统媒体在数字时代的全新突破，让纸媒从此插上了"云的翅膀"。

云报纸让《京华时报》发生质变，也让数字时代下的传统媒体绝路逢生。在新闻报道上，云报纸突破报纸版面限制，给读者带来更丰富、更生动的立体资讯，让报纸实现新闻实时报道这一曾经遥不可及的梦想。在广告营销上，云报纸打破传统媒体受版面限制的局面，开拓了电子商务、网络视频广告、电影海报广告和户外广告等新的利润增长点。在报纸发行上，云报纸实现了异地发行和客户端发行等模式，令报纸读者群倍增。

在京华云报纸诞生之前，读者接触平面媒体看到的就是一条文字新闻和新闻图像。然而，全新的云报纸时代，读者随手拿起手机一拍，通过云阅读手段就能实现观看与此条新闻有关的、内容丰富的视频资料或背后故事，打破了以往平面媒体"读一家之言"的局面，可以了解到相关新闻的延伸报道，以实现读者对重大事件、可读新闻的深度阅读。

云报纸除了全媒体阅读，也实现了广告的立体展示。比如，读者通过云报纸上的一条汽车广告，即可通过云阅读手段观看生动的视频广告及深度的产品介绍，还可以借助云报纸与电子商务的紧密结合，在云报纸上发现自己心仪的产品，只需轻轻一拍，手机便自动跳转到该产品的电子商务平台，实现直接点击购物。

网络相对于纸媒的优势，在于它信息海量、时效更快、体验与互动功能更丰富等，而云报纸则将网络、报纸、电视等媒体的相对优势集合于一体。云报纸实现了数据库式的平面媒体展示，将平面新闻立体化，纸媒内容多样化，单向传播互动化，为逐渐习惯于电子阅读的读者打开了一扇新的窗口，真正实现"一纸读天下"。在北京、上海等东部沿海地区，文化科技融合产生的云报纸这一新兴业态已经成为推动文化产业升级的重要途径。

三、云报纸，变革彰显新优势

云报纸是《京华时报》数字化转型的重要一步，被《传媒》杂志誉为"2012 年中国传媒十大事件"。其优势在于以下四个方面。

（一）内容优势

云报纸依托传统媒体的内容优势，利用网络媒体便捷及时的特点，在报道新闻事件时，能将文字、图片、声音和影像组合在一起，为读者传递多感官的信息。其内容优势在于：

第一，相对于网络来说，它具备了纸媒白纸黑字的理性——云报纸的所有内容经过编辑精心梳理、重新整合，潜含着编辑的思路，因此它的公信力较网络强。

第二，它具有电视的可视性——所有新闻的延伸阅读都可以通过视频，像电视一样将声音、图像、文字结合起来呈现给读者。文字 +图片 + 视频的组合，让读者如同身临其境，体验效果更强。

第三，它具备了网络的海量性——只要后台足够大，它可以像网络一样无限地链接和延伸，对重大事件的发生、发展、反应、探因、结果进行深度解析，满足读者对重要新闻的全局性需求。

第四，它具有可控性——云报纸的所有新闻都要经过编辑"加工"，也就是说，它的新闻可以通过后台来控制。在自媒体时代，人人都握有"麦克风"，这时候，虚假新闻、不实新闻，甚至一些不负责任的语言攻击也随之泛滥，而云报纸就可以做到传播事件真相、传达政府声音、屏蔽网络杂音。在网络时代，这一点尤显珍贵。

（二）广告优势

云报纸的诞生创造了一种新型的纸媒广告模式，即文字＋图片＋视频的立体推广方式，这在很大程度上解决了当前纸媒广告的困局。它既拥有纸媒广告的优势，如读者相对稳定，可以长期保存，更加规范可信，同时拥有网络的交互体验、无限延展功能，还拥有电视广告的视觉音响震撼。

（三）发行优势

邮局发行、自办发行、代理发行、多渠道并存等，报纸发行从未离开过通过人力投递和传播的渠道，其弊端是环节较多，成本巨大，非开放式，受众数量有限。云报纸的发行是一种传统投递加网络式开放阅读的结合，这将大大提高报纸的受众量，并较大地降低了发行成本。

京华云报纸未来的发行模式是：通过建立强大的云报纸内容平台，将整张报纸或整张报纸的绝大部分重点内容交由几个不同的服务器处理，读者用手机拍摄《京华时报》的 LOGO，即可以通过云计算阅读《京华时报》当天的报纸。届时，《京华时报》只需要印刷少量的可以覆盖读者区域数量的报纸，同时借助大街小巷的《京华时报》LOGO（公交地铁站台、报刊亭、衣服、图书上的 LOGO 都可以），就可以达到发行的全覆盖。

（四）电子商务优势

云报纸的商业模式不仅是传统的广告模式，它可以通过云技术，将报纸上广告客户发布的图片链接至云端，为云报纸像电子商务那样去整合互联网平台资源打开了一个端口，这在未来是一笔很重要的资源。其通过移动终端对平面纸媒和电子商务资源进行整合，是一种引领未来的纸媒电子商务模式。

基于"云报纸"项目在传统媒体转型中的创新性，京华时报社被国家新闻出版广电总局评为"全国数字出版示范单位"；京华云报纸获第五届中国数字出版博览会最佳作品奖；云报纸项目经国家新闻出版广电总局批准，入选"新闻出版改革发展项目库"。

四、未来，突破瓶颈天地宽

如何让云报纸的成果更加丰硕？在深入发展的道路上还有哪些问题亟待解决？这不仅是京华人要考虑的问题，也是移动互联时代所有关注纸媒转型的人需要思考的问题。纸媒转型的重要一步已经迈出，但云报纸未来的发展仍面临考验，创新的步伐不会也不能就此停下。

（一）云后台的建立是关键

与传统媒体和桌面互联网相比，移动互联网只是信息载体发生了变化，在信息内容上对传统媒体的依赖依然存在。传统媒体如果能发挥资源优势和采编优势，推出适宜移动互联网搭载的内容，就会迎来发展的新机遇。

云报纸将图像识别技术、互联网技术等加以结合，搭建了全新的阅读平台，拓展了纸质媒体的载体。通过智能终端识别纸质媒体上的信息，是阅读云报纸的重要步骤。

针对终端，我们已完成 APP"云拍"的开发和部署。用户下载"云拍"后，对准相应的《京华时报》图片进行拍摄，客户端将通过手机 GPRS 模块将数据发送到处理服务器上，服务器对上传的图片进行识别后确定相应的链接，完成跳转。

现阶段，云报纸只是实现了最初级的基于图片识别技术的应用，进一步的用户数据搜集和更丰富的客户体验还有待逐步完善。

（二）终端的普及是基础

云报纸不等同于纸媒的数字出版。其意义在于以纸质报纸为依托，通过"京华云拍"，利用拍摄技术、图像识别技术、搜索技术、网站技术、视频技术等若干成熟技术的组合，将传统的纸质报与移动手持终端联系在一起。

现阶段，阅读云报纸的用户在很大程度上是报纸原有的传统读者。受限于报纸的发行量，云报纸的影响力不能仅依靠纸质报纸用户数量，还需要有新的更大的推广及普及。

（三）用户黏性的提升是根本

媒体间的竞争，归根结底是对读者的竞争。谁拥有更多的读者，谁就拥有了更为广阔的市场和发展空间。在传统媒体广告营收低增长乃至负增长的背后，是用户的老化和读者的流失，最终表现为广告主的大量转移。

有数据显示，2012年报纸读者的平均年龄已经超过42岁，且还在加速老化。这对于传媒业来说，无异于致命威胁。而云报纸因结合了新移动终端，增加了阅读体验，势必会吸引年轻读者，将他们重新拉回到报纸上来。从单纯的提供信息，到精准的提供个性化服务，吸引读者、留住读者、提高用户的忠诚度，才能为云报纸的未来发展带来更大的空间和余地。

自2012年5月17日上线以来，京华云报纸经历了近一年半的摸索与实践。截至2012年年底，京华云报纸已完成出版229期，32期132版云周刊，共制作4426张图片，拉动1000万元的广告投放。而云报纸与品牌活动的结合，更是大大提升了京华时报社的影响力。"京交会"因云报纸提升了活动的影响力、传播力，"艺博会"因云报纸让观众坐在家里观展成为现实，"坚守底线——平凡的良心"因云报纸形成正能量的二次传播，"平安社区评选"因云报纸拓展了深层次的互动。

2013年5月17日，京华云报纸首发一年之际，"云报纸技术应用平台"启动。来自全国各地的60余家媒体通过复制京华云报纸模式，共同探索媒体转型之路。

创新驱动发展。作为纸媒转型升级的一次革命性尝试，云报纸或将成为数字化时代推动纸质媒体生产力发展、产业转型的一次成功的探索和实践。

（本文作者为京华时报社总编辑）

对舞台艺术"接地气"的辩证思考

○马　欣

　　舞台艺术创作如何坚持不懈地接好地气，是当前广大艺术工作者面临的重要课题。党的十八大报告提出："要坚持以人民为中心的创作导向，提高文化产品质量，为人民提供更好更多精神食粮。"以人民为中心就是要接好地气。文化创作能否以人民为中心，是能否坚持正确导向的唯一标准，也是增强我国文化软实力、全面建成小康社会的唯一途径。在党的十八大精神学习贯彻中，回顾历史经验，重新认识和全面理解高雅舞台艺术与人民大众的辩证关系，具有重要的现实意义。

一、舞台艺术创作的"根"源自人民大众的土壤

　　艺术创作接地气是还原艺术的本来面目。任何形式的文化艺术皆来源于基层人民大众的生活，舞台艺术更不例外。作为艺术的舞台表现形式如戏剧、音乐等都源自基层，基层大众火热的生活是舞台艺术孕育、发展的沃土。回顾历史，舞台艺术中的话剧、歌剧、舞剧、交响音乐等作为舶来品在我国虽然只有百余年时间，却像老百姓喜欢的戏曲一样深深植根在人民大众的土壤中。如话剧和歌剧自传入中国之初就真实地反映人民大众的现实生活，并在人民大众的喜闻乐见中得到几次大的普及和发展。早在中国共产党领导第一次土地革命时，就

在工农红军中成立了"战士剧社"。20世纪三四十年代，在火热的抗敌斗争中诞生的《怒吼吧，中国》《放下你的鞭子》《白毛女》《黄河大合唱》等一大批艺术作品更是以独有的特点及风格在人民大众中起到了巨大的宣传鼓舞作用。新中国成立后，在党和人民的关怀下，由于有了更好的演出环境，话剧、歌剧、京剧、交响乐和民族音乐舞蹈等舞台艺术在人民大众中得到了更大发展。例如北京人民艺术剧院出色地创作了《龙须沟》《丹心谱》《小井胡同》《天下第一楼》等反映老百姓生活的舞台艺术作品，特别是老舍先生创作的《茶馆》标志着民族化、大众化的中国话剧艺术的成熟，也成为我国舞台艺术的经典。这些作品无一不是基层人民群众现实生活的真实写照，也只有这样的作品才能在群众中引起共鸣，成为影响一代又一代人的传世之作。

但是，较长一个时期以来，我们相当多门类的舞台艺术似乎越来越不景气，优秀作品匮乏，观众明显减少。究其原因，除了影视、网络等娱乐形式多样等因素外，清醒地思考自身，从根本上还是我们的艺术脱离了广大人民群众，断了地气。一大批国有艺术院团现有的体制机制对于面向群众面向市场缺少激励，缺少真正表现人民群众生活和情感的优秀舞台艺术作品；有的为评奖搞奢华制作，浪费了宝贵的资源，加大了演出成本，提高了票价，使群众望而却步；有的搞所谓"阳春白雪"，不与时代和人民群众相结合，将艺术束之高阁，致使观者寥寥；有的借来西方的一些皮毛形式甚至糟粕，炒作概念，搞多数观众看不懂的"小众艺术"；少数人甚至拿着人民群众给予的工资稿费，却在艺术创作中歪曲人民群众的真实思想和生活，以缺少精神追求、缺乏艺术水准、粗制滥造或情趣低俗的作品误导群众；等等。这样的作品如果越来越多，久而久之，观众自然就会越来越少了。因此，这不仅是体制机制、创作方法问题，更是一个舞台艺术如何接地气、如何对待人民群众的创作态度问题。

历史和现实都说明，舞台艺术创作来源于人民大众，同时又是为人民大众服务的。离开人民大众的支持，舞台艺术创作就成了无源之水，无本之木。人民喜爱的作家老舍先生之所以创作出那么多人民喜爱的作品，就是因为他心里装着人民。老舍结交了大量的百姓为自己的朋友，包括教师、记者、士兵、学生、艺人、护士，也包括送煤工、送奶工、洋车夫……他的作品《骆驼祥子》中的祥子虽是个虚构的人物，但却是他心中旧中国社会底层无数劳动者的真实写照及缩影。他为了塑造这个形象，专门设计了一条祥子被大兵抓到西山后牵着骆驼的逃跑路线，还亲自沿着从模式口经南辛庄到西直门这条路边行走边观察体验。正是由于怀着这样的感情，从海外归来的老舍不顾体虚，到南城贫苦市民中体验生活，为北京人民艺术剧院创作了《龙须沟》，被市政府授予"人民艺术家"的光荣称号。这幅由当时的彭真市长等领导人签名颁发的奖状，始终悬挂在老舍先生书桌的正上方，"人民艺术家"成为老舍先生至1966年离世时最为珍惜的荣誉。所以，舞台艺术只有永远扎根在人民群众之中，才能获得取之不尽、用之不竭的创作源泉，也才能获得更大的生长和发展空间。毛泽东早在1942年《在延安文艺座谈会上的讲话》中就指出，我们的文学艺术是为人民大众的，有出息的文学家、艺术家必须到群众中去，否则你的劳动就没有对象，就只能做空头文学家或空头艺术家。伟人的话至今仍闪烁着真理的光芒，这也正是我们党一贯的文艺方针。虽然今天的形势和环境发生了很大变化，但党的文艺工作的路线方针政策没有变，舞台艺术的性质没有变。木本水源，舞台艺术的根仍在基层人民大众之中，有出息、有作为的艺术家必须到基层群众中去。舞台艺术工作者深入基层的过程，其实就是回归人民、重新向人民群众学习的过程。正如希腊神话中的安泰一样，人民群众是一切艺术之母，艺术离不开人民母亲的力量。艺术只有回到母亲的怀抱，才能得到哺育，获取不断成长发展的营养。

二、舞台艺术创作接上地气才有发展繁荣的底气

我国是一个文化大国，但在当今世界还不是文化强国。党的十八大提出了全面建成小康社会的宏伟目标，实现这一宏伟目标的要求之一就是我国的文化软实力显著增强，公民文明素质和社会文明程度明

显提高，国民整体具有较高的思想道德素质和科学文化艺术素养，整个民族具有崇高的精神力量和丰富的情感世界，社会成员能够全面自由发展并且公平均等地享有公共文化资源。文化的发展繁荣关系国家发展繁荣，关系小康社会全面建成。国民拥有怎样的文化生活、文化品质，不仅决定了每个国民和每个家庭的幸福指数，也影响着一座城市、一个地区乃至一个国家的发展水准。如何提升我们整体的文化品质，是建设文化强国的路途上需要直面的课题。数百年的中外文明史证明，作为人类精神产品最高表现形式之一的高雅舞台艺术，可以净化人的心灵、提高人的修养、陶冶人的情操、颐养人的生命、促进人和家庭的文明程度及社会和谐发展。同时，高雅的舞台表演艺术可以凝结和提升一个国家和民族极为宝贵的品格与精神，可谓"国民之魂，文以化之；国家之神，文以铸之"。

舞台艺术要弘扬优良传统，接好地气，在当前新的形势下应处理好几个辩证关系：

硬件与软件的关系。硬件是指剧场、音乐厅、博物馆、文化馆等设施建设；软件则是指艺术人才培养、剧节目创作、观众培育及文明的观演习惯等。国外不少城市里两种场所最神圣：一是教堂，一是剧场。作为文艺工作者，我们有责任积极引导人们主动走进剧场接受艺术的熏陶。艺术创作的根本目的是满足人民群众的精神文化需求和促进人的全面发展。新中国成立初期百废待兴，党和政府硬是拨出巨资为人民群众新建和改造了一批剧场，如北京的首都剧场、天桥剧场、北展剧场等，保留和扶持了舞台艺术，至今已培养了几代观众。改革开放以来特别是近些年经济发展很快，各地都又建成或正在兴建不少更加现代化的文化艺术场所，如北京近年继建成国家大剧院之后，正在规划建设拥有数十座剧场的天坛和天桥演艺区，等等。与此同时，我们更需重视软件建设，特别是优秀剧目的创作生产、人才队伍和观众群体的培养引导、剧场的管理、市场的培育更是迫切需要解决的问题。如据调查，美国和日本重要高雅艺术院团的一张高档演出门票仅占中低收入者（月收入3000美元左右）月收入的1/30，而目前在我国则大大超出这一比例，过高的票价将越来越多的文化艺术消费者挡在剧场门外，致使很多给人民群众盖的剧场没了"人气儿"等，这些问题需要引起我们的警惕。一个文化城市，不能只有大楼，没有大师；更不能只见文化大厦，不见文化大众。文化软实力不是仅靠钱就能打造的。应使我们的剧场自建成之日就深深扎根在基层群众中，真正发挥好人民群众在文化设施中的主体作用，也只有这样，艺术之树才能枝繁叶茂。因此，硬件和软件，两者缺一不可。

"舶来品"与"本土化"的关系。话剧、歌剧、芭蕾、交响乐等许多高雅舞台艺术均是舶来品，引入我国虽然只有较短的时间，为什么会在相当数量的群体乃至广大百姓中有过几次普及热潮呢？最重要的原因之一就是"洋为中用"，贴近百姓。外来的优秀艺术作品体现了人类文明发展的成果，使我们扩大了眼界，丰富了创作内容和形式。但任何一个国家的文化艺术都是既有先进的方面也有落后的甚至腐朽的方面，我们要有清醒的头脑和抵御不良文化入侵的能力，做到"以我为主，为我所用"。只有让外来艺术的种子埋进中国文化的深厚土壤里才能结出丰硕的果实。至今被人民大众所称颂的民族歌剧《白毛女》《小二黑结婚》《江姐》《洪湖赤卫队》，话剧《雷雨》《智取威虎山》，芭蕾舞剧《红色娘子军》，交响音乐《黄河大合唱》等就是西方艺术形式与中国本土文化相结合的成功范例。当今在全球经济一体化、文化多元化的大环境下，既不能全盘否定更不能照搬照抄，既不能厚此薄彼更不能厚彼薄此，而要积极借鉴、深入挖掘，促进中西优秀文化的交融，将高雅舞台艺术的传播普及与我国的社会进步和文化发展、与人民的精神追求紧密联系在一起，使我们的舞台艺术无论是形式上还是内容上都更加丰富多彩、更加贴近群众。与此同时，我们要特别重视文化发展在当今世界的影响和地位。文艺工作者越是贴近地气，就越能在与不同外来文化的交流中加深对自身文化的理解，越能更多地发现和发掘自身文化的优势，越能博采外来文化之所长，更好更快地发展自己，尽快改变世界舞台艺术"西强我弱"的状况，在世界各国的文化艺术发展中，加强中华民族优秀舞台艺术的影响力。

继承与创新的关系。古往今来，中外舞台艺术包括我国民族艺术宝库中留下了大量的经典作品，需要我们很好地继承。但艺术要在人民大众中发展繁荣，仅有继承是不够的，必须还要不断创新，而在继承基础上的创新又是最好的继承。在舞台艺术普及过程中，我们不仅需要新的艺术形式和表现手法，更需要观众乐于接受、易于接受的新的题材、新的内容。如何做到题材和内容的发掘创新，不断创作出高质量、高水平的经典作品，关键是要接好地气，面对现实，反映今天老百姓的喜怒哀乐，今天老百姓所面临的问题及所思所做所盼，以及国家社会面对困难、解决问题的发展进步过程等。只有接"地气"才能聚"人气"，才能吸引更多的群众接受高雅艺术作品，通过高雅艺术作品帮助人民大众认识生活、思考生活、提高审美水平，也使高雅舞台艺术在不断继承和创新中具有越来越强的生命力。北京人民艺术剧院之所以多年来不断扩大观众群体，也源于北京人艺不仅传承《雷雨》《茶馆》等一大批经典保留剧目，而且与社会及时代发展同呼吸、共命运，不断创作反映人民群众喜闻乐见的现实题材的新剧目。如面对"非典"、地震等重大自然灾害创排了《北街南院》《生·活》，面对旧城改造创排了《旮旯胡同》《全家福》，以及反映党和政府解决百姓住房困难的直面现实的作品《金鱼池》《万家灯火》。由于真实反映老百姓的生活，为人民大众鼓与呼，《万家灯火》上演一年中就演出了100多场。其中赶上北京冬季连下六天大雪，观众扶老携幼踏雪赶来观看，场场座无虚席。每场演出谢幕，掌声、喝彩声此起彼伏，演员与观众的真情实感交织在一起，充分显示出高雅舞台艺术作品在继承中创新的感染力。

短期与长远的关系。高雅舞台艺术的普及是一项长期的艰巨的工程，不可能一蹴而就，必须立足当前，着眼长远。在全中国十几亿人这样庞大的群体提高每个个体的艺术修养，不能急于求成，不能搞"大跃进""大呼隆"。"十年树木，百年树人"，要从国情出发，尊重艺术成长规律，开展长期的扎扎实实的教育引导。同时，全面建成小康社会、培养高素质公民的任务又时不我待，必须从现在做起，引导人民群众的精神文化追求，让舞台艺术的根深深扎在群众中。文化艺术贵在积累，重在熏陶。舞台演出是综合艺术，具有直观、互动的特点，给人以直接的熏陶、震撼。剧场的文化整合功能，在深度和广度上有着其他艺术形式不可比拟的独特优势。各个国家的大中城市在经济社会发展进程中都兴建起代表国家水准的剧院，主要上演代表本民族最高思想艺术水平的优秀舞台艺术作品，以及外来的优秀舞台艺术作品。我国现阶段普及推广优秀舞台艺术是历史的必然，是提升人民群众精神文化层次、提高广大青少年文学艺术素养的必要途径，因此，应该从战略的高度认识这一问题。应该逐步创造条件，降低门槛，让每个普通人特别是每个青少年走进剧场，享受基本的文化权益，从看一部戏剧、听一场音乐会起步，一次次感受亲近高雅舞台艺术的机会。从"看不懂""听不懂"慢慢培养他们的兴趣，逐步提高他们的欣赏能力。我们还应不懈推动高雅艺术教育纳入中小学校正规教育的范畴，借鉴国外的成功做法，从娃娃抓起，让孩子接受高雅艺术的熏陶，培养孩子的艺术情操，塑造孩子的美好精神世界。当每一个中国人的"戏剧梦""音乐梦"享受之日，就是整个中华民族的"中国梦"实现之时。

三、当前舞台艺术如何坚持不懈接好地气

如何使舞台艺术真正接好地气，当前务必做好以下四个方面的工作：

一是政策要接地气。普及高雅艺术，是面向未来、保证人民群众共享公共文化艺术、提高全民族素养的根本性战略措施，必须从实际出发，针对存在的问题，认真制定切实可行的规划与措施，设定发展方向和阶段性目标。按计划培养艺术人才，培育观众群体，逐步健全每个公民特别是青少年观赏高雅舞台艺术的服务保障体系，持续不断地推进高雅舞台艺术作为基本公共文化服务的重要内容，实现均等化。要及时总结艺术院团打破固有的僵化体制机制，面向群众推进改革的经验做法。抓紧研究建立健全鼓励在基层群众中普及高雅舞台艺术的政策法规，完善投入保障机制，强化公共财政对推广高雅舞台艺术的支持力度。大中城市应设立舞台艺术创作和普及基金，通过基金

会采取演出补贴等多种措施，引导更多基层群众走进剧场欣赏演出。要建立激励机制，调动广大文艺工作者深入基层创作和演出的主动性。要通过建立健全税收减免等一系列新的政策规定，鼓励民间资本、民营企业支持高雅艺术的普及。要加强对基层群众艺术热的扶持与引导。普及高雅艺术的最大潜力和资源在基层，基层群众中蕴藏着极大的接受高雅艺术的热情，应当予以发现、爱护和积极引导。

二是演出要接地气。多为基层群众演出是高雅舞台艺术保持生命力的唯一途径。如果作品创作出来不为群众演出，而是束之高阁，再好的作品都不会保存下来。因此，艺术表演团体和广大艺术工作者必须千方百计、想方设法多为基层广大观众演出。要彻底打破目前的评奖机制，将长期形成的少数官员、专家评奖改成以广大观众的评价为主导的评奖体系。要将政府资金投入通过公示、论证及有关制度补贴在群众购买的演出票上，真正将虚高的票价降下来。采取加大媒体宣传力度、组织票友会、举办公益专场等多种手段，不断开拓演出市场，不断增强优秀舞台艺术作品的吸引力、影响力，最大限度地让更多的观众得以欣赏。北京人民艺术剧院十几年来在所有剧目演出中坚持不懈地举办学生公益专场活动，深入首都几十所大专院校，将演出的每个剧目以10—40元的票价向青年学生出售，使大批学生能够有机会观看高雅舞台艺术，应予总结和坚持。

三是场所要接地气。戏剧、歌剧、交响乐、芭蕾舞、民族音乐舞蹈等艺术表现形式多数都是在剧场完成的，这些场馆应是高雅艺术演出不可替代的载体，要发挥现有场馆在面向基层普及高雅艺术中的重要作用。各个城市近年相继建起不少剧场、音乐堂，连同原有的场馆、礼堂等，已形成颇具规模的硬件设施。但据报载，不少地方的剧场长期闲置或挪作他用，使宝贵的公共文化资源未得到有效使用，影响了基层群众走进艺术殿堂欣赏高雅舞台艺术。刚刚建成五年的国家大剧院与首都文明办自2011年6月起联合举办"市民高雅艺术殿堂文明行"系列活动，通过"艺术殿堂体验""艺术大师零距离""经典艺术讲座""观赏文明引导行动"等系列活动，创造条件让广大市民走进艺术殿堂领略高雅艺术，这种做法值得借鉴和推广。

四是创作要接地气。舞台艺术不是小众艺术，更不是贵族艺术，而是人民大众的艺术。广大人民群众中有着文学艺术取之不尽、用之不竭的源头活水，伟大的时代需要有反映这个时代并与这个时代的发展变革相称的优秀艺术作品。舞台艺术作品要贴着生活走，贴着广大基层群众走。舞台艺术创作者要彻底改变那种远离生活、远离时代、远离群众的创作态度，做到真正回归基层、深入生活、扎根群众。不仅行动上要贴近生活、贴近群众，而且从思想、情感上投身于火热的现实生活，与群众血脉相通。只有这样，才能不断创作和塑造出具有深刻思想内涵和艺术冲击力、为广大人民群众所喜爱并经得起历史检验的优秀艺术作品和舞台艺术形象。北京人艺的演员濮存昕就是关心人民疾苦、与群众打成一片的人。他热心公益事业，坚持每年参加义务献血；为了挽救无数青年的生命和心灵，他不顾个人安危，活跃在禁毒一线；他主动提出担任防治艾滋病"形象大使"，不懈宣传预防艾滋病知识，并将艾滋病患者的子女请到自己家中吃饭……濮存昕就是在同群众的血肉联系中获取了营养，丰富了创作，升华了情感，塑造了一个个观众喜爱的艺术形象，被广大人民群众誉为"德艺双馨的艺术工作者"。如果每个艺术工作者都以这样的态度对待事业，我们的舞台艺术创作就会紧紧贴近大地、贴近人民，就会不断结出灿烂的艺术硕果。

（本文作者为北京人民艺术剧院党委书记）

守望人艺

——剧院的品格和剧院的风格

○任　鸣

一、戏剧的品格

好戏是有它自身的品格和使命的；

好戏不是宣传包装出来的；

好戏不是靠炒明星炒出来的；

好戏不是评奖评出来的。

好戏之所以是好戏不是靠吹、靠捧，靠戏剧之外的东西成为好戏的。好戏只能靠自身本体成为好戏，是因为本身的杰出。

《茶馆》《雷雨》没有获得任何戏剧奖，但是经典，是一个标杆、一个高度、一把尺子。《红楼梦》是好小说，无论时事如何变幻，还是好小说。真金会自身发光，是不用解释、不用说明的。一般的戏，不管获多少奖，多么大的包装，多少热捧，也变不成好戏，更变不成经典。

现在最大的问题是仿佛好戏是靠宣传和评奖产生出来的，是戏剧之外的东西来制造和打造出来的，功夫在诗外。其实好戏自有它的品格和使命，是创作者自身的水平和境界所决定的。

《红楼梦》是品格的标杆，承担文化使命。《茶馆》《雷雨》是戏剧的标杆，话剧艺术的双子座。真正的艺术作品的品格和使命，不能赋予，只能自然产生。好戏是无法计划产生的，是不能够复制和克隆的。任何外在硬加在艺术作品的品格和使命，只能使戏剧成为宣传品，有宣传色彩的戏剧都是具有特定的时间性的，时间一过也就完了。是速朽的，不是不朽的。实用主义的戏剧会使戏剧的品格和使命很短暂，不具有永久的生命力。

艺术作品真正的使命不能赋予，只会自然产生，是内发的，不是外加的。一切作品的品格和使命，应该让作品本身来决定，来说话，因为金子是会永远发光的。一个时代的作品总会有一个时代的品格和使命，而真正金子般的作品是可以超越时间和空间的，《红楼梦》如此，《茶馆》《雷雨》也如此。

二、剧院的品格

北京人艺有其自身的气质和品格，从容、淡定、不急不躁。曹禺院长有 4 个字："骆驼坦步。"按照艺术规律去创作，去排戏。因为真正的艺术是来不得半点投机和附庸的。人艺是一个艺术标准至上的剧院，是一个艺术剧院，不是商业剧院。任何唯利是图、以商业为目的的做法都是与人艺的艺术追求和宗旨相违背的，是南辕北辙的。

在一个商业社会，一个经济时代，北京人艺更应显示其不同流俗的气质和品格，不赶潮流，不随大流，不急功近利，不好大喜功，更不沽名钓誉，这才是人艺的真正本性，人艺是需要保持和坚守艺术上的真我的，因为艺术的品格就是剧院的生命。

好戏是用金钱买不来的，你无法用一个亿创造出一个《雷雨》，也不可能用三个亿砸出一个《茶馆》。老舍、曹禺、焦菊隐，是用多少金钱都创造不出来的，就像你无法人工培养出一个曹雪芹写出一本《红楼梦》一样。真正的经典是无价的，是无法克隆和复制的。如果说有，也是高仿和伪造的。经典永远是独特的，孤立存在的，没有第二，只有唯一。说真的，我很怀念夏淳导演，北京人艺三部杰作《茶馆》《雷雨》《天下第一楼》的演出都和他有关，都出自他的导演之手。(《茶馆》是焦菊隐与夏淳合作导演的，焦菊隐为主。)打开说明书，在导演一栏赫然写着夏淳的名字，可他并没有受到足够的肯定和宣传，这才是真正的遗憾。但历史和时间会用优秀作品的长存给夏淳导演一个重要的地位，导演应该活在作品里，作品应该活在观众的心里，人心是最好的剧场。什么是好作品？什么是经典作品？好作品就是老能演，老有观众看，有几代演员来演，有几代观众来看。10年，20年，30年，50年，80年，甚至100年，由时间和空间证明了的，检验过的，就是经典。真正的经典是活在剧场里的。什么是好导演？好导演的最大标准是：他导演的作品老在演，常演不衰，久经时间考验。导演的生命是靠作品的长存来证明的，是靠在剧场里常演不衰来证明的，不是一时，是一世，甚至几世。《茶馆》《雷雨》《天下第一楼》是人艺的保留剧目，是人艺最受欢迎的经典剧目，是代表人艺出国访问演出最多的剧目。这三个戏过去演，现在演，将来也还会演。而导演这三个戏的导演，就是好导演，是真正的戏剧大家。时间是检验艺术作品的真正标准。在怀念伟大的焦菊隐导演的同时，我同样敬重夏淳导演，他用自己的作品树立起了一个优秀导演的形象。

焦菊隐因为导演了《茶馆》《龙须沟》《蔡文姬》而伟大；

夏淳也因为导演了《茶馆》《雷雨》《天下第一楼》而杰出。

张恨水晚年说过一句话："书在，就会说话。"我想在人艺，"戏在，就会说话。"因为历史和时间才是最公正的裁判，一切成绩都要靠作品来说话。艺术大家不是捧出来的，是演出来的。任何廉价的吹捧和标榜都是十分可笑和庸俗的，是没有任何真正的意义和价值的。

今天，人艺的品格是：坚守戏剧的良心，坚守戏剧的本色，坚守戏剧的真我。不跟风，不媚俗，不跃进，永远按艺术规律办事。文化和戏剧是不能跃进的，是一个长期积累和沉淀的结果，需要的是水到渠成，不是只争朝夕。面对喧嚣的世界，人艺应当清醒地认识自己，应当十戒：戒浮躁、戒拔高、戒炒作、戒作秀、戒追星、戒媚俗、戒崇洋、戒扩张、戒投机、戒经商。

人艺要不着急，不动摇，不迎合，不折腾，坚守自己的艺术品格，坚定地走自己的道路。还是曹禺院长那四个字："骆驼坦步。"

三、剧院的风格

不知为什么，很久以来我老有一种"人在，阵地在"的情结和精神，思想深处总存在为北京人艺尽忠的思想和情感，想做人艺这块艺术高地的守望者，而继承人艺风格，发扬人艺精神，是我坚守的核心所在。艺术创作上，我坚持两个基本原则：一是坚持人艺风格，二是坚持现实主义。这是创作原则上的大问题，毫不含糊。人艺风格就是人艺戏剧之根，守住人艺风格，就是守住人艺戏剧之根；根是不能断的，断了就没了，就完了，找不回来了。传承是生命得以繁衍的关键，是文化的命脉所在，是需要薪火相传的。我们要在继承中求发展，在发展中求创新，在创新中求存在，在存在中求永远……

北京人艺现实主义的大旗是不会倒的，任何对它的诋毁、糟蹋和颠覆都是徒劳可笑的。人艺自身的强大生命力和永久价值，将使一切尘埃荡去，如磐石不动，任凭风吹浪打，胜似闲庭信步。大浪淘沙，时间和历史会做出公正的裁判：

什么是美的，什么是丑的；什么是好的，什么是坏的；什么是对的，什么是错的；什么是真的，什么是假的……

我相信作品本身的力量。戏在，就会说话。作品才是最硬的说明和证明，任何戏外的东西都是多余的。好东西是会超越一切而存在着的，而任何错误的东西都是要付出代价和历史责任的，一切自有公论。走进人艺博物馆，岁月如歌，剧院最后留下的只有艺术和艺术家们……

还是一句老话：前途是光明的，道路是曲折的。在人艺 60 周年之际，我想说：

"人在，阵地在。"我守定了。

我很喜欢《我们的荆轲》剧中最后的台词："我们历史上见！"

（本文作者为北京人民艺术剧院副院长）

文化科技融合
对博物馆创新发展的影响

○于 平

　　博物馆是一个国家、民族历史的见证者，文明成果的收藏地，是启迪民众智慧、陶冶大众情操、欣赏优秀艺术、进行文化休闲的文化场所和国民教育基地，是宣传国家和民族精神，传承文化的重要平台，随着社会的不断进步与发展，博物馆在社会精神文明建设、推动文化繁荣发展、满足人民群众日益增长的精神文化需求、促进社会和谐发展方面发挥着不可替代的作用。然而，博物馆要继续保持发展活力，实现可持续发展，还必须正视现存的诸多问题和挑战，必须突破传统思维方式和管理方式的桎梏，吸收新思想，运用新科技，将博物馆打造成集文化传播、科技应用于一体的多元化、跨学科相互融合、相互支撑的新型文化平台。

一、博物馆功能定义与文化融合科技发展

　　国际博物馆协会章程中明确指出，"博物馆是征集、保管、收藏展览文物、标本的主要收藏机构，是研究历史、解读文明的科学研究机构，是宣传文化、教化民众的宣教机构"。这是国际博物馆协会对博物馆主要功能做出的定义。但是，结合我国博物馆发展的实际情况，我们看到博物馆的发展在博物馆功能的发挥方面，还面临一系列

问题和不足，其中比较突出的就是"重"专业学术研究职能，而"轻"社会宣教功能和文化传播效果。

博物馆作为国家的文化殿堂、对公众开放的文化场所，如果在职能上仅仅局限于保管文物、研究历史，宣教方面仍然以展馆、展柜、说明牌的传统形式履行宣教职能，不积极进行创新与提升，显然已经无法适应当今社会发展形势的需要。

科技和创新是 21 世纪世界发展最典型的时代特征，各种优秀的科技产品与具有创新意识的新技术层出不穷，3D、4D 显示、触控等高新技术已经从昔日的神坛之上走到我们的生活之中，应用在手机、电视、电影、电脑、交通、医疗、金融等生活的各个方面，成为我们生活中最常见的日常用品，甚至有些科技产品人们已经须臾不可或缺。科学技术的发展不但方便了公众的生活，提高了信息传播的速度，同时也提高了公众对新科技的认识和理解，提高了公众对公共服务设施，尤其是公共文化服务设施、文化服务机构科技含量和质量的要求。

在面对这些对科技理解认识日益加深、科学文化素质越来越高、对文化生活质量要求越来越高的参观者的时候，我们的博物馆如果还是以传统的、平面的、呆板的方式进行展览，公众还愿意走进博物馆吗？新世纪的博物馆发展需要创新，需要融合，需要与新兴的科学技术共同发展。利用先进的科学技术和科技产品，全面提升博物馆的文化内涵挖掘、展览形式设计创新、公众服务设施人性化，博物馆才能不断跟上社会发展的新形势，不断满足公众的新需求，走上可持续发展的道路。

《清明上河图》画卷是北宋风俗画作品，作者张择端以精致的工笔记录了北宋末叶、徽宗时代首都汴京郊区和城内汴河两岸的建筑和民生，描绘了清明时节北宋汴梁以及汴河两岸的繁华景象和自然风光。这幅长卷采用散点透视的构图方法，将繁杂的景物纳入统一而富于变化的画面中。画中人物 500 多，衣着不同，神情各异，其间穿插各种活动，注重戏剧性。构图疏密有致，注重节奏感和韵律的变化，笔墨章法都很巧妙。《清明上河图》景物繁多，巨细无遗，却并不显得琐碎繁缛，表现出画家对大场面宏观把握的能力，以及于真放中见精微的绘画境界，令人无法不钦佩其细致入微的观察力和生动传神的表现力。然而这件国宝级文物及其艺术价值在 2010 年上海世博会中的民众知晓率却不高。

利用现代多媒体技术演绎的电子动态版《清明上河图》，全名"智慧的长河——电子动态版《清明上河图》"，由水晶石影视传媒科技有限公司制作。"会动"的《清明上河图》整个展品高 6.5 米、长 128 米，是原图的近 30 倍。其展示原理是运用 12 台高清投影仪实现画面拼接融合，呈现震撼的视觉效果。"图"中有超过 1000 个古代人物形象，在日夜景交替中，举止各异，栩栩如生。此作品首先于中国 2010 年上海世界博览会中国馆展出，随后移师到中国香港、澳门、台北市、台中市及高雄市展出。水晶石公司董事长卢正刚说，动态版《清明上河图》这种借助高新科技传播中华民族传统文化的创意，将在今后团队推出的新作品中继续得以体现，比如将兵马俑等中国古代艺术品"复活"等。

动态版的《清明上河图》设计团队并非博物馆专业人员，而是由毕业于同济大学工业设计专业的于正担任总设计师，由 70 名影视传媒科技工作人员组成的跨专业团队精工细作，耗时半年多完成。他们在设计这件作品前，花了很长一段时间了解、查阅《清明上河图》创作的时代背景、风土人情、艺术，研究它的历史价值和艺术价值，在此基础上通过高科技手段将宋代名画《清明上河图》"活"了起来。动态版的《清明上河图》不但有可以行走的人物、富有变化的街景、小贩的吆喝声，还有更加富有真实感的日夜轮换，观众立于画面之前，如同亲临历史，仿佛一下从参观者变为了画中人。动态版《清明上河图》在世博会中国馆展示期间，观者如潮，好评如潮，甚至有专为一睹动态《清明上河图》风采而专程前来中国馆参观的观众。

动态版《清明上河图》被誉为"体验式沉浸数字艺术"，新概念也由此推广开来。世博会动态版《清明上河图》的成功，表明公众对于文化融合科技的展览创新方式还是非常认可和喜闻乐见的。可以说动态版《清明上河图》既是中国博物馆未来文化创新、科技文化融合发展的新开端，也为中国博物馆未来的文化产业升级、文化传播创新、文化融合科技发展树立了典范和榜样。

二、以首博为例看文化科技融合在博物馆创新发展中的实践

北京是中国的首都，是文化政治的中心，同时北京也是一座拥有3000 多年悠久历史的世界文化名城，文源深、文脉广。作为全国文化中心和博物馆聚集地，北京地区博物馆拥有历史文化遗迹资源丰富、馆藏丰富、国家级大馆和国家一级博物馆众多。同样，北京地区具有全国科研创新单位聚集、科研成果丰硕、高新技术及文化创意企业聚集、各类型人才贮备丰富等资源优势，作为首善之区和丰富的资源中心，以北京奥运会圆满成功为标志，首都发展已经进入了实施"人文北京、科技北京、绿色北京"和建设中国特色世界城市的重要战略发展阶段。北京地区博物馆创新发展具有得天独厚的优势。

北京市委市政府根据党的十七届六中全会精神和全国科技创新大会精神，相继制定了《关于发挥文化中心作用加快建设中国特色社会主义先进文化之都的意见》和《关于深化科技体制改革加快首都创新体系建设的意见》，市第十一次党代会提出了率先形成文化创新、科技创新"双轮驱动"发展格局的战略任务。在中央关于文化大发展大繁荣的战略部署和市委市政府的政策指导下，同时也为实现让首都文化促进未来北京的经济发展，首都博物馆已经开始积极探索以文化融合科技的创新发展模式，逐步改变陈旧的博物馆展览方式，提升博物馆展览、服务质量和科技含量。

在展览展示方面，首先将"北京通史展"改陈为公关课题，策划推出以科技手段全面展示北京发展历史的"数字科技展厅"。数字展厅的展览将从 50 万年前的北京猿人开始，到 3000 年前的西周燕都、隋唐幽州、金中都、元大都、明清京师、现代化国际大都市、再到北京奥运会的成功举办，北京 50 万年的文明跨越、3000 年建城史

和850多年建都史、北京地区的重大历史事件等都将通过高科技手段在数字展厅中全部展现。新展厅将启用多项与北京历史展示高度契合的高科技演示手段。

在设计概念上提出：保留并深化"现代人物走进去，历史人物走出来"；通过"亲身融入震撼感受，口碑相传而难以言表"来达到万人瞩目的效果；运用最新的成熟科技手段展现北京50万年来的历史。用最现代展陈设计和最新的互动技术，让观众感受到从未有过的体验。设计意图是：观众走进去，感受历史气息；历史人物走出来，包围观众身心。实现手段是：高科技成果应用，高科技手段应用，多种高科技技术集成，高品质的画面制作。实现效果是：亲临感，现代感，设计感，通过试听震撼感受去打动每个参观者的心灵。在视觉概念设计上把握重点：一是震撼（内心受到强烈的冲击或感动，精神或情绪剧烈起伏或波动）；二是现代（简洁、大方）。

其中最具科技含量和创新内容的移动大幕、全息投影、体感互动、地面互动、大屏幕融合、动感应用等技术都将在首博数字展厅得到应用。通过高科技手段的创新和改造，观众将从被动地接受信息变为身临其境，将看到大屏幕展示的360度北京周边地形地貌，渡过使用虚拟手段制成的京杭大运河；移动大幕还将带领观众在横穿大运河的同时欣赏到用数字虚拟技术复原而成的"元大都"的风土人情。观众将如同穿越时空隧道般，可以进行互动的、主动新颖的体验型的"体感"式立体参观。观众在博物馆能够获得去影院看一场精彩3D电影般的愉悦体验。比如，观众在展厅里参观时如同坐船行驶在大运河的河道中，欣赏两岸优美的自然风光；驶入河岸后，徜徉在大都繁华的街道上，身临其境体验大都文化的灿烂辉煌。明永乐年间，京杭大运河迎来了鼎盛时期。观众还将从空中俯瞰明代北京中轴线的神韵，观看天坛的祭天仪式、太庙的祭祖场景，与商人、杂耍艺人、宫女、传教士、占卜先生等形形色色的人物对话，身临其境地感受穿越时空带来的震撼。

再如，通过环幕把观众围合其中，营造在场感受，观众仿佛置身于开国大典举行的振奋时刻，作为开国大典的见证者，亲历中华民族开始走上快速发展的复兴之路。

　　首都博物馆以"北京通史展"改陈为突破点，策划推出的以科技手段全面展示北京发展历史的"数字科技展厅"的设计，是利用科技手段突破传统博物馆固有的展览模式，在展示细节上力求达到完整、科学，在展示技术上达到高端、前瞻，在展示空间上达到意境、魔幻，在展示效果上达到新奇、震撼，实现博物馆展览的"以人为本"，而这种全方位的参观模式和文化融合科技带来的精彩体验，是传统的展陈和宣教方式无法企及的。

　　这种展览形式提高了综合展览展示水平和科技含量，而作为受众群体的观众对于进入博物馆后看到和学习的文化的认知和理解也将从进博物馆"看文物、看展板"的呆板、平面、抽象的理解，变为"看得见，摸得着"的具象的和立体的认知，在认识水平上将获得大幅度提升，博物馆的文化传播功能将更加充分地发挥。充分采用文化与科技融合方式设计制作的展览，将会使公众产生更多兴趣和更多关注，从而情愿花更多的时间走进博物馆；同样，博物馆也会在更加满足公众需求的同时，进一步提升解读文明、传承文化、教化民众的宣教功能。

　　在文物保护修复、研究工作方面，首博也在积极与科研院所、高校进行跨学科合作，利用当今科技成果、先进技术探索馆藏文物的深度研究和有效保护修复工作。

　　首博已于 1996 年成立了文物保护修复中心，下设金属文物修复室、陶瓷文物修复室、书画文物修复室、纺织品文物修复室、实验室、消毒室、档案室、环境监测组等。文物保护修复中心基本任务确定为：本馆文物的保护修复工作、北京地区文物的保护修复工作、文物分析研究工作等。研究方向及内容有：有机质文物科技保护研究、金属玉器类文物的制作工艺及科技保护研究、铁质文物脱盐清洗及封护研究、中国古代丝织品保护研究、馆藏文物保存环境监测关键技术研究，特别是对馆藏文物温湿度环境控制关键技术的研究。如研究展柜内温湿度控制方法，采用半导体温差技术和无线监控技术，在办公室监控展厅展柜的温湿度，使展柜内达到恒温恒湿的效果，在确保安全的前提下，为文物提供良好的环境。

又如，古书画揭裱保护研究，旨在通过研究传统揭裱中的材料属性，将生物技术应用于画心的揭取中。研制揭裱溶剂，并研究传统糨糊与添加剂的性质，应用纳米材料改善糨糊的抗菌和耐紫外光老化性能，从而加强对揭裱和修复过程中纸质和丝织品书画文物的保护。

目前，已经完成研究课题并出版科研报告的有：《博物馆文物保护实验室建设与研究》《铁质文物脱盐清洗及封护研究》《首都博物馆馆藏纺织品保护研究报告》《首都博物馆文物保护实验室文物科技研究报告》《金石杂项类文物修复》《历代文物艺术品收藏保养知识手册》。

上述文物保护工作已经在很大层面上突破馆内局限，是依靠首博文物保护修复中心与相关科研院所和权威专家合作开展的跨学科、跨部门的新型文物保护模式。同时，首博还积极开展国内外的合作交流，已经与大英博物馆、英国维多利亚—阿尔伯特博物馆、日本国立九州博物馆、意大利文保科技机构以及中国文化遗产研究院、国家博物馆、故宫博物院、上海博物馆、南京博物院、西安文保中心、陕西考古所等，及中国台北故宫博物院、台湾世界宗教博物馆、台南艺术大学等台湾多家文博单位和研究机构，首都师范大学、北京科技大学、中国科学院等合作开展相关研究工作。

首博文物保护修复中心的发展模式和实践经验表明，在博物馆的研究、保护工作中越来越需要跨学科、跨部门的综合研究与探索，越来越需要更多地利用高新技术和科研成果，将更多地采取"文化融合科技"的新思路、新概念、新方法。

因此，博物馆无论在展览展示、宣传教育方面，还是在文物保护修复、研究工作方面都有必要更多地应用高新技术和科研成果，应当大力加强网络数字技术、新型显示技术、虚拟现实技术等的研发，大力加强复合型人才培养使用和引进力度，大力提高博物馆从业者的科学素养和科技工作者的文化素养，培养凝聚优秀人才和团队，将博物馆建设成为文化科技人才高地。

三、小结

科技是博物馆创新发展重要的影响动力；文化资源是博物馆科技创新的创造动力。

文化与科技融合是当代博物馆创新发展趋势。博物馆应自觉践行"文化创新、科技创新"双轮驱动战略，推动文化和科技深度融合，用先进文化指导和推动博物馆创新发展，以先进技术建设和传播先进文化。博物馆应当成为文化科技融合的制高点，为博物馆事业创新发展作出新贡献。

文化融合科技对博物馆深化改革、创新发展具有重要意义和深远影响。在提升人的素质、城市竞争力和国家软实力方面也将起到积极促进的作用。

（本文作者为北京市文物局党组成员、副局长）

首博引入 ISO9000
质量管理体系的实践和思考

○郝东晨

为实现首都博物馆"国际知名、国内一流"的目标，全面提升整体管理水平，提高综合服务质量，增强管理工作的科学性和规范性，不断扩大在博物馆行业的影响力和综合竞争力，实现自身可持续发展，2010 年 7 月首博开始建立 ISO9000 质量管理体系。目前已经取得了资格认证，并开始了近一年的试运行。在国内大型博物馆中引入 ISO9000 质量管理体系，首博虽不是第一个但也屈指可数，有很多问题值得思考。

一、经济社会的发展，现代博物馆需要现代化管理手段

（一）ISO9000 质量管理体系的含义

ISO9000 质量管理体系是由国际标准化组织（ISO）制定，在国际社会得到广泛认可并被众多公司、企业所采用的先进的质量管理体系，它是在总结、概括、提炼了全世界各国质量管理理论及实践经验精华的基础上，制定和颁布的一套质量管理和质量保证的国际标准系列。

质量管理体系，定义为"在质量方面指挥和控制组织的管理体系"，通常包括制定质量方针、目标以及质量策划、质量控制、质量

保证和质量改进等活动。质量管理体系有八项基本原则：以顾客为关注焦点、领导作用、全员参与、过程方法、管理的系统方法、持续改进、基于事实的决策方法、与供方互利的关系。质量管理体系是组织内部建立的、为保证产品质量或质量目标所必需的、系统的质量活动。它根据组织特点选用若干体系要素加以组合，加强各个环节的质量管理活动，并予以制度化、标准化，成为组织内部质量工作的要求和活动程序。

（二）博物馆为何要引入 ISO9000 质量管理体系

随着改革开放的深入，社会主义市场经济体制的建立和不断完善，博物馆原有的运行缓慢滞后，机制问题一箩筐。例如，问题讨论、方针制定、决策下达领导个人说了算；全体员工大锅饭思想严重，缺乏工作目标，效率严重低下；执纪不严、违纪难纠，缺乏有效的监督和惩罚机制……诸如此类，机制问题导致博物馆不能适应社会的发展，直接影响到博物馆的生存与发展。

2008 年 1 月，国务院决定，博物馆作为公益性文化机构逐步实现免费开放，迎来了新的机遇的同时也迎来了新的挑战。博物馆运营出现了各种各样的问题：观众爆棚带来的安全问题，服务项目增加带来的经费、人员严重不足，服务配套设施难以保障等，博物馆行业面临着前所未有的挑战。因此，为了满足人民群众日益增长的精神文化需求，博物馆传统的管理方式必须有所突破，开创一种新型的管理模式，引进先进的管理思想，从而推动博物馆事业的全面发展，加速提升管理质量、环境质量、文化质量和服务质量势在必行。

近年来，ISO9000 质量管理体系不断被引入企业和事业单位，证实可以提升管理效力。目前，在博物馆界引入 ISO9000 质量管理体系已有先例，已知的有湖南博物馆、中国茶叶博物馆、浙江宁波天一阁博物馆、四川三星堆博物馆等几家博物馆。因此，既有先例可循，无论在观念的层面还是操作的层面，在博物馆引入 ISO9000 质量管理体系，具有必然性和可行性。

（三）正确认识博物馆引入 ISO9000 质量管理体系

此前，曾有一些人误认为按照 ISO9000 标准要求建立质量管理体系，就是要在博物馆内重新建立一套质量管理体系。其实这种认识是有偏差的，不论博物馆的类型、规模和地理位置，它在运营过程中本身就存在着一套质量管理体系，这是客观存在的，按照 ISO9000 标准要求建立的质量管理体系实际上是对原有的管理模式进行改良，克服过去原有管理模式中的种种弊端，从而实现科学化、规范化、系统化的管理。

二、引入 ISO9000 质量管理体系过程中遇到的困惑和对策

首博此次引入 ISO9000 质量管理体系，是下了决心、花了大力气的，从领导到员工都置身其中，其规模也是目前博物馆界少有的，囊括首博的各个部门。正是基于此，在引入和运行体系过程中，也曾经遇到了不少问题和困惑，在持续改进中逐渐拓宽思路，寻找了解决方法。

（一）主要困惑

第一，员工对质量管理体系的认识存在偏差和误区。有些人认为，质量管理体系可以解决博物馆工作中的任何问题，只要通过认证就可以一劳永逸，没有持续改进的动力；有些人认为，博物馆属于行政事业单位，很多工作是"无法量化的，无形的"，难以用质量体系标准化来衡量，因此，对博物馆引进质量管理体系持怀疑的态度。在很多员工对质量管理体系定义、作用和意义认识还比较模糊的情况下就容易和实际工作产生"两张皮"的现象，造成管理资源浪费。

第二，员工心理上的抵触情绪。质量管理体系引入前后，首博做了大量的、反复的宣传工作，但仍有部分员工对质量管理体系工作能否成功持怀疑态度。而在引入质量管理体系后对于那些安于现状、习惯于慢节奏工作方式、没有明确工作原则的人来说，造成了一定的心理压力，不免产生了抵触情绪。

第三，质量管理体系中的名词术语在博物馆运行管理中转换的困难。质量管理体系最早应用于制造行业，近年来才逐步被引入政府机关、事业单位。咨询师长期从事企业咨询工作，缺乏对博物馆运行管理工作的感性认知，在编制质量管理体系文件时，对于博物馆的内部组织管理、展览陈列、服务接待、顾客满意等工作性质上掌握不准确，容易按照企业标准简单地套用体系专业术语，未能针对博物馆具体情况进行专门对待和工作优化，以至于在体系文件中概念晦涩难懂，体系文件操作复杂，针对性较弱。因此，广大员工对体系文件和专业术语普遍一知半解、似懂非懂，进而影响质量管理体系的实施。

第四，内审、管理评审、外审工作流于形式。在博物馆质量管理体系认证过程中咨询师、内审员虽然对于标准条款很熟悉，但对于博物馆各部门工作流程、工作特点、方式不熟悉，无法发现部门在体系文件及运行中产生的深层次问题。使得咨询师不能深入规划、指导、完善程序文件，只能简单套用标准条款，缺少改进工作的可操作性，对于提高管理水平没有发挥应有的作用。

（二）改进思路和方法

针对上述困惑和问题，首博在实施质量管理体系的过程中，不断拓宽解决思路，持续改进，进行了以下四点工作：

第一，加大宣传力度，树立正确观念，让全体员工牢记首博质量管理体系的基本内容。落实质量管理体系工作是一项长期的任务，对于质量管理体系的学习和认识也是长期的。我们采用座谈研讨、培训学习、内部简报的方式进行动员、教育和宣传，让首博全体员工了解质量管理体系的基本知识和首博实施质量管理体系的必要性和可行性，让质量管理体系的理念更深入人心。

第二，强化质量管理体系培训，提升内审员体系内的工作能力。博物馆的质量管理体系认证面临的困难不少，但理论水平不高也是一个不争的事实。由于博物馆工作的特殊性，在不影响工作的情况下，加强内审员的培训，进行了针对性强的专项培训。未来，有条件的话，可以聘请既对质量管理体系建设理念丰富，又对事业单位管理和运行有了解的专家与博物馆从事质量管理体系建设工作的人员组成研究团队，对博物馆质量管理体系工作深入研究，并与率先建立质量管理体系的同行进行交流，共同促进。通过建立健全内外结合的培训机制，建立具有全面质量管理意识的内审员队伍。

第三，结合首博各部门实际情况，让编制的体系文件和质量目标具有可行性。质量管理体系标准对于博物馆编写体系文件只有统一的原则性要求，没有提供具体做法，博物馆各部门在编写体系文件时应根据本部门的实际工作情况对标准条款和术语做出适应性的编制和设计。一方面，顾客需求的多样化、博物馆行政管理和服务工作的复杂性，以及博物馆行业的快速发展变化，决定了博物馆提供的产品和服务绝不是简单的合同或订单。另一方面，国内博物馆与境外博物馆体制的不同和管理水平上的差距，使博物馆各部门在编制体系文件、制定质量目标时要充分考虑到部门特点，灵活运用质量管理体系的理念和精髓，不同的部门采用不同的标准和要求。质量目标既要涵盖服务的全部内容，对于每一项内容提出具体的标准，也可以进行定性与定量的结合制定。

第四，加强质量管理体系外部监督，将"持续改进"的原则落到实处。质量管理体系最可贵之处在于为顾客提供快速、高效、优质的服务，它是博物馆服务广大观众的一种手段和技术，而不是简单的博物馆形象工程和工作业绩。对于博物馆的运营，最好的认证主体是全社会和广大群众的认可，而不是认证公司的一纸证书。与此同时，必须坚持"持续改进"的原则，坚决杜绝"建立了体系就提高了管理，拿到了证书就万事大吉"的错误观念。根据要求建立体系并通过认证，只是万里长征的第一步，重点还在于持续运行和不断改进，只有这样，其有效性才能不断显现出来。质量改进是一种以追求更高的效率和效能为目标的持续活动。质量追求无止境，持续改进无终点。

三、实施 ISO9000 质量管理体系过程中应把握的要点

首博通过自己的实践，认为在 ISO9000 质量管理体系引入和运行中必须充分发挥人的作用，最大限度促进体系与博物馆管理相融合，

对几个关键点的把握尤为重要。

（一）把握博物馆质量管理体系的特性和要求

我们在将 ISO9000 标准引入博物馆时，并不是全盘照搬，而是坚持"拿来主义"和"洋为中用"的原则，根据 ISO9000 标准的实质内涵，并且结合博物馆的特点，有的放矢。因此，识别并准确把握博物馆的特点，充分理解标准内涵就成为博物馆成功实施标准并建立适宜、充分和有效的质量管理体系的关键所在。

按照 ISO9000 标准要求建立的博物馆质量管理体系，关注的不仅仅是游客参观的效果，还应包括博物馆的藏品保管和科学研究。以首博为例，旨在通过"过程方法"充分识别影响博物馆工作质量的方方面面，并通过"管理的系统方法"来实现博物馆对藏品保管、陈列展示、科学研究、社会教育、服务接待和其他支持性服务过程的全过程控制。所以说建立、实施和保持博物馆质量管理体系，进而全面提升博物馆工作质量是一项综合的系统工程。

（二）强调全员参与的重要性和必要性

作为一种管理体系不论它有多先进，如果未能得到管理者与执行者的接受和理解，其优势都会大打折扣。各级人员都是组织之本，唯有充分参与，才能使他们为组织的利益尽其所能。质量管理体系既要有高层管理者的大力推动，中层管理人员不折不扣的执行，也要有一支富有责任感、业务过硬的内审员队伍和全体基层工作人员的积极配合，否则很快就会脱离预定的轨道和实际工作相分离，从而失去其优势。

从质量管理体系的基本原则和实践经验来看，最高管理者发挥着重要的不可替代的作用。对博物馆来说，最高管理者通常为馆长、书记、法人代表，也可以指馆领导班子。最高管理者应在体系的建立、实施、保持和改进中发挥模范带头作用，身体力行地领导和推动工作。一个博物馆管理体系的质量和运行效率与最高管理者的参与程度、重视程度、推动的力度等都有着密切的联系。

中层管理者是否具有强烈的责任心直接影响到体系的执行力度，

是否具有娴熟的业务知识决定着体系的建立、维持和改进。责任心，在实际工作中主要指中层管理者在体系执行过程中对人和物的掌控，例如：新员工或是转岗员工必须经过认真培训和严格考核上岗，物资采购必须按程序作业，馆藏文物保管严格执行接收、鉴定、登记、编目归档、出入库、注销、统计、保养、修复等程序文件，严格落实设备维护检查、内审要求改进的措施等。

内审员队伍是质量管理体系从策划运行到持续改进中一直参与的角色，他们都是从不同部门抽调出来的业务骨干，对博物馆业务熟悉，直接接触服务对象，可以收集大量服务过程和服务质量的测量信息，及时发现问题，提出解决措施，同时他们也是各级文件制订的重要组成人员。因此，他们对质量体系运行起监督、保持和改进参谋的作用，还可以在质量体系有效实施中起到带头作用。同时，他们可以起到沟通领导和基层员工的纽带作用，也是与第三方咨询公司和认证公司接触的媒介。

没有全体基层员工的积极参与和支持，质量管理体系就会形同虚设，流于形式。在博物馆管理中必须要调动全体基层员工参与质量管理的积极性，激发他们的责任感。只有每个人的才干得到充分发挥，并能实现创新和持续改进时，博物馆事业才会真正不断发展。

（三）依靠咨询公司的有效协助

ISO9000 标准覆盖全球所有行业，标准条文比较宽泛、笼统，引入任何一个具体的行业都要经过理论研讨和实践检验。博物馆建立质量管理体系也是一个系统的工程，周期长、专业跨度大，因此必须依靠咨询公司给予有效的咨询，这对博物馆质量管理体系的建立和运行至关重要。

我们在实践过程中聘请了专业的标准化公司作为咨询方，并要求咨询师能够结合博物馆业的相关法律法规和操作规范的特点，帮助完成博物馆质量管理体系的策划、质量管理体系文件的编写、内审员的培训等工作。这就对咨询方提出了一个更高的要求，不同于一般的企业咨询，他们要懂得博物馆业的特性，熟悉博物馆的工作过程和管理过程，有良好的沟通能力和语言表达能力，善于应对各种复杂和棘手的场面等。

（四）有赖于专业认证机构的审核和整改

审核也是实现博物馆质量方针、目标的一个重要管理手段和自我改进机制，及时发现问题，采取纠正或预防措施，使体系不断完善、不断改进。

审核可以分为内审（自检自查）和外审（第三方认证）。因为内审主要依靠博物馆自己的内审员进行，弊端在于他们既当运动员又当裁判员，有时难以客观公正地处理问题，例如，有的内审员是一般员工，害怕得罪部门领导，明知所查部门没有按规定执行，不敢及时指出存在的问题，给予的检查结果仍是合格。因此，还须依靠第三方进行外部认证审核。某种程度上，外审机构与受审对象没有直接利益关系，可以相对较为公正客观地指出问题和不足。

以首博为例，在质量管理体系运行逐渐成熟后，邀请了方圆标志认证集团有限公司进行了分阶段的外部审核工作。在第一阶段外审期间，发现一些之前内审没有注意到的问题，例如在"文物安全管理制度"中未对库房的温、湿度提出具体数值，展览展示的策划内容和准则未做出明确规定，未制定对所聘的物业公司实施监管的细则等。随后首博各部门对外审中发现的问题及时进行了纠正和整改，使得外审顺利进入下一阶段，并最终获得了认证。

综上所述，要将 ISO9000 质量管理体系逐渐融入到博物馆的日常管理之中，逐步形成一个有机的整体，实现依托管理体系，全面提升博物馆质量管理水平，它不会立竿见影，需要一个显效周期，这是一个长期而持续的过程。同时，我们也必须清醒地认识到，无论 ISO9000 质量管理体系多么先进，人的因素都在整个引入实施过程中占据着主导地位，所以，一定要把人的积极性、参与性和主动性激发出来，从而把 ISO9000 质量管理体系的先进性、科学性显现出来。只有这样，才能用现代手段管理现代化博物馆，使之在文化大发展大繁荣中发挥应有的作用。

（本文作者为北京市文物局党组成员、副局长）

试论出版产业化条件下的
编辑力建设

○乔 玢

　　随着出版改革向纵深推进，出版产业化步伐加快，真正意义上的出版产业逐步形成。处于出版业中心环节的编辑工作与以往相比，在内涵和外延上都发生了显著变化，编辑人员的思想观念、知识结构、业务能力等都面临新的挑战。因此，以历史的、发展的眼光研究探讨编辑力建设，引导编辑如何在新形势下顺势而为，助力企业发展，成为业内众所关注的话题。

一、传统体制下图书编辑的基本特征和工作内涵

　　20 世纪 50 年代初，出版业实行出版、印刷、发行专业分工，形成了出版社出书、新华书店包销的格局。任何一家出版社，都是纯事业单位。在这样一种只管出书、不管销售、不自负盈亏的体制下，编辑主要具有以下几个特征：

　　第一，专业技能单一。编辑属于纯技术型，主要解决出版过程中的技术问题，包括政治把关、知识性把关和文字加工等，对其业务素质的考察也主要集中在编辑技术上，"匠"的色彩比较浓厚。案头功夫成为衡量考察编辑能力首要甚至是唯一标准。可以说，只要具备发现"文稿问题"的能力，就算是合格编辑，如果还能主动挖掘"出

版资源"，那就是非常优秀的编辑了。

第二，业务意识单一。编辑的专注点主要在于书稿内容，一般而言，编辑都是在自然来稿中完成选稿、审稿等一系列编辑活动，"编本位"意识占据首要位置。与市场几乎隔绝，风险意识、市场意识、经营意识也就无从谈起。

第三，职业角色单一。以文化人为职业身份，强调文化追求和"为他人作嫁衣裳"的奉献精神，"躲进小楼成一统，管它春夏与秋冬"的文人情调甚浓。编辑的学科概念和职业概念尚未建立。

20 世纪 70 年代后期到 80 年代中期，更是将一元、单向的编辑模式推向极致。"文革"结束后，百废待兴，大众的求知热情高涨，一时洛阳纸贵，排队购书、抢书的现象成为当时一道独特的文化景观。无论什么题材的图书，都能卖出好销量，百万级印数的图书不在少数。据官方数据，1977—1985 年，中国图书出版总印数由 33.08 亿册增加到 66.73 亿册，总印张数由 117.71 亿印张增长到 282.75 亿印张。这个时期，图书属于绝对强势的文化产品，其他传媒的发展也对图书形不成竞争压力，编辑们经历了史上最幸福的时光。

但与此同时，正是这样一种没有经营压力的宽松环境，技术至上的严谨氛围，为各类优秀典籍，尤其是大部头文史古籍图书的出版问世提供了沃土。编辑们可以潜心打磨图书内容，成就了一批精品，在文化传承和传播中发挥了应有作用。例如，中华书局历时 20 年，组织整理、出版的"二十四史"及《清史稿》点校本，被公认为新中国最伟大的古籍整理工程；为促进现代汉语规范化，商务印书馆编辑出版了我国第一部规范辞书——《现代汉语词典》，同样也是历经了 20 年的打磨。

二、当前产业态势分析

产业化是出版改革的产物。从事业转型为企业，从国家统管统包到"产业化"概念的提出和深化，是出版业近 30 年的探索成果。

综观当前出版环境，在"深化改革、做大做强"的发展主题下，政府在加快推进出版传媒企业集团建设、改革投融资渠道、加快科技创新、培育新的增长点、大力推进走出去、加快构建现代出版物市场体系等方面的支持力度空前，真正意义上的出版产业逐步形成，产业化特征愈加明显，主要有：

第一，出版机构企业化。出版业转企改制基本完成，建立现代企业制度，实行公司化管理，培育真正的市场主体，成为新的改革重点。

第二，经营集约化、集团化。优化出版资源配置，提高集约化程度，是做大做强的基础，因此，借助资本的力量实现快速扩张和跨越发展，成为各出版传媒企业的共识与方向。出版资源将进一步向优势企业集聚，出版集团在体量和数量上将继续增长。

第三，资本结构多元化。随着出版传媒企业跨媒体、跨地区、跨行业、跨所有制、跨国界发展的推进，以资源、资本为纽带的多形式、多层次的整合合作、重组并购频繁，单一的政府投资模式逐步被打破，资本结构呈现多元化。在保障国有资产保值增值、坚持国有资本控股地位、把握编辑权和经营权的前提下，开辟多层次融资渠道，推动企业上市融资，引领社会力量共谋发展，是出版企业壮大实力的助推器。

第四，竞争国际化。在经济全球化推动下，出版国际化进程加快，一些有实力、有条件的出版企业开始在境外以参股、控股等方式建社、建站、办报办刊、开厂开店，拓展发展空间。境外出版机构也纷纷在北京、上海等大城市设立办事处，作为接轨中国出版市场的"前沿阵地"。积极利用国际、国内两种资源，参与国际、国内两个市场竞争，提升我国文化软实力，增强中华文化国际竞争力和影响力，成为出版企业新的历史使命。

第五，内容数字化。2011年数字出版产值达1377亿元，位居行业第三。出版传媒企业加快数字化转型步伐，各类新型出版业态异军突起，数字化成为行业新的发展方向和增长点。

三、产业化条件下图书编辑应该具备的能力和素质

在产业化背景下，编辑力被赋予了新的内容，编辑力建设成为出版企业人才建设中的重中之重。它不仅需要编辑人员具备从信息采集、选题策划到组稿、营销等全程参与的意识和能力，而且需要具备全方位开发经营图书产品的复合型才能、创新型思维和国际化视野。它不是"现代"对"传统"的颠覆，而是二者的兼容互补，在编辑队伍中，不仅需要经得起沉浮，耐得住寂寞，有着"十年磨一剑"专业精神的传统型编辑，肩负起重大文化工程、出版工程的传承责任，也需要以图书在市场上更广泛的传播和赢得更多人认同来实现尊严和价值的新型编辑，以为社会大众提供必备精神食粮为己任。

（一）发扬优良编辑传统，"二识一力"是根本

优良的编辑传统是出版业的灵魂。无论产业如何发展，编辑力建设都要以尊重编辑工作的文化特性和规律为前提，围绕坚守和发扬优良编辑传统这一核心，建立图书编辑新的生存模式。编辑传统可概括为"二识一力"，即导向意识、文化意识和文字能力。

1. 导向意识。传播先进文化是出版人肩负的庄严使命。编辑作为先进文化的建设者和传播者，必须增强导向意识、责任意识，做到严格把关。只有坚持正确的出版导向，具备清醒的政治立场、高度的社会责任感和敏锐的是非辨别力，才不会在市场的洪流中迷失方向。但凡导向意识淡薄，社会责任感缺失的，即使会获得一时的利益，但终难修得大成，谋得长久发展。

2. 文化意识。编辑工作"是参与文化创造、文化积累、文化传播的工作，也是参与塑造人的灵魂的工作"。文化属性是编辑工作的第一属性。编辑作为精神文化产品的设计者和生产者，要深怀对文化的敬畏，以高远的文化理想和追求，自觉践行一个文化人应有的责任和担当，以多出启迪思想、陶冶情操、慰藉心灵的图书，多出能流传百世、世代追随的图书为职业目标。

3. 文字能力。编辑每天与文字为伍，不论是加工稿件文本，还是撰写审读报告、宣传策划案、书评、新闻稿等，都需要较强的文字驾驭能力。文字能力的高下，直接决定了图书产品的品质。因此，扎实、深厚的文字功底是一个编辑必备的基本功，是安身立命之本。"炮制虽繁必不敢省人工，品味虽贵必不敢减物力"，这是同仁堂的古训，同样也适用于编辑工作。对文本兢兢业业地打磨，在任何时代都不过时。

（二）着眼"四大维度"，提升创新编辑力

全面提升创新编辑力要从多方面入手，这里着重强调的是"四大维度"，即记者的敏感度、引领者的高度、学者的深度和读者的关注度。前三个维度侧重内容建设。新媒体、新技术的发展，拓宽了传统出版业的市场空间和盈利模式，但"内容为王"依然是正道。第四个维度即市场维度，它贯穿编发全程。内容、市场两相结合，构建"作者、书稿、市场、读者"四位一体的互动网络，编辑方能运筹帷幄，决胜市场。

1. 记者的敏感度。编辑面对各类动态信息，尤其是重大事件、热点话题，要保持像记者一样的高度敏感，"洞悉社会、透视生活"，主动及时地从浩如烟海的信息中捕捉与图书气质相契合的选题。这考验的是编辑的创造力、策划力和判断力。

"记者敏感度"不是与生俱来的，首先要做个"有心"人，要保有对社会动态、热点事件、行业走势持续关注的热情和兴趣，注重信息储备，为选题寻求"源头活水"。当信息积累到一定程度，自然会养成一种职业直觉，各种选题创意的产生也就是水到渠成的事了。现在网络发达了，编辑掌握信息的渠道更加便捷，可以将浏览一些重点门户网站、专业论坛等作为每天必修课，日积月累必然会有收获。其次要有信息决断力，能够在纷繁庞杂的信息中迅速、准确判断信息价值的大小，并转化成切实的行动力。如今，图书选题的竞争一点不亚于新闻记者对于独家新闻的争夺，编辑一旦认准有价值的选题，就得立即行动，持续跟进，不容半步迟疑。例如，2012 年 6 月北京出版

集团推出的马布里全球独家授权自传《我是马政委》一书就是"抢"出来的选题。3 月 30 日，马布里带领金隅男篮获得 CBA 冠军，成为广大市民、球迷心目中的"城市英雄"，我当时立即意识到马布里的故事是一个好选题，迅速组织策划团队与马布里本人及其团队取得联系，并以专业、高效、热诚的出版服务赢得了马布里团队的认可。在运作过程中，有业内人士对此书并不看好，但我们坚定地相信，该书虽源于篮球，但又超越篮球，书中所传递的爱心、梦想和坚持，能让每一位读者从中获得宝贵的人生体验，一定会受到读者的欢迎。《我是马政委》印证了这一判断，出版后获得了市场认可，上市两周内即登上各大非小说类图书排行榜榜首，并荣登 2012 年《新京报》年度畅销书香榜·非小说榜。

2. 引领者的高度。即从宏观入手，大局着眼，以文化导航者的角色，时刻站在读者需求乃至社会文化发展的制高点策划选题。

第一要具有前瞻性，有宽广的视野和独到的见解。能够从对国家宏观政策、社会趋势的解读中，从对舆论宣传导向、阅读趋势的梳理中，捕捉全景式的重大题材，审时度势策划出引领时代、提振思想的图书。2011 年 1 月上海人民出版社出版的《中国震撼》一书，上市后好评如潮，累积销售高达 16 万册。作为一本理论著作，其叫好又叫座的原因在于，在当前经济转轨、社会转型的特殊历史时期，将"中国模式"这一敏感、宏大的主题，诠释得既合政意又深得民心。正是对经济社会发展动态和需求的前瞻性把握，对于厘清国人的思想认识，为理性客观、清醒自信认识中国的改革开放成果，认识中国的发展道路，认识中国的前进方向，提供了坚实的理论支撑，同时也是对"中国威胁论""中国崩溃论"等言论最有力的回应。第二要拥有广泛的人脉资源。通常编辑都基于自身的人脉圈子来策划选题，谁的圈子越大，占有的资源越多，选题视野就会越开阔。因此，建立一定范围的交际圈，尤其是拥有一些独特的人生经历和人脉资源，在选题策划上将会拥有其他人所没有的优势和高度。

3. 学者的深度。美国著名编辑人舒斯特在其名文《给有志于编辑工作者的一封公开信》中提出一个重要观点，"真正有创造力的编辑人必须成为了解专家的专家"。而要成为这样的"专家"，首先必须具备学者的深度，即编辑要对一两个学科潜心进行研究，以获取职业依存的根基，为自己创造能够与高端作者对话、策划高端选题、驾驭高端书稿的平台，只有做专了才能真正做宽。

"学者深度"的锤炼非一日之功，一方面编辑要做好自己的职业定位和规划，在对自身的资源和特长进行客观评估的基础上，确定自己的所能（优势特长）和所愿（希望从事的方向）；另一方面需要用心钻研修炼，才能成为某个领域的行家里手。唐浩明就是最好的例证。20 世纪 80 年代初，唐浩明担任《曾国藩全集》责编。通过大量文稿的研读分析，他对曾国藩有了比较全面的了解，在费时 11 年编纂、校正、出版 30 卷 1500 万字《曾国藩全集》的同时，构思、写作了三卷长篇历史小说《曾国藩》。《曾国藩》出版后不仅畅销书市，而且引发了为时十多年的"曾国藩热"。从文献整理到文学创作，唐浩明分别充当了编辑、作家、学人的角色。正是学者的深度，帮助他在编辑工作、研究创作方面实现了双赢。

4. 读者关注度。有业内人士将编辑工作描述为"静如处子，动如脱兔"，可以说是对图书编辑最生动的写照。其中"动"即市场维度，要求编辑不能停留在孤芳自赏的阶段，不能囿于"坐等来稿"，而应该积极介入社会生活，从读者的消费动机、需求以及市场运作规律的立场出发进行产品研发、营销支持工作。既要具备产销一体的理念，像发行人一样思考，不断发掘潜在市场，实现销售最大化，又要像生意人一样运筹，善于整合协调各种资源，其核心思想就是我们通常所说的全程营销，考验的是编辑的营销力和公关力。

深入践行全程营销，一是要调研先行，并将调研贯穿始终。因此，编辑首先要树立市场调研意识，开动脑，迈开腿，将市场作为施展和证明自身才能的广阔天地。其次要注重经验积累，将某一种或某几种调研方式作为编辑工作的常规动作。二是了解渠道，联系渠道，把握渠道。一方面要研究图书的渠道适应性，在熟悉了解发行市场格局、渠道细分、图书分销、卖场陈列等多个环节流程以及渠道对图书的认知习惯基础上，根据不同渠道特点来研发不同的产品，做到适销对路。另一方面编辑要有较强的宣传推广意识和良好的渠道沟通能力，要作为图书的"第一推销员"，主动走到"台前"，直接面向渠道进行产品推荐和培训，从编者的视角更加全面到位地诠释产品卖点和特色，促进产品销售。三是营销前移、营销创新。营销前移即在选题策划之初，就要充分考虑后续营销需要，提出比较完善的营销推广方案，以此指导选题项目的推进。小到文本中某个标题的加工提炼，大到封面文案设计和图书简介的撰写，都要围绕营销推广的主题造势渲染，为营销推广提供最大便利。营销创新，即以开放的心态，以参与者、践行者、推动者的身份融入社会大发展中，立足图书，又不囿于图书，了解、熟悉新媒体、新技术与出版行业的结合应用，摸索多业整合营销的规律和特点，在日新月异的发展变化中谋求营销先机。北京出版社编辑马力策划的"到系列"图书很有特色，其中《到瑞士》《到南极》《左右瑞士》等图书颇受读者好评。选题的开发过程就具有当今新媒体环境下的典型特征：首先，作者都是从博客这一新媒体的中坚分子中发现、挖掘而来，同时针对博客浏览与图书阅读的不同，在内容转换上做了大量"增量"工作，赋予了图书新的价值，彰显了一名优秀编辑在把握、驾驭文稿方面的能力。其次，以网络和博客平台为重心，策划系列宣传推广活动，充分发挥新媒体的宣传优势。其中《左右瑞士》一书，为适应当下电子阅读和在线阅读潮流，首度尝试图书出版与新媒体互生互助新模式，同步推出纸质图书和iPad版图书两个版本。另外，编辑在运作此类选题的过程中，注重商业链条的借势，为图书找到了一条与经济契合并融合渗透、相互借力发力的发展模式。《到南极》与做高端旅游的德迈国际合作策划以及开展系列营销活动，整合双方优质资源，不仅出版社有效控制了经营风险，而且德迈国际本身也得到了很好宣传，达到了互利双赢的效果。

（本文作者为北京出版集团有限责任公司党委副书记、副董事长、总经理）

关于北京历史文化主题出版的几点思考

○曲　仲

一、北京历史文化主题出版的现实意义

北京是历史悠久的文化古都，最早在春秋战国时期，北京就有了建都的历史，之后，从金中都开始，元、明、清三代建都北京，民国初期，北京也曾一度作为首都。新中国成立后，北京更是成了全国人民向往的伟大祖国的心脏。这么丰富的历史文化，是其他城市所没有的，那么如何研究、收集、总结北京的历史文献，研究北京的文化特征，为今天北京建设文化之都提供积极的借鉴和帮助，意义十分重大。今日北京政治、经济、文化的发展，也需要加强理论研究，更需要配合文化发展的市场推广，这也是时代的使命。

作为首都，北京拥有丰富的文化资源，是文化产业的聚集区。仅举两例，第一，北京拥有一批具有雄厚实力的全国性和地方性的大专院校，其中不乏北京大学、清华大学、中国人民大学、北京师范大学等著名高校，这些高校再加上众多的科研院所，使北京拥有了全国规模最大的文化研究队伍；第二，在京的出版企业数量占全国近600家总数的一半，其中不乏大型航母型的出版单位，如中国出版集团、中国教育出版集团、中国科学出版集团等，也有以出版北京历史文化图

书著称的北京出版集团。因此，研究出版北京历史文化产品，北京有着得天独厚的条件，这是其他城市不可比拟的。

党的十八大对我国的文化发展提出了新的要求，如何发展北京市的文化建设是落实十八大精神的重要内容。北京市早就提出了建设文化之都的目标，并在具体实践中取得了突出的成绩。综上所说，有了研究出版北京历史文化的必要，也有研究出版的优势条件，作为北京文化建设的重要组成部分，北京历史文化的研究和出版，理所应当走在全国的前列，这给我们身处北京的文化出版工作者提出了一个重要的课题，也是我们义不容辞的历史使命。

二、北京历史文化主题出版的产品分析

长期以来，北京市委市政府十分重视北京历史文化的整理和研究，投入大量的人力物力，各研究单位和出版单位也认真组织落实，研究、出版了众多相关工程和项目，产生了积极的社会效益。归而类之，大致有以下几种类型：

（一）历史文献类

包括有关北京历史的各种档案、典籍、历史记载等，这方面集大成者当是北京古籍出版社（后来用北京出版社的名义）出版的《北京古籍丛书》70 多卷，其中包括《光绪顺天府志》《日下旧闻考》等重要古籍，是研究北京历史文化的必读文献。北京政协文史委编辑、北京出版社出版的《文史资料选编》也已经出版 79 辑了，收集现当代作者的回忆和研究文章，是研究现代北京历史文化的重要资料。除此之外，《明实录中的北京史料》、当代的《北京奥运会志》等文献也都具有一定代表性。

（二）工具书类

由历届市委主要领导领衔主持编写的《北京百科全书》至今已出版过第一、第二版，该书的第三修订版也列入北京出版社的出版规

划。由北京地方志办公室主持编写、北京出版社出版的大型地方志书《北京志》也已经出版了 140 多卷，即将全部完成。该书作为志书，既有很强的文献性，也有工具书的性质。另外，有关北京的各种年鉴也都不间断地出版，有关白皮书一直由市社科院编写，由中国社会科学出版社出版。

（三）学术著作类

有关北京历史文化的研究著作每年都有出版，其中影响较大的有：由北大历史系编写、北京出版社出版的《北京史》，由北京社科院编写、中国书店出版的《北京通史》，以及由北大侯仁之教授主编、北京出版社出版的《北京历史地图集》等。北京党史研究室编写的《中共北京党史》等北京党史研究著作也产生了很大的影响。

有关北京文化的研究著作也有不少，如刘淇同志主持编写的《北京奥运经济研究》、孙安民著《北京文化产业研究》等。近两年，有关北京精神的研究性著作，如《北京精神通论》等，也在全国产生了较大的社会影响。

（四）旅游文化类

以北京出版社、北京美术摄影出版社等为主，出版过一批有关北京旅游的重要图书。北京众多著名的旅游景点以及博物馆、图书馆等文化场所都有相关的图书介绍产品。地质出版社出版的《北京人手册》常年畅销；由北京市旅游局主持编写、北京出版社出版的《京郊旅游手册》《北京旅游景区丛书》等，都具有一定的代表性。

（五）文化类

这方面的图书内容十分丰富，如《北京老字号》《北京四合院》《北京老胡同》《北京文物精粹大系》《非物质文化遗产丛书》《京剧传统剧本丛书》《京剧谈往录》《老北京的传说》《故宫退食录》等，大多由北京出版集团旗下的出版社出版，中国书店、北京燕山出版社、北京工艺美术出版社等市属出版社也出版过一些作品，三联书店等也出版过相关的图书。

（六）文学作品类

描写北京生活的原创文学作品，以北京十月文艺出版社出版的居多，人民文学出版社、作家出版社、长江文艺出版社等也都出版过相关的作品，代表作有北京十月文艺出版社出版的《四世同堂》（老舍著）、《城南旧事》（林海音著）、《采桑子》《状元媒》（叶广芩著），人民文学出版社出版的《我与地坛》（史铁生著），长江文艺出版社出版的《荣宝斋》（都梁著），以及已经列入北京十月文艺出版社重要选题的《金融街》（徐坤著）、《什刹海》（祝勇著）等长篇小说。《十月》《北京文学》等大型文学刊物上，也经常刊载一批与北京生活相关的小说、报告文学、散文、诗歌等文学作品。

三、做好北京历史文化主题出版的五项措施

以上在介绍图书类型的同时，谈到了一些已经出版了的有关北京历史文化的书籍，从这里也能看到北京市委市政府在推动文化发展和文化生产上所做的努力，结出的硕果。客观地说，与兄弟省市相比，无论是在史籍整理出版上还是在地方志的出版上，无论是在学术研究出版上还是在文学作品的出版上，北京都走在了前头，成为各省市学习的榜样。但是，与北京如此丰富厚重的历史文化相比，与北京所处的首善之区地位相比，与北京市文化之都的要求相比，我们还需要做出更大的努力。要想做好北京历史文化的主题出版工作，要从五项措施入手：

（一）思想上重视

北京历史文化出版工作对于北京市的文化建设而言，具有非常大的文化价值和现实意义，这需要各级领导、各相关单位从思想上给予充分认识。

2011 年年底，市委市政府正式发布了《关于发挥文化中心作用

加快建设中国特色社会主义先进文化之都的意见》，充分勾勒出北京市建设社会主义先进文化之都的发展目标，并指明当前首都文化领域发展与繁荣面临的机遇、挑战及应对措施。在北京的规划中，有打造全国文化精品创作中心、打造亚洲演艺中心、形成国家级老字号聚集区、建设街道级文化休闲中心、设立北京版权保护基金、建设优质文创产业聚集区、构建上市公司北京文化板块等具体措施，令人耳目一新。特别是成立北京文化精品工程办公室，设立了高达100亿元的北京文化发展专项资金。我们应该抓住这个良好的机遇，做好北京历史文化的主题出版工作。

（二）组织上落实

北京市社科联、市社科院、市政协文史委、市方志办、市党研室、市文史馆，以及各有关政府委办局级单位，都在从各自不同的角度对北京文化进行长期的研究和整理，创作出了很多有价值的著作。这些部门和单位应该在市委市政府的统一领导下，形成合力，统一规划，完善北京文化的整理和研究。

北京出版集团作为北京市的出版基地，更应该责无旁贷地完成好相关出版物的出版工作。北京出版集团除了有若干产品平台外，在产品线的基础上，着重打造三大工程，其中之一就是"北京历史文化出版工程"。

除了以上措施，仍然有些急需实行的项目缺乏组织上的落实，比如，北京历史文献的综合整理，北京口述历史的拯救工作，都是当务之急。建议成立"北京古籍整理办公室"和"北京口述历史整理办公室"，可以挂靠在政府部门，也可以挂靠在北京出版集团，从组织上对相关项目进行落实。

（三）物质上保障

北京市需要进一步加大对历史文化研究、整理和出版的扶植力度，市文创基金、文化发展基金等需有针对性地给予更多的支持。北京历史文化的研究、整理和出版，由于投入较大，读者范围相对小，很难在市场中消化成本，比如，《北京古籍丛书》是北京出版集团历时数十年精心打造的一套北京历史文献的汇集，是研究北京历史文化的必读书，在学术界有着巨大的影响和崇高的地位，但由于以前十多年缺少市财政的支持，一直没能再版，甚至部分选题出现流失现象。再比如，《北京口述历史丛书》，如果不能尽快大规模启动，一些经历丰富的老人就有可能带着历史真相过世，给我们留下永远的遗憾。目前，市委市政府已经给予这两大项目财政资金上的支持，但还需要进一步加大支持力度。像后者，绝不是一时的工程，而是一世的工程，如果能像以上建言成立相关的组织机构，由这些机构对项目的价值进行严格的论证和筛选，再由市财政给予规范的补贴，会达到更好的效果，也定能让北京的文化建设长期受益。

（四）培养和引进优秀人才

有什么样的人才，就有什么样的成果。地处北京，是我们的优势，北京的人才资源相对来说是比较充裕的，但同样由于北京的国家单位相对较多，人才竞争比较激烈。比如，同样搞研究，能去中国社科院工作的，不一定要在北京社科院工作；同样道理，很多人才被大的国家级出版单位吸引走，北京市属出版社，仍然面临人才紧缺的问题。

北京市要进一步加大人才引进政策，对人才要有高薪待遇吸引，要能够解决进京户口问题，要有各种各样的鼓励措施，给他们施展才能的空间。同样，对已有的人员要加大培养交流的力度，通过"四个一批"人才政策、行业领军人才政策和"百人工程"来扶持人才的成长。北京将建立首都高端文化人才数据库和重大文化项目首席专家制度，这将对人才培养和引进起到重要的作用。

（五）建立奖励制度

建立奖励制度，是鼓励北京历史文化主题出版的重要措施。凡是符合北京市委市政府提倡的"北京的、当代的、原创的"文化精品，取得了较高的社会效益和影响的，都应该在奖励之列。对《北京志》

《北京古籍丛书》《北京奥运会志》《中共北京党史》《北京口述历史》等重大工程，除了给予资金上的支持，还要对作出贡献的人员给予精神和物质上的表彰。建议北京市拨出专项基金，设立"北京历史文化经典出版奖励基金"。通过以上措施，从制度上保证北京历史文化主题出版的成效。

（本文作者为北京出版集团有限责任公司党委副书记、副董事长、副总经理、总编辑）

图书发行企业服务
营销中的问题研究与对策

○丁树臣

在全国各地，吃火锅首选"海底捞"已得到消费者的普遍认可。不是因为它的锅底有多么好，价格多么有诱惑力，人们看重的是它提供给顾客上帝一样的服务。从顾客的车子到其任何一家门店开始，顾客就享受到在其他地方完全不一样的待遇：保安及时给你拉开车门护送你下来直到大厅门口，然后有服务员问你的就餐人数等情况；倘若现在没有位置而你又愿意等的话，会有一张类似酒吧的小桌子供你等候，提供一些休闲零食和豆浆，当然这些都是免费的；顾客也可以打打牌或者到门口免费的擦鞋摊擦鞋打发光阴；如果等候时间超过 30 分钟，会享受九折优惠……所有来的人几乎都会选择等一会儿而没有立即走的。服务员的工作从来都是充满热情的，感觉不到虚假。几乎没有看到过"海底捞"的服务员和顾客发生争执。

从"海底捞"这些点点滴滴的精心之举，联想到我们的图书发行企业，天天喊着"客户就是上帝"的口号，可是真正做到的有几家？在经济形势以及书业整体环境不佳的情况下，图书发行企业实施服务营销目的就是希望可以通过服务读者，实现持久稳定的图书销售。但是所有这些不是简单喊几句口号就可以达到的，需要的是踏踏实实地实施服务营销。

图书发行企业的服务营销是以广大读者为中心开展的营销活动。

面对网络书店和屏幕阅读等信息时代数字化特点的冲击，刚刚转型的传统图书发行企业遇到了前所未有的挑战。肩负着传播主流文化责任的图书发行企业，尚未完成从传统向现代的过渡转型，又面临市场化和高科技的双重考验，生存压力巨大。近年来，全国各地不断传来原先经营有方的著名实体书店倒闭、转租、搬迁的坏消息。对于一个图书发行企业来说，市场竞争的能力决定了生存能力和生存空间，而能力是可以突破的，靠什么突破，靠服务；生存的空间是可以扩大的，靠什么扩大，仍然是靠服务。因为实体书店的一个重要优势就是体验感。

研究图书发行企业服务营销存在的问题与对策，对于企业提高市场竞争力具有重要的理论和现实意义。一方面有助于图书发行企业深入贯彻落实党的十八大、十七届六中全会精神，弘扬"爱国、创新、包容、厚德"的北京精神，为推动社会主义文化大发展大繁荣、构建社会主义和谐社会贡献力量；另一方面有助于图书发行企业在深刻领会党中央、市委市政府和市委宣传部关于图书出版发行业繁荣发展的一系列战略部署的基础上，在日趋激烈的市场环境中，进一步提高应变能力，打造企业核心竞争力。

一、服务营销的概述

（一）服务营销的含义

服务营销是指以服务质量来获得顾客的良好评价，以口碑的方式吸引顾客，维护和增进与顾客的关系，从而达到营销目的的一种营销方式。服务营销是企业在充分认识和满足消费者需求的前提下，为满足消费者需要在营销过程中所采取的一系列活动。它是企业营销管理深化的内在要求，也是企业在新的市场形势下获取竞争优势的新要素。

（二）服务营销的特征

亚当·斯密曾说过："似乎没有任何标准可以清楚地划分出两大部分（指产品与服务）的界线。"进一步说就是每一个行业都渗透着服务，它们的区别只是在于所包含的服务成分的多少。从市场营销学角度看，虽然有形产品与无形服务在表面上体现出不同的物质特征，但实际上并无本质区别，它们都是产品，都能为消费者提供利益和满足感，只不过服务是一种特殊的产品。既然服务产品与有形产品具有不同概念及特征，那么也就必然会区别于传统产品营销的服务营销理论和架构。服务产品的特征决定了服务营销同产品营销有着本质的不同。具体表现为以下几个方面：

1. 产品特征不同。不可感知性是服务产品的最基本特征。可以从两个不同的层次来理解：首先，服务产品与有形的消费品或工业品比较，服务的特质及组成服务的元素，很多都是无形无质，让人不能触摸或凭肉眼看见其存在；同时，服务产品不仅特质是无形无质，甚至被使用后其带来的利益也很难被察觉，或是要等一段时间后，享用服务的人才能感觉到利益的存在。因此服务产品的表现是一种行为、绩效或努力。由于服务是无形的，顾客难以感知和判断其质量和效果，他们更多的是根据服务设施和环境来衡量。

2. 顾客参与服务的生产过程。对于大多数有形商品，首先要通过企业生产出来，然后通过各方面质量检验合格后，才能够进行销售。而服务的生产过程与消费过程同时进行，也就是说服务人员提供服务给顾客时，也正是顾客消费服务的时刻，二者在时间上不可分离。由于服务本身不是一个具体的物品，而是一系列的活动或过程，所以在服务的过程中消费者和生产者必须直接发生联系，从而生产的过程也就是消费的过程。顾客对生产过程的直接参与及其在这一过程中同服务人员的沟通和互动行为无疑对传统的产品质量管理及营销理论提出了挑战。

3. 人是服务产品的一部分。服务过程是顾客同服务提供者广泛接触的过程，服务绩效的好坏不仅取决于服务提供者的素质，也与顾客的行为密切相关。所以，人成为服务产品的一部分。区别于那些实行机构化和自动化生产的第一产业与第二产业，服务行业是以"人"为中心的产业，由于人类个性的存在，对于服务产品的质量检验很难采用统一的标准。福克斯电影制片公司创始人曾说过："消费者的知识、经验、诚实和动机，影响着服务业的生产力。"

4. 质量控制问题。由于人是服务产品的一部分，服务产品的质量很难像有形产品那样用统一的质量标准来衡量，进而其缺点和不足也就不易被发现和改进。

5. 时间因素的重要性。在服务市场上，既然服务生产和消费过程是由顾客同服务提供者面对面进行的，服务产品的推广就必须及时、快捷，以缩短顾客等候服务的时间。等候时间过长会引起顾客的厌烦，使其对企业的服务质量及形象产生怀疑。

（三）服务营销对企业的发展作用

首先，有利于丰富市场营销的核心——充分满足消费者的需求。市场营销的本质是对消费者需要的满足和获取实际利益，服务营销正是从这点出发，在提供产品给消费者的同时，向消费者提供了一系列感受颇好的无形服务，使得市场营销的本质得到全面实现。

其次，有利于提高企业竞争能力。当今企业所面临的市场竞争异常激烈，不单单要注重产品的质量，更要重视为消费者提供怎么样的服务。消费者对服务质量的评定，就会产生对企业的口碑，只有得到消费者对服务的满意程度，才能够使得企业在竞争中立于不败之地。

再次，有利于提高产品的附加值。服务是企业提供给消费者一组利益中的一个重要组成部分，企业只有通过服务营销，努力提高产品竞争的附加值，才能够提高消费者的满意度。赢得消费者的信任和忠诚度，不仅巩固了企业的市场地位，而且也获得了更大的利益，实现了自己的经营目标。

最后，有利于提高企业的综合素质，树立企业的良好形象。服务营销人员是企业对外交流的主体，是企业与消费者联系的纽带，因此，企业通过服务营销工作，能够促进营销人员的素质和企业经营管理水平的全面提高。

二、图书发行企业服务营销存在的问题

（一）员工服务意识不强

现在的大多数图书发行企业自认为很重视服务，但是让企业感到迷茫的是，读者似乎对于其所提供的服务永远都不感到满足，而且不满的状况与日俱增。这是因为企业并没有意识到在把图书信息传递给读者的过程中，服务始终是要放在从属于图书的位置上的。例如，书店店员在介绍图书的时候，太关注于解说图书的内容和卖点，却忽略了读者的真正需求和购买意向，一旦读者拒绝接受图书的信息介绍，店员多会出现挫败感和心理落差，就会出现不良的、表现在外的服务态度，让读者产生反感和排斥情绪！而在真正的服务营销中，服务才是实质的商品，产品只是服务的附属商品。由此可见，有些图书发行企业仍然没有真正实现从"以产品为中心"到"以顾客为中心"的转变。

（二）服务质量控制不严，服务不规范

由于服务质量评价标准难以度量，所以读者感知的服务质量就是图书发行企业对于服务标准是否到位的一个标杆和尺度！但是，由于企业只是把购买图书及相关产品的人看作是企业的顾客，并没有充分理解和重视到图书销售过程中负责销售的最基层店员的情绪和感受，这就很容易使店员把对企业的不满情绪带到工作当中，导致在服务过程中出现服务质量差的问题。这关联到图书发行企业衡量服务质量的标准，也影响了企业形象。

此外，由于国内图书发行企业的店员普遍缺乏必要的营销以及公关礼仪方面的培训，服务不规范，质量不高，从而无法为读者提供令其满意的服务，无法留住新老读者。而在图书市场产品"同质化"的今天，服务意识以及服务质量已经比图书质量更为重要，虽然大众消费，众口难调，对待同一本书看法和需求都是不同的，但是对于优

质服务的要求却是一致的。因此，只有以优质的服务水平来赢得读者的认可和忠诚度，才能最终成为市场竞争的佼佼者！

（三）一线店员对书的认知程度不高

据调查显示，香港的书店一线员工读书是每月平均 4.7 本，而上海的书店店员只有 0.4 本。卖书的店员如果没读过这本书，那是不可能把书介绍好的，只能是空洞的背卖点，会显得很僵硬没有感情。

2012 年初，上海的"蒲蒲兰绘本馆"入选美国文化评论网站评选的"全球最美 20 家书店"。蒲蒲兰绘本馆是中国内地首家外资儿童书店，2005 年由日本儿童绘本出版社白杨社开办。馆长曾表示：获选原因最主要就是沟通读者，这是"最美因素"。这里的店员大多受过良好的文化与艺术教育，能给小朋友绘声绘色地讲故事、读书。此外，店里还要求每一名员工看过店里的每一本书，保持良好的阅读习惯。只有爱书的人，才能和读者产生心灵的共鸣，而这也是网络书店难以媲美的。

（四）提供的服务存在趋同性

服务的趋同性是指没有对服务市场进行细分，对各类读者只提供一种大众化服务。随着各类读者对购书需求的不断变化，不同的读者之间存在着很大的差异。有的读者希望能够获得更高档的、全面的整体性服务，有的则希望获得低价优惠服务。那么，企业就必须根据读者需求以及自身的情况，选择一个或者多个细分市场来提供相应的服务。

蒲蒲兰绘本馆只有不足 20 平方米的面积，却布置得色彩斑斓、童趣盎然。这里搜罗了全球最美的儿童图画书，主要针对 0—10 岁之间儿童的阅读需求，书籍也是按照儿童的年龄分区来摆放。在网络购书与电子图书潮流席卷而来之时，蒲蒲兰绘本馆的"对策"是专注经营童书绘本、细分阅读市场，以及用"爱读书的店员"来给顾客提供个性化的特色服务。这里的店员并不是生硬地在卖书。不少父母亲来这里买书，并没有带一张书单，而是带着很多问题。例如两三岁的孩子该看什么书，或者发愁"孩子不好好吃饭怎么办"

"爱发脾气怎么办"等。这里的店员受过很好的培训，会主动跟读者沟通，根据他们的要求推荐相应的绘本，家长们往往满意而归。

三、图书发行企业加强服务营销的对策

文化繁荣兴盛是中华民族伟大复兴的应有之义，建设文化强国是实现"中国梦"的重要支撑。图书发行企业的工作者要珍惜时代提供的难得机遇，坚守文化追求，牢记社会责任，走入读者中去，以读者为友，在深入服务读者中汲取智慧营养，传播正能量，建设软实力，为实现伟大"中国梦"贡献力量。

（一）提高服务意识

读者选购图书时不仅会考虑到这本书是否是其需要购买的，也会很看重企业自身的形象以及店员的服务态度，这对企业来说无疑是一项严峻的考验。首先，企业要真正认识到"服务才是实质的商品，而产品只是服务的附属品"。只有这样，才能使企业上下对服务营销有一定程度上的认识，进而不断努力提高店员的服务意识。其次，服务不仅局限于图书发行企业的门市店员，企业的每位员工都要成为企业的形象代表和服务代表，能为读者解决各种问题。这样既在读者面前展示了企业的文化，更展示了良好的企业形象。

实践证明，服务工作是企业软实力的最终体现，每一次销售都无法脱离服务这一重要环节，它是联系读者的纽带，更是企业发展的重要基石。北京发行集团从 2012 年起，以深化创先争优活动为契机，从创新服务模式入手，大力开展以"五星集体""五星员工"为主题，以"服务争优、岗位争先、形象争美"为内容的品牌创建活动。比如，新华连锁公司在北京图书大厦、王府井书店、中关村图书大厦、亚运村图书大厦以及近 50 家中小门店中开展了"树'创先争优'典范，铸'贴心服务'品牌"活动，要求各门店至少要培育一个叫得响的服务品牌。其中，王府井书店连续两年将 3 月份设为"服务品质提升月"，开展"争当读者满意之星"活动，让读者填写

选票进行"满意之星"的评选。活动开展以来涌现出一大批成绩显著、事迹感人的先进服务团队和先进个人，进一步提高了服务质量，改善了服务环境，把开展服务品牌创建活动的成果转化为推动经营发展的强大动力和实际行动。

（二）重视服务质量

在服务营销中，服务质量的好坏决定了营销的成败。在如此激烈的图书发行市场竞争中，创新的产品层出不穷，读者在购买方式上也越来越多样化，除了实体书店，还有天猫、京东、卓越和当当等网上商城。例如，读者走进书店原本只是想了解一下养生保健类图书，选好了再去网上购买，但在书架上同种类图书繁多，内容各异，不知选哪本好，这时如果店员通过热情细致的帮助让读者感受到真诚服务，读者很有可能不会在乎网上书店那一点折扣，而选择当场就购买这本书。因为读者在选购时一方面关注图书的具体内容，另一方面关注的就是服务质量。

服务本身是一种礼节，而礼的本质在于真诚的情感。孔子曾经说过"恭而无礼则劳，慎而无礼则葸，勇而无礼则乱，直而无礼则绞"。这说明了我们内在有真诚的本性，但外在也需要礼的教化，两者需要配合。我们要通过提高服务质量，恰当地为读者进行服务。作为企业要想赢得读者，就必须切实考虑到读者的需求和服务质量的要求。一旦读者对服务产生非常高的满意度，将会带动无法估量的图书销量！

（三）加大服务技能培训

在服务营销中，企业竞争优势的取得已经越来越依靠人的能力的发挥。人的能力是有限的，但是人可以超越极限创造奇迹。所有的图书都不会说话，图书能否提高销量，取决于店员对它的理解以及阐述。读者通常是从服务人员的行为和态度中获得对产品的认知程度，以及对企业的印象，所以企业应该重视店员在服务营销中的专业指导，在不断提高职业道德和专业营销策略的同时，提高人员的素质，从而提升企业的形象。

（四）创新服务营销模式

诗人苏曼殊诗曰："试看古来名作者，定随时代遣新词。"诗中体现出与时俱进，同样适用于服务营销工作。服务营销工作只有不断创新服务、更新观念，才能进一步解放和发展文化生产力。如何进行服务创新，下面通过几个典型案例进行说明。

1. 将书店做成文字思想钩织的文化地标。若想领略一个城市的人文景观，书店不失为一个标本。位于北京三里屯南街的老书虫书吧，获得多家媒体"用一家书店赞美一座城"的赞誉，同时也是"Lonely Planet"指南书和媒体口中的"全球最美书店"之一。人文之美，阅读之美，知性之美，甚至美食佳饮之美，均在此浑然一体。这里几乎所有的图书都是外文书，售价多在 100 元以上，比普通的中文类图书售价高出不少，然而书架只占店铺的一小部分，店内大部分地方被桌子占据。这是因为老书虫不以图书销售作为主要的收入来源，每周末的讲座沙龙活动和猜谜、鸡尾酒会、古典乐欣赏等一系列文化活动才是这里最响亮的名片，也是一项主要收入来源。老书虫常邀请世界各地的作家来书店做客，美国国家图书奖得主科勒姆·麦凯恩、以色列作家大卫·格罗斯曼，中国作家莫言、阎连科、张悦然等，都曾通过老书虫举办的"书虫国际图书节"在这里驻足。或许，这就是老书虫的最大魅力所在——超越单纯图书容身之所的范畴，成为文字思想钩织的文化地标，比一个好书店该做的做得更多。

新加坡的 Page One 书店打造的不仅仅是一家为读者提供图书销售服务的书店，更重要的是打造了一个多元化的文化服务场所。读者在这里除了买书，还可以购买相关的礼品，找到跟自己志趣相投的朋友，通过在咖啡店举行的读书沙龙活动进行交流。这种摒弃了纯粹的出售实体书的营销模式与台湾诚品书店的经营方式不谋而合。诚品书店的年营业额中只有 1/3 来自图书销售，其他则是来自于百货、文具和餐饮等。

2. 全方位"走出去"。《易经》告诉我们"穷则变，变则通，通则达"。北京发行集团为积极主动应对当前图书行业整体下行的大趋势，由坐店等待读者转变为主动出去寻找潜在读者，将书香注入人们的工作和生活中，引导并引领文化消费新风尚。书店的店员带着知名专家和学者一起"走出去"，进入学校、社区和公园，在售书的同时进行咨询和讲座，目前共举办这类活动 200 余场。

此外，北京发行集团近几年依托台湖会展贸易中心资源优势，努力拓展全国和海外市场，对外批发业务得到了迅猛发展。客户范围已经由原来的北京及周边地区，覆盖到全国 21 个省、自治区、直辖市和美国、加拿大、日本、德国、英国、法国、韩国等 15 个国家和地区，客户已超过 3000 家，集团业务规模得到了迅速发展壮大，并且迅速扩大了集团在全国乃至海外图书市场的知名度和影响力。

（五）以同理心创新服务内容

西方心理学很喜欢讲同理心，同理心跟同情心的差别就是五个字"假如我是他"，人跟人相处有一点点同理心就不一样了。店员如果能够采取换位思考方式，真诚替读者设想，就会做到尊重读者、体谅读者。换位思考，从读者中来，到读者中去，使之能与读者情感交融，使营销更加艺术化和异彩纷呈。

在为读者服务创新方面，北京发行集团近年来进行了多种尝试：

如，2012 年在台湖会展贸易中心创办了北京台湖国际教育图书展。既为了满足全国各地的国际学校和常驻外籍工作人员子女对外文原版教材的需求，又满足了包括英国培生教育集团、美国圣智学习出版集团等 48 家国际出版商的推广需求；既实现了服务营销的创新，又发挥了助推首都世界城市建设，提升北京文化软实力的重要作用。

再如，为积极寻找适合不同读者特点的新的图书分类法，变理性分类为感性与理性相结合的分类，使上架摆设的图书更富人情味，提高图书的吸引力。2013 年 2 月，北京发行集团所属北京图书大厦为迎接北京各中小学、大专院校开学购书高潮，在图书陈列方面进行了大胆尝试：根据读者浏览习惯分年级、分科目、分版别进行码放，最大限度方便读者选购。同时，为了减少广大家长为孩子选书中存在的因品种多、版本多所产生的各种困惑，北京图书大厦推出了"金牌荐书员"一站式服务，分别在小学区、中学区、高中区、外语区、综合教育区设立了多名"金牌荐书员"，为广大读者提供了优质、周到和专业的购书引导，获得了广大读者的好评。

（六）强化公益活动，引导舆论导向，树立品牌服务形象

每年中国都有大量的图书出版发行，其中有很多很好的图书，但是与庞大的图书数量不相符的是中国人的阅读水平并不高，图书发行企业应该引导更多的人在每个月的工资里面拿出一部分钱来作为阅读支持。多读书，更要读好书。面对浩如烟海的图书、音像制品，及时挑选到适合的出版物已经成为困扰广大读者的难题。一个权威准确的出版物排行榜，就成为老百姓选购图书、阅读图书的重要引导。目前，出版市场上发布的出版物排行榜种类繁多、标准不一，给读者参考选购带来困扰。北京发行集团本着服务广大读者的使命，践行国有出版发行企业的社会职责，发挥全国销售领先的大型书城、遍布首都繁华商业区的销售网络优势和强大的现代信息技术能力，从 2012 年 8 月起，为中外读者和行业同人提供了一个集权威性、准确性、代表性于一体的出版物排行榜，旨在深入贯彻落实中宣部、新闻出版广电总局、北京市委宣传部推介优质出版物、营造健康和谐的读书环境的指示要求，为打造中国特色社会主义文化之都作出应有贡献。

四、结束语

任何一个图书发行企业的繁荣发展，都离不开合理规范的营销策略。以读者为中心的服务理念必须植根于心灵，只有维护好读者，才能立足于市场潮头。

图书发行企业只有建立以服务为导向的服务营销体系，再根据企业的产品特征及其市场需求制定适用于企业的服务营销策略，才能够在激烈的竞争中确立属于自己的市场地位，使企业在服务市场营销大战中成为常胜将军。

（本文作者为北京发行集团有限公司副总经理）

传承交流

现代化视野下传统节日文化建设的育人功能研究

○周　欣

十八大报告把"推进现代化建设"作为我国在新的征程上三大历史任务之一着重加以强调。在建设现代化的进程中，文化的现代化是现代化的题中应有之义，也是现代化的精神动力。因此，传统节日文化作为中国传统文化的重要组成部分，如何在现代化过程中逐步实现现代转型，进而成为现代化建设的动力，是我国现代化建设和文化建设应该研究的一项重要课题。基于此，我们应从我国现代化建设和文化建设的实际和要求出发，首先明确定位传统节日文化建设在现代化建设中的主要功能，以作为衡量传统节日文化建设基本标准。文化的核心功能是以文化人，而现代化的根本在于人的现代化。因此，节日文化建设的现代功能应主要定位于促进人的现代化，即如何通过对传统节日文化的传承扬弃和现代转化，使其成为塑造现代公民的一种重要文化手段，并以此审视传统节日文化建设的得失，进而提出现代化视角下中国传统节日文化建设的对策建议。

一、现代化视野下传统节日文化建设的育人功能定位

通过传统节日文化建设促进人的全面发展，是现代化视角下传统节日文化建设的总功能。从人的价值观念形成过程这一角度，我们将

其具体分解为如下四个功能。

（一）现代观念的培育功能

建构现代社会，培养现代人，需要有先进的思想文化作精神支撑。传统节日作为一种传统文化，其中蕴含的人与自然、人与社会、人与人和谐的价值观念，是中华民族在长期历史发展中所凝结的思想精华，历久弥新。

随着我国社会主义市场经济快速发展，人们的物质生活条件得到极大改善，但是社会转型也带来了思想、道德、文化的多元、多样、多变，一些人群出现了浮躁、空虚、趋利、仇恨等不良心态。传统节日文化建设，能够通过深入挖掘传统节日所蕴含的人们热爱生活、渴望社会进步、期望国家昌盛的观念，去丰富他们的精神世界，培养他们树立正确的思想观念。如传统节日文化所体现的人们对自然的亲近、融入、敬畏、感激，与大自然的和谐相处，可引导人们树立科学的自然观、发展观；传统节日中对故人的缅怀、对生命的敬重、对健康的祈求，可引导人们正确认识和思考生命的过程和意义，豁达、乐观地看待生与死，树立正确的生命观；传统节日中对长者的孝敬、对亲情的重视、对真情的坚守，可培育人们塑造正确的责任观、爱情观、家庭观、社会观。

（二）健康情感的培养功能

现代社会应是一个充满人文关怀的开放的社会形态，每一位成员都应具有高尚的精神境界和健康的心理情感。我国的传统节日文化关注人际关系和人际交往，或合家团圆，或归宁省亲，或一声恭喜，或除夕守岁，节日仪式和习俗活动十分丰富。

随着我国社会的深刻变革，人的流动性和人际间的竞争性增强，人们的生活空间不仅限于家族或家庭生活，人们的交往方式和情感表达方式发生了很大变化。传统节日文化建设中，让人们通过参与那些仪式活动，能够体验到或喜悦、或感激、或伤怀的各种节日情感，增强对人情世故的冷暖感悟，增进与家庭、与社会的情感交流，培养大度、宽容、感恩、开放、关爱的情怀，使其精神生活得到充实，道德境界得到升华。如节日期间对家庭团圆的庆祝，对收获和进步的狂欢，对新生和未来的呵护，在与人的交往交流中，释放内心的情感，舒缓人的现实压力和紧张心理，可以充实人的内心感悟，丰富人的精神体验，提升人的道德情操。如在踏青、观星、赏月、登高望远等亲近自然的活动中，能调节人的情绪，感悟大自然的生命之美；在包饺子、吃月饼等社会习俗活动中，能使人放松心情、感受关怀，发现生活之美。

（三）意志品质的提升功能

现代社会的建构，需要创造极大丰富的物质财富和精神财富，需要推进公平正义制度的实现，需要为每个人争得自由全面发展的权利。现代化的进程是个长期过程，要实现这些目标，需要全体社会成员始终以强大的精神力量，持之以恒地努力和付出。传统节日体现了中华民族朴实、热情、开朗、健康的品质特征，具有强烈的对民族、社会、家庭的责任感，坚强的民族性情和正义的民族气节尽显其中，会对现代人的意志品质形成产生积极作用。

当前社会快速发展，安逸的物质生活条件和复杂多变的状况，使得一些人缺少坚强的意志去应对冲击和危机。面对工作和生活中个人无法应付的困难，传统社会里人们希望借助超自然力量的帮助。而作为现代人，我们要勇敢地砥砺自身的意志，增强为了实现自我价值、自由发展而奋勇前行的精神力量。传统节日文化建设能够通过挖掘这些方面的宝贵财富，提升人的意志品质，为现代人的发展提供精神支撑。如对甜美爱情的忠贞不渝，会促使人们增强对情感的追求和对婚姻的信心；对社会正义的不懈求索，会促使人们直面障碍和困难，执着奋斗；对健康生命的渴望，会促使人们坚持锻炼身体、强健体魄；对美好心灵智慧的祈求，会促使人们坚持学习、追求不止。

（四）道德行为的引导功能

现代社会，如果每位成员都有对伦理性礼节的共同人文精神，都有自我约束品格和遵纪守法的习惯，就能够保证行为选择的正确性和进步性，也就有利于规范个人在公共生活中的行为，有利于保障每位公民的合法权益不受侵犯。传统节日里，人们重视伦理观念，讲究礼仪秩序，包含非常丰富的公共生活伦理准则。

在如今思想道德领域多元多样的复杂局面下，需要有一套共同遵循的道德和行为准则，能规范我们的公共生活，使之文明有序、和谐安康。传统节日文化建设中，通过挖掘节日礼节仪式所蕴含的积极观念和行为，在宣传教育和活动参与中，去引导人们养成正向的思维和行为方式，形成社会进步的正能量。如传统节日反映我国民众张弛有度、应时而作的自然生活节律，可以从宏观上有效调节人与自然、人与社会、人与人之间的关系；传统节日中和谐为美的社会伦理思想，强调人与人的和谐、家庭和谐、邻里和睦到社会和谐的逻辑进程，与现代的社会道德标准具有一致性，对人们的日常行为具有无形的支配和影响作用；有些传统节日突破家族、家庭的私人生活空间，在社会公共场合举行良好有序的公共庆典活动，可强化民众的公共意识、规则意识和社会认同感。

二、现代化视野下我国传统节日文化建设存在的主要问题与原因

从现代化的视角看，近年来的传统节日文化建设在培育现代公民方面还有一些不足。

（一）主要问题

1. 传统节日文化活动现代内涵不足。调查显示，不少地方在开展传统节日文化活动时，往往注重开展集中的、大型的节庆活动，而忽视现代文化内涵的创新和传播，节日文化活动存在着内涵空心化现象，使人们对节日内涵的认知越来越模糊。大家谈到，现在很多人尤其是年轻人对传统节日的历史和由来的认识越来越模糊，对节日习俗及其文化寓意的认识越来越有限，对凝结在节日之中的家庭亲情与民

族性情体悟不深。

2. 活动形式创新不够，群众参与度低。一些中年人感觉传统节日主要是春节"太折腾人"，送礼物、给压岁钱等花销大，有排斥心理。许多青少年认为，传统节日规矩太多，更喜欢时尚、轻松、浪漫、好玩的洋节。因此，人们对节日的情感也越来越淡漠，越来越不感兴趣，干脆不参与节日活动，在家休闲，形成了节日"节日化"现象。问卷调查发现，有 73.1% 的被调查者过传统节日的最主要的方式是"在家里休息、娱乐"。

3. 节日活动存在庸俗化、商业化倾向。人们反映，很多节日都变成了饮食节、送礼节：一说到春节，就是吃饺子；说到端午节，就是吃粽子；说到中秋节，就是吃月饼。春节、端午节、中秋节等传统节日在某种程度上已经演变成一个"托"，大家借此机会请客送礼。不少地方传统节日文化建设总是"文化搭台，经济唱戏"，传统节日成了一些人追求商业利益的工具。

（二）原因分析

1. 对传统节日文化建设缺乏清晰的现代认知和现代功能定位。传统节日是在数千年农耕时代逐步积淀形成的节日。在现代文明条件下进行传统节日文化建设，需要进行去除糟粕、留取精华的辩证扬弃，并注入服务于现代社会、培养现代公民的精神内核。但实际上，不少地方对此认识不足。于是，节日文化的建设与现代化建设相脱离：或者是简单化地"仿古"，或者"文化搭台，经济唱戏"，或者把传统节日简单化为公众休闲娱乐的假期。至于传统节日应如何进行现代转化，如何结合传统节日的文化内涵来开展活动培养现代公民素质，都未得到足够的重视和深入的开掘。

2. 与现代生活方式的融合不紧密。一些传统过节方式与现代生活方式不适应。比如，清明节期间，大量从农村流动到城市生活的人们就不如原来生活在农村祭奠祖先方便。再如，很多独生子女，自我意识强，注重个体情感体验，不重视与家庭、社会、文化共同体的联系，致使与血缘关系有关的传统节日在他们那里很容易被淡忘。近八成的被调查者认为，传统节日一定程度被冷落的原因主要在于"随着人们生活节奏不断加快、生活方式发生变化，人们的思想观念和文化认同都发生了变化，传统节日慢慢被淡化"。

3. 群众主体作用发挥得不到位。传统节日是群众的节日，但目前节庆活动多是在党政部门策划组织下的"强行过节"活动，组织策划中缺少与群众的充分沟通和实际调研，不清楚不同年龄、不同职业群体的过节需求特别是文化需求，再加上传统节日自身仪式复杂、活动单一、内容陈旧、覆盖面有限等，致使节日文化活动或文化产品与群众需求相脱节，一定程度上也降低了群众参与的积极性，群众的主体作用无法有效发挥。

4. 现代传播手段运用得不充分。传统节日的文化内涵和养成的习俗既需要世世代代的教育传承，也离不开积极有效的媒体推广和传播。调查显示，对"60岁以上"群体来说，靠"老一辈说"来传承传统节日文化的占到88.8%，商家宣传只有17.9%，"媒体上了解"为32.1%；在"30岁以下"的年青一代这里，"老一辈说"有所弱化，占比为71.4%，"媒体上了解"为49.5%。这表明媒体在传播传统节日文化方面的作用得到增强，但"老一辈说"这种口耳相传的信息传播仍是传统节日文化传播的主要方式，强大的现代传媒工具在传统节日文化建设中还没有发挥出应有的作用。

5. 文化物品载体的现代开发不深入。说起西方的情人节、圣诞节，有现实世界的鲜花玫瑰产业、圣诞老人等相关礼品、休闲生活产业支撑，而中国的传统节日受制于缺乏符号化的标记和程序化的仪式，没有更加紧密的相关节日纪念品和产业支撑。比如说到春节，尽管人们置办年货，但年货也仍然以平常生活需要为主要内容，缺乏与春节这一节日文化直接相关的特色产业。节日纪念品是承载和传播节日理念的重要载体。没有特色物品载体和产业支撑的节日，其文化内涵容易因时代变迁所引起的消费习惯的变化而逐步弱化消弭。

6. 节日经济功利导向过度。市场经济发展过程中所带来的物质利益关系的变化也冲击着传统节日文化建设。基于对经济和物质利益的片面追求，一些缺乏社会责任意识的商业机构为赚取丰厚的市场利润，利用传统节日，大肆炒作盈利，致使节日文化日渐被市场化、物质化甚至功利化，文化消费变成了消费文化，消费节日代替了体验节日和感受节日。

三、现代化视野下我国传统节日文化建设的对策建议

传统节日文化要适应现代生产方式和生活方式，并与人们的现代生产方式和生活方式接轨，不断满足人民群众不断增长的精神文化需求，为培养现代公民服务，这应该成为现代化视角下加强传统节日文化建设的基本思路。

（一）以现代化视角明确节日文化建设的功能定位，加强顶层设计

加强对具体节日的现代研究和认识，提高对传统节日文化建设工作的规律性认识。特别是应深入研究和认识传统节日的现代特性和现代功能，以及其服务于现代社会、培养现代公民方面的独特价值，从而对传统节日进行清晰科学的现代功能定位，明确传统节日对于培养现代公民的积极作用和开发价值，使节日文化活动在科学继承传统习俗的基础上适应现实生活需求、培育现代公民成长。

（二）对传统节日文化内涵进行现代解读和宣传

从现代化建设和人的现代需求出发，对传统节日内涵进行现代阐释，形成具有时代特点的价值体系。应正确处理传统节日活动与社会主义核心价值体系的关系，通过传统节日活动的精巧设计和开展，在润物细无声中传播社会主义核心价值体系。正确处理传统文化与现代文明的关系，既挖掘和宣传传统、历史的元素，也融合和体现现代、健康的思想和生活方式。深入群众进行专项调研，切实了解不同年龄、不同职业群体的各种过节需求，有针对性地策划宣传活动。可编写通俗易懂、图文并茂的"节日指南""节日参考"等，帮助和指导人们快乐且充实地过节。把中小学生作为重点群体，利用课堂教学和

校园文化活动，对传统节日做符合青少年思想和生活实际的时代解读。

（三）结合运用传统和现代手段传播节日文化

一是运用庙会、晚会、诗会等已经被群众接受和习惯的活动载体，组织一些老百姓自己的节目。二是定期组织举办有关传统节日文化的沙龙、论坛、研讨会、社会文化活动，提升节日文化的社会影响力。三是多运用时代感强的基于现代技术手段的新载体。如利用互联网、手机等平台开展网络春晚、网上过节等活动，制作和播放反映传统节日的动漫片、网络游戏等，组织市民自己拍摄过节的短片等。四是注重传统节日文化外化载体的开发。一方面根据各节日特点，设计、研发有代表性的实物性的文化产品。另一方面注重创作文学艺术作品以呈现节日文化，在形式和表达方式上雅俗共赏。

（四）发挥群众和民间组织的主体作用

充分发挥城镇居民在传统节日文化建设中的主体作用，支持和鼓励群众自编、自演各种文艺节目，开展节日文化活动。坚持突出节日主题、多个层次的思路，坚持市、区（县）、街道（乡镇）和社区（村组）四级联动，形成多方活动的局面。注重覆盖面与群众性的有机结合。支持各种民间文艺协会结合自身优势，积极发挥各自在节日文化活动中的策划、组织、协调和创作作用；引导和支持各类学术机构、科研人员深入民间充分挖掘节日文化习俗、仪式和内涵，加强对传统节日文化遗产的保护与研究工作。

（五）规范行为方式，引导文明过节

限制过度燃放烟花爆竹，严格规定燃放区域和时间，实行专人监督负责制。政府部门可以出台关于燃放烟花爆竹的具体细则，在保障公民权利和民俗的同时，将燃放烟花爆竹的危害降到最低。规范清明时节过度烧香、烧纸行为，引导多用献花、水果等环保和文明的祭祀方式。推出相关的强制性标准和政策规定，控制商家对节日礼品的过

度包装，倡导消费者理性地选购节日礼品，克服对奢华外观和昂贵价格的盲目追求心理。重点在党政干部中提倡节俭过节、文明过节，杜绝奢华之风、送礼之风。

（六）建立健全传统节日文化建设的激励和保障机制

重点开展节日文化建设品牌项目的评选奖励活动，引导和支持区县发掘优势建设特色项目，打造区县传统节日文化精品。要多鼓励和激发群众的创新性，对社会组织开展的好活动和形式给予奖励。建立传统节日文化建设经费保障机制。在文化建设资金投入中，按照一定的比例，为传统节日文化建设提供资金，建立长效资金保障机制。尤其要在资金上帮助支持民间自己组织的节日文化活动，激发民间活力，提高群众节日活动的自主性程度。

（本文作者为北京市思想政治工作研究会常务副会长）

着力提升北京国际电影节品牌影响力

○赵志勇

由国家新闻出版广电总局和北京市人民政府主办，国家新闻出版广电总局电影管理局和北京市广播电影电视局承办的北京国际电影节，是以"共享资源 共赢未来"为活动主旨，定位于国际性、专业性、创新性和高端化、市场化的大型电影主题活动；是中国电影产业走向世界和与国际合作交流交易的重要平台；是北京建设国家文化中心的重点文化活动。北京国际电影节自 2011 年开始举办至今，走过了第一届高端起步、第二届跨越提升、第三届与世界国际电影节全面接轨的发展历程，在打造具有"国际水平、中国特色、北京风格"的世界文化交流品牌方面稳步前进。当然，北京国际电影节作为新兴的电影节，在与国际知名电影节交流、与国内包括港台各电影节的合作中，需要充分发挥自身办节的特有优势，着力打造核心价值，荟萃世界电影精华，大力培育电影市场，全面提升品牌影响力，在加快推进东方影视之都建设、推动首都文化的大发展大繁荣中发挥重要作用。

一、充分利用各种优势资源，营造良好的办节环境

北京作为全国文化中心，既是中国电影的发源地，又聚集着中国最多的电影制作、发行、教育机构和各类专业人员，拥有最广泛的电

影观众、最具活力的电影市场。中国电影产业化改革走过了十年的发展历程，中国现在已成为世界第二大电影市场。在此背景下，北京国际电影节应运而生、因时而立，这就要求北京国际电影节充分发掘北京作为中国电影业发展中心具有的资源丰富、基础雄厚、市场活跃的优势资源，营造良好的办节环境，把目标定位于打造世界一流的文化品牌，推动东方影视之都建设。

一是充分认清北京经济社会的快速发展和巨大的文化消费需求，为电影节的举办提供了丰富的物质基础。根据国际经验，当一个地区人均 GDP 超过 3000 美元时，人们对精神文化产品的消费需求会大幅攀升。以 2012 年为例，北京实现地区生产总值 17 801 亿元，按常住人口计算，全市人均地区生产总值达到 87 091 元，按年平均汇率折合为 13 797 美元。当前，北京城乡居民消费结构已发生很大变化，文化消费已日益成为北京居民的消费热点。另外，北京具有国内其他城市不可比拟的文化消费能力，有众多的高等院校、艺术团体、研究机构等汇聚的文化人，以及外国驻华使馆和外国驻京商社形成的多元文化消费群体，还有每年大量的国际来京友人、国内游客等，这些构成了强大的文化消费潜能。北京国际电影节能够为北京居民提供高质量的中外电影佳作，满足人们对电影文化消费需求，引领文化消费时尚，也必将进一步活跃大众文化生活，提升群众生活品质。

二是充分认清北京文化创意产业强势发展的良好势头，为电影节的举办提供了良好的文化基础。电影是文化建设的重要组成部分，它的发展需要一个整体良好的文化发展环境和氛围，而北京在这方面恰恰已经具备这样的条件。北京不但是全国文化中心，汇聚着全国规模最大、最优秀的文化资源和人才，而且是国际文化交流的窗口，有着得天独厚的区位优势。近年来，北京市文化创意产业作为首都经济新的增长点，展现了良好的发展基础和巨大的发展潜力，已经成为首都经济增长的支柱产业。2012 年，北京市全年文化创意产业实现增加值 2189.2 亿元，比上年增长 10%，占地区生产总值的比重已达到 12.3%。同时，产业结构不断完善，产业布局日趋合理，产品市场、要素市场日益完备，群众文化消费心理逐步成熟，都为电影业的发展提供了条件，也为电影节的举办提供了有力支持。电影节的举办也为北京文化建设提供了新的动力，形成了良性互动。北京国际电影节设有电影论坛、电影市场等汇聚电影专业人士的活动项目，设有电影展映、嘉年华等群众性活动板块，通过集中的高频度活动和高密度媒体宣传，营造出一种浓厚的电影文化氛围，形成强大的电影文化视听冲击力，从而有效地激活文化消费潜在市场，培育人们观影消费习惯，拓展文化市场空间。在第三届北京国际电影节期间，实现了 28 个项目签约，成交金额达到 87.31 亿元，创下了国内电影节展签约交易额之最。随着电影节的不断发展，其拉动文化及相关产业发展的潜力将不断得以释放，首都的文化品位将不断提升。

三是充分认清北京作为全国影视中心的地位和蓬勃发展的电影产业，为电影节的举办提供了有力的行业支撑。北京是中国电影的发祥地，也是全国的影视中心。1905 年，中国第一部电影《定军山》就诞生在北京的丰泰照相馆。经过 100 多年的发展，电影已经融入北京的城市特质，成为城市文化建设的重要组成部分。目前，北京拥有占全国 4/5 的电影制片机构和电影人才，拥有占全国一半的电影产量，拥有占全国票房 1/8 的电影市场，拥有全国最多的城市影院数和银幕数，拥有中国最有潜力和专业素质最高的电影观众。北京电影业不但在全国举足轻重，向海外发展的步伐也不断加快。近年来，越来越多的电影企业争相走出国门，迅猛发展。2011 年至 2012 年，北京有 18 家企业、7 个项目被评为国家文化出口重点企业和重点项目。万达集团以 26 亿美元并购美国 AMC 影院公司，占 100% 股权，拥有 AMC 的 338 个影院，4865 块银幕，已成为全球规模最大的电影院线运营商。小马奔腾联合印度信实集团，以 3020 万美元成功收购了美国数字王国，持有其 70% 股份。换了大股东的数字王国也已正式落户北京，拟在北京创建影视高端特效制作技术基地和文化中心、娱乐中心、主题公园等。多年来，北京市与许多国际电影组织、电影公司和相关机构建立了良好的合作关系，开展了多方面富有成效的交流合作。这些有利条件，为举办北京国际电影节奠定了良好基础，提供了广阔发展空间。

四是充分认清国家和北京市政府为北京国际电影节的举办，提供了强有力的政策支持和实际帮助。发挥北京作为全国文化中心的示范作用，是国家推动文化大发展大繁荣整体战略布局中的一个重大举措。国家新闻出版广电总局、北京市政府始终是北京国际电影节的主办方，文化部、外交部、教育部、海关总署等单位是电影节强有力的支持单位。在电影节举办期间，中国电影集团公司、中国电影合作制片公司、驻京各大新闻媒体，都加入到了电影节的运作，为电影节的成功举办提供了有力支持和指导。北京市提出加大首都文化改革发展力度，加快建设具有世界影响力的文化中心城市，建成"东方影视之都"，并且采取了一系列扶持政策。有了国家和北京市政策上的支持，有了国家有关单位和部门的大力支持，北京国际电影节必将办成在国内发挥示范作用、在国际上具有重要影响力的文化盛会。

二、着力打造核心价值理念，彰显鲜明的办节主旨

国际电影节不仅为优秀的电影作品创造了放映、展览的机会，也为电影人建立了一个结识朋友、扩大交流，寻找合作的场所，是沟通不同民族之间文化、艺术的重要桥梁，同时也是政治外交、经济往来和文化沟通。国际知名电影节通过主竞赛单元评奖和集束式的影像展映活动，不断强化自身独特的美学追求与文化风格，宣扬自己的文化主张和核心价值，以此来体现影响力和号召力。以欧洲三大电影节为例，戛纳电影节源于畜牧业形成的农庄沙龙文化传统，而这种传统决定了戛纳是海滩、阳光、裙子、葡萄酒的组合。它评选出的获奖影片几乎都是艺术电影的杰出代表，十分注重对人性等哲学命题的探索。柏林电影节一向以融合商业和艺术风格的电影为己任。它表现出更广阔的世界性视野，喜欢题材深刻、风格内敛、反映社会现实的作品，偏爱政治题材。威尼斯电影节则喜欢扶植新人，欣赏先锋电影和极端的激进探索，对实验独立电影尤为钟爱，被称为电影大师的摇篮，发掘过黑泽明、北野武、英格玛·伯格曼、塔夫科夫斯基等大师级导演。北京国际电影节学习借鉴知名国际电影节的通行做法和经验，在

第三届首次设立了天坛奖，并提炼概括出"天人合一，美美与共"的核心价值。这是北京国际电影节以高度的文化自觉和文化自信推出的一项品牌活动，要依托这一核心价值，提炼塑造自己的文化品格，不断强化天坛奖的文化标志和精神内涵，充分彰显中华文化的无穷魅力、国际影响力和感召力。

一是深入挖掘天坛奖核心价值的丰富内涵。北京国际电影节组委会在广泛征求各方面意见的基础上，旗帜鲜明地推出了"天人合一，美美与共"的核心价值理念。这一价值理念突出和谐理念，彰显文化自觉；强调和而不同、求同存异，弘扬交流合作的时代主旋律；推陈出新，海纳百川，全球化背景下电影艺术的生存之道，既是中国优秀传统文化的精髓，具有鲜明的民族特色，有着深刻的哲学内涵，又具有兼容整合的时代精神，倡导国家与国家、民族与民族之间电影文化的平等交流和互补生辉，有着重大的现实意义、国际意义。它从历史观、美学观高度提出的独特见解，不但增添了北京国际电影节的文化内涵，体现出中国电影人在推进文化强国战略中的文化主张和时代担当，而且是对中华传统优秀文化的继承创新，是一次中华文化走向世界的远航，必将促进中华优秀文化的国际传播，同时成就北京国际电影节的鲜明特色和文化品牌。

二是大力宣扬天坛奖核心价值的重大意义。作为一种影响面广、受众多的大众文化艺术，电影在对中国文化的国际传播和国家形象的塑造上，有着得天独厚的优势和不可推卸的责任。要通过对天坛奖核心价值的大力宣传，积极引导和促进中国电影事业产业的蓬勃发展。积极配置、充分传播传统优秀文化，弘扬时代精神，赋予其新的生命力。要用"天人合一，美美与共"的核心价值理念引导电影创作，使不同国家、不同民族的观众通过对电影作品的欣赏，产生对中华优秀文化的理解与认同。借鉴文化发达国家的成功经验，大力发展电影事业和产业，提高文化传播力。美国文化产业的就业人数占全国就业人数的20%，其中版权产业对美国经济的贡献甚至超过任何一个制造行业。美国发展文化产业的经验是：国家投入和社会资助相结合，加强产业基本建设；重视文化的艺术性表现，大力培养文化管理人才；积极利用国家政治、经济优势，促进文化商品销售和盈利；充分利用政策杠杆，引导社会各阶层的文化消费；等等。这些有效做法，值得中国电影业界认真借鉴。我们应当自觉追求电影的社会效益与经济效益的统一，当两者发生矛盾时，坚持以社会效益为最高准则。要发挥政策杠杆作用，扶持两个效益统一的和社会效益好但经济效益不好的电影创作，不能扶持那种尽管经济效益好但社会效益不好的作品。

三是积极推进天坛奖核心价值的具体实践。北京国际电影节组委会既注重天坛奖核心价值的深刻发掘，更注重通过多种形式和渠道对其进行宣扬和实践。在其标志符号——奖杯的设计上，将中国传统舞蹈水袖舞与天坛剪影相结合，奖杯高度是"9"的倍数，喻指天坛奖的至高荣誉和崇尚吉祥之含义，并把天坛奖首次发布的开幕式选择在天坛公园，以祈年殿为背景，将中华文化与天坛奖有机融合，完美地向世界作了形象化的阐释。在总体定位上，突出国际性和高端性，树立世界眼光，坚持首善标准，荟萃各国优秀新作；在评奖理念上，彰显人文情怀，坚持和而不同；在组织运行上，凸显天坛奖评奖的专业性、规范性和国际公信力。首次天坛奖评奖着眼国际高端，加大对思想内涵积极、叙事独到精彩、艺术水平精湛、制作水平精良的优秀新作的邀请力度，报名影片题材丰富、类型多样、风格各异，特别是一大批体现国际电影创作先进水平的新片参赛报名，极大提升了天坛奖的层次和品格。选委会遴选产生的 15 部入围影片整体水平较高，既包括著名导演的成熟之作，也包括新锐导演的优秀作品，饱含了电影创作者对历史的深邃思考，对时代的细致捕捉，对社会的丰富描绘，对人性的多样探讨，展示了世界文化的多样魅力，也充分彰显了"天人合一，美美与共"的理念和愿景。评委会评出的 11 个天坛奖奖项，分别在文化内涵、故事叙述、艺术水准、制作水平等方面有突出表现，蕴含着各国电影艺术家的艺术情怀、艺术良知和艺术品格，体现了他们严谨的创作态度、饱满的创作热情和出色的创作才华，代表着世界电影艺术的先进成就，获得了电影界和社会各界的普遍肯定，取得圆满成功。今后，需要总结概括和汲取首次天坛奖评价的有益经验，继续积极探索实践，在选片、展映、评奖、论坛等各个环节、各项活动中将"天人合一，美美与共"的核心价值理念贯穿其中，塑造北京国际电影节的灵魂和形象，提升其影响力和凝聚力。

三、不断荟萃世界电影精品，打造一流的办节品牌

前三届北京国际电影节的举办，我们已经找到并建立了一套符合实际需求、更加科学高效的组织运作模式，这为北京国际电影节的未来发展奠定了良好基础。但要看到，品牌的形成需要有长时期的品质累积效应，就电影节来说，关键是办节质量。为此，要按照国际水平、中国特色、北京风格的办节总目标，着力强化创新意识，不断提高办节水平和服务质量，继续围绕不断提高四个方面的影响力上下功夫：

一是不断提高评奖的影响力。纵观世界各大电影节，评奖环节最受欢迎、最受瞩目、最有看点、最具影响，是整个电影节的灵魂。评奖的水准直接决定电影节的水准，评奖的影响力直接决定电影节的影响力。北京国际电影节要坚持一流标准，打开国际视野，着重增强评奖权威性，邀请最顶尖的评委，评出的奖项要有权威性、公信力、影响力，要真正代表中国最高水准、世界一流水平，经得起历史的检验。强化评奖的特色化，突出天坛奖"天人合一，美美与共"的核心价值，体现中外的融合、古今的融合，彰显中华民族和谐的理念、开放的姿态、包容的胸怀。保持评奖的民族性，评奖要立足北京、紧扣主旨、突出核心价值，既要体现世界性更要体现民族性，既要展示世界电影的成就，更要展示中国电影的成就。注重评奖的引领性，评出的奖项能够立足电影的前沿、引领发展的潮流、体现未来的方向，起到风向标的作用。

二是不断提高电影的影响力。无论是评奖、展映，还是推介、交易，都离不开高水准、高质量的电影。电影的质量如何、影响力如何，事关每一项活动的效果，也事关电影节的成败。要独具慧眼、精益求精，让最优秀的电影脱颖而出，集中展映一批，大力宣传一批，

重点推介一批，为北京国际电影节增添无穷的魅力。比如"北京展映"活动，就要展映中外电影史上最经典的电影，为广大观众奉上光影的盛宴。比如"电影市场"活动，我们就要全力宣传推介优秀电影，让北京电影、中国电影更好地走向世界。

三是不断提高嘉宾的影响力。嘉宾的分量是衡量一个电影节水准的关键因素，没有国际一流的嘉宾，就不会有国际一流的电影节。通过建立一个电影嘉宾的数据库，全面汇总世界范围内的优秀电影人、电影公司、电影节庆活动等各方面的数据，并根据北京国际电影节各项活动的需要，邀请出席活动的嘉宾，比如国际一流的导演、演员、编剧、制片人、影视机构等，让北京国际电影节星光闪耀，成为世界瞩目的焦点，成为全球电影人的盛会。还有，电影论坛要邀请电影业界的重量级嘉宾和专家学者，提升电影论坛的专业性、权威性和影响力。

四是不断提高活动的影响力。在北京国际电影节的主体活动中，评奖是核心，开闭幕式是亮点，电影市场是重点，电影论坛是品质，电影展映和嘉年华活动是聚集人气，每个活动的影响力都关系到电影节的声誉，只有这些活动都办好了，办出了风格，办出了水平，才能不断提升北京国际电影节的整体影响力。

（本文作者为北京市广播电影电视局副巡视员）

发挥中华世纪坛世界艺术中心在北京世界城市构建中的作用

○王建琪

近年来，北京将建设中国特色世界城市作为重要的战略发展目标，这是顺应我国国情国力变化和国际地位提高的客观要求。实现建设中国特色世界城市的目标，需要全面增强在政治、经济、文化、社会方面的国际影响力，其中，文化影响力是北京建设中国特色世界城市的优势所在和突破口。中华世纪坛世界艺术中心在提升北京文化影响力、促进中国文化与世界文化和谐共生、繁荣发展方面正在做出积极的尝试和探索。

一、世界城市的文化影响力

世界城市是指在政治、经济、文化、社会层面直接影响全球事务的城市。英国伦敦、美国纽约、法国巴黎和日本东京传统上被认为是"四大世界级城市"。"世界城市"是"国际城市"的高端形态，是城市国际化水平的高端标志。世界城市不仅是全球战略性资源、战略性产业和战略性通道的控制中心，也是中外文明融合和多元文化的交流中心，是"软、硬"两种实力的高度统一体。

文化影响力是构成一个城市软实力不可或缺的因素，因此文化建设成为构建世界城市的重要环节。美国哲学家亨廷顿在《文明的冲突与社会秩序的重建》一书中指出，未来国际间的竞争不仅仅是政治和经济领域的竞争，更是文化领域的竞争。世界城市在城市形象、文化传承与创新、艺术创作、历史遗迹的保护及展示、社会公民美学等方面都有卓著的成就，例如巴黎、伦敦、纽约、东京在艺术文化领域中都是引领世界潮流的风向标。

世界城市的一个突出的共同特点是文化包容。19 世纪，巴黎在西方文明走向现代性方面发挥了重要作用。这座城市不仅诞生了许多文明世界的本土艺术家，也吸引了国际艺术家云集于此，成为世界文化艺术人才的聚集地。巴黎通过不同渠道收藏了来自世界各地的文化瑰宝，体现了对世界各民族文化的包容与珍视。而到 20 世纪，世界文化中心从法国转移到美国，纽约成为汇集世界多元文化的大熔炉，在不同文化的碰撞交会中，产生了强大的创新活力，从而引领了新的艺术潮流，形成了纽约自身的独特性和优越性。伦敦在进入新世纪后，在文化方面做出了一系列重大举措，在 2003 年颁布的《伦敦：文化资本，市长文化战略草案》中提出文化战略要维护和增强伦敦作为"世界卓越的创意和文化中心"的声誉，成为世界级文化城市。

二、文化艺术在北京世界城市建设中的推动作用

在成功举办了 2008 年北京奥运会和应对国际金融危机取得初步成功并迎来发展新机遇后，北京将发展定位瞄准了建设国际城市的高端形态——世界城市。国务院于 2005 年批准的《北京城市总体规划（2004 年—2020 年）》提出了北京建设中国特色世界城市的要求。规划中明确提出，必须以建设世界城市为努力目标，不断提高北京在世界城市体系中的地位和作用。

发展文化艺术是北京建设中国特色世界城市的独特优势和突破口。北京在文化方面具有这样几个特点：第一，先进性。北京拥有3000 余年的建城史和 850 多年的建都史，历史文化积淀深厚，代表了东方文明的先进文化，其本身就拥有很高的国际声誉度和很强的吸引力。第二，包容性。北京在长期发展过程中形成了"爱国、创新、

包容、厚德"的城市精神，其中"包容"的精神特质使北京拥有多元的文化元素，不仅拥有极具本地特色的京城文化，还呈现了来自全国各地的经典文化元素，拥有接纳世界各族文化的宽广胸怀。第三，创新性。北京将文化创新与科技创新双轮驱动、推进文化与科技融合作为首都科学发展的总体战略，能够极大地促进城市的创新驱动力，从而为打造世界都市增添新的动力。

北京要建设中国特色世界城市，必然要寻求文化影响力，展现自身的文化魅力。未来，北京应以更加自信、开放的姿态展现自身文化特色、实现东西方文明的和谐共生，以更具亲和力、包容性、吸引力的城市形象走向世界中心。北京在文化战略的制定上还处于起步阶段，需在处理好发展自身文化和接纳吸收外来文化的关系上做出更深入的探索和创新。北京需以包容的心态学习吸收世界优秀文化，实现中国传统文化精华与世界文化的融合，实现创造性转化并走向国际化。在城市运营和治理、环境保护、市民生活方面提供 21 世纪的城市生活样式，从整体上提升城市魅力；在营造创新氛围、孕育时尚观念、繁荣文化艺术方面体现 21 世纪的潮流；提升文化创意产业的规模、层次和国际化水平，用文化与创意提升产业附加值，促进经济发展方式的转变和产业结构的升级。

三、中华世纪坛世界艺术中心的整体构想

中国继政治、军事、经济崛起后，已经具备了一定程度的国家实力；在"软实力"建设方面，除了积极发扬与推广固有的文化，从世界文化战略的趋势来看，中国需要从世界的角度、文化的层面来打造一个集国际文化活动集散地、国际艺术推广与交流平台于一体的"世界艺术中心"。中华世纪坛世界艺术中心的建设就是对此进行的实践探索。

（一）中华世纪坛世界艺术中心的缘起

中华世纪坛建成于 2000 年，是为迎接新千年来临而建设的标志

性纪念建筑，同时还肩负着文化方面的重要使命，致力于建成国家对外文化的战略性机构。中国文化是中华民族共有的精神遗产，中国文化以其强大的渗透力贯穿于中华民族的历史脉络之中，凝练成为支撑整个民族发展的精神力量，因此也成为实现中华民族崛起的动力。传承与弘扬中国文化，究其本质是为实现民族复兴贡献力量，而这也正是中华世纪坛的宗旨所在。从更长远或者是更广阔的眼界来看世界，中华民族是整个人类社会的一部分，在中国实现世界艺术的共生与繁荣成为了具有全局意义的议题。中华世纪坛设立了世界艺术馆，在这十多年的发展中始终以开放和包容的胸怀引入和展示各国各地的优秀文化成果，同时也积极投身于对外文化交流活动，这些举措不仅让国人有了更多的机会去了解世界，同时也为促进中国文化走向世界，以及加强不同文化间的交流对话和沟通融合提供了很好的平台。这些努力是基于我们对文化价值的认识和重视，也是我们希望以文化作为纽带来联结世界、实现和谐世界美好愿景的一种方式。

现今，中国的崛起与进步使得中国在世界范围的角色扮演发生了巨大的改变，经济腾飞、科技创新所带来的话语权和全球影响力，使得世界的文化重心逐渐向东方转移。弘扬中国文化，并以此为基础将北京建设成为传统文化与现代文明交相辉映，同时具有高度包容性、多元化和独特东方魅力的世界文化名城理所应当。而中华世纪坛作为首都重要的文化平台，在首都文化大发展大繁荣背景下如何发展也成为我们最应思考的问题。通过对中华世纪坛的总结和分析，同时结合对几大世界城市建设与发展经验的学习和借鉴，积极将中华世纪坛建设成为"世界艺术中心"，使它与北京世界城市的建设目标相呼应便是我们对中华世纪坛进一步发展的构想。

（二）中华世纪坛世界艺术中心的战略构想

中华世纪坛世界艺术中心应站在全球的立场，用国际的眼光来看待、理解、分析和融入人类文明的当下存在与未来发展。文化是艺术的起源与内容，而艺术又是其所属文化的反映和表现。中华世纪坛世界艺术中心将以"艺术"为载体来实现对文化发展的推动。中华世纪坛世界艺术中心以"世界"作为其内涵与外延的定位，必然要求世界艺术中心的建设要有和谐、包容、共荣、共赢的胸襟，同时也要有代表中国看待世界艺术的眼界和观点，因此它应该是传承、延伸、创新与发展的。世界艺术中心应是一个基于国家支持与广泛社会参与建设起来的高端文化艺术公共服务平台，其目的是提供一个可以让世界不同文化乐于参与、彼此尊重、沟通与交流以及借鉴发展的跨国界文化交流的平台，让世界的优秀文化得以推广与普及，实现真正意义上的共享。

中华世纪坛世界艺术中心的建设应是具备其自有体系的，即在中华世纪坛现有文化设施和资源基础上，对其进行规划、整合与发展而形成。中华世纪坛世界艺术中心的发展构想不仅包括基本的文化设施建设，更重要的是运营理念和内容。

中华世纪坛世界艺术中心已建设完成以世界艺术史为重点的世界艺术馆，以现当代艺术为重点的当代艺术馆，以未来艺术发展趋势为重点的数字艺术馆，分别关注于促进国际文明的交流与理解、展示当代文化的发展与趋势、引领未来艺术形态的创新与开拓。其目的是为世界范围内优秀的传统艺术、当代艺术以及与科技创新发展相关联的数字艺术等内容提供展示、交流、推广等服务的平台，同时也是未来中华世纪坛学术研究、艺术活动、公益活动的基地。

世界艺术馆通过引入世界不同文明和文化的展览来促进不同文化间的交流和融通。世界艺术馆不仅要放眼世界，同时也会立足本土，在尊重人类共同文化与文明的基础上致力于对不同文明进行理解，从而教育并引导参观者、参与者对人类文明的整合性思考与研究，提倡一种开放的艺术史观。世界艺术馆应当以探讨、研究世界艺术与人类文明史、文化史之间的关系为主，展示世界文明的成果。

当代艺术馆展示当代文化背景下形成的艺术形式。基于文化战略的大前提以及"世界艺术中心"的框架，我们的当代艺术一方面应该能够被世界认可，另一方面则应该能与传统文化相对接，同时对传统文化的推广和发展起到积极作用。因此，当代艺术馆应该从世界的角度出发，鼓励世界各民族用当代文化的方式来解读自身的传统文化，思考如何把传统文化用新的艺术方式和当代人的欣赏习惯加以解读和传播，在关注艺术外在形式的同时也思考新时代与传统之间的关联，并以此作为研究当代世界艺术与当代人类社会文化现象之间关联的基础。

文化与科技的融合是未来文化艺术发展的新方向。数字艺术就是现代科技与文化艺术的结合，它是通过数字技术为媒介的一种新媒体艺术形式，也可以称其为一种新的文化形式。相对于传统艺术作品来说，数字艺术在表现形式上更加丰富，更便于传播、存储和复制。当下，数字技术已经渗透到人们生活的各个环节之中，悄然改变着人们的生活方式。中华世纪坛数字艺术馆将站在更高的位置来探讨数字技术的开发、运用、推介以及数字技术与文化、艺术及未来发展的关系。数字艺术馆应当引进或是寻求、推广那些基于世界最先进数字技术的艺术化应用成果；研究如何通过数字技术的方式来实现对传统文化形式的替代和补充，以此加强和推动对传统文化的保护和发展；同时思考用艺术的手段让人类未来生活更加美好的可能性。

中华世纪坛世界艺术中心的运营策略不仅要从外部环境加以评估，还需要从内部进行整合。中华世纪坛不是传统意义的"博物馆"，而是一个符合"文化战略"与"世界城市"需求的"世界艺术中心"。基于以上，我们可以系统地通过三个展馆的不同属性，针对需求灵活地进行组合式展演活动，同时针对艺术的展陈、文化的诠释、历史的演绎等进行垂直的学术体系研究、文化信息的采集，横向的学术延展及相关产业的建设、推广，达成多角度的展示与经营、推广与推介。从文化战略的角度，为未来学术体系的建立做准备。从艺术与人文教育的角度提供一种相对开放的视野，从而引导受众进行全方位的、立体的文化思考。从世界艺术中心的角度，我们提供了更多元的机会与交流平台，借由这种全方位的展示，引导并制造了各种不同需求层次的人群会集。

未来中华世纪坛的发展方向，是在前期经营成果和"公益"理念基础上的深化与延展，同时也是对中华世纪坛建坛宗旨的进一步实现；是一个符合全球人类共同愿望、符合全球发展趋势、符合中国自身文化意识和运营特色的"世界艺术中心"。中华世纪坛将以和谐、共荣、共存、共利为前提，通过艺术、文化的力量，在原有经营基础及经营范围基础上，将艺术与行业高端领域结合，谋求一种全新的复合式经营方式。"世界艺术中心"不仅是跨国际的"文化事业与文化产业的创意、集散平台"，更是跨领域的"超级业务中心"。其核心功能是通过艺术的影响力，促使文化、教育、公益、经济的有效性最大化，我们将通过它，向全世界宣告一种联合获利的新理念。

（三）中华世纪坛世界艺术中心的实践探索

中华世纪坛现已具备举办展览展示、文艺表演、影像视觉及学术交流、大型活动等多种文化艺术活动的功能。经过十多年的打造，举办了一系列以世界艺术为主题的展览、展示、推介、交流活动，在国际上已形成了中华世纪坛打造世界艺术中心的概念，并产生了积极的反响。为配合北京建设中国特色世界城市、打造具有世界影响力的文化艺术中心的战略目标，在中华世纪坛已具备硬件设施和软性条件的基础上，全面实施世界艺术中心的建设计划。

世界艺术馆在十余年的经营中举行了"世纪国宝展""伟大的世界文明展""秦汉—罗马文明展""世界艺术大师系列展"等大型国际艺术展览。2013 年，世界艺术中心着手操作"走向现代——英国美术300 年展"巡展、"美国当代写实油画展"巡展、"美国故事——美国历史名人肖像展"巡展、"欧洲中国风"巡展等全国巡展项目。

在当代艺术方面，将以"当代世界、当代中国、当代北京"为主题，面向全球展示和推介中国、北京的当代文化符号、作品、项目、事件、人物、思想、生活方式等。重点举办"中国和西班牙当代艺术文化交流系列"活动、"北京原创首演剧场"及已经入围威尼斯双年展的"心跳中国"当代艺术展等。

在数字艺术方面，重点举办中外合作的"智慧城市"项目。策划 2012 年北京国际设计周专题展"智慧城市——国际信息设计展"，提出"大设计带动大数据服务大城市"的"智慧城市"新理念，通过大数据驱动信息设计，为现代化大城市建设带来大智慧。

现今，中华世纪坛继续积极推动世界艺术馆的建设与国际合作，同时强化了中华世纪坛数字艺术馆和中华世纪坛当代艺术馆，三个展馆对中华世纪坛未来的学术研究、艺术活动、经营内容的丰富性起到了至关重要的作用，是中华世纪坛世界艺术中心不可或缺的重要组成部分。

中华世纪坛世界艺术中心是一个构想，是我们正在身体力行努力实现的目标，同时也是我们责无旁贷的任务。无论是现在还是未来，中华世纪坛的发展都将以其"文化"的内涵作为存在的价值和基础，而"祈祷民族伟大复兴与世界和谐"的建坛宗旨则是这座建筑将始终承载的使命，它也代表着中华民族的外交主张和文化意识：尊重、包容、和谐与共存。

（本文作者为北京广播电视台副台长、北京歌华文化发展集团党委书记、董事长）

德国制造与德国职业精神的
特点与启示

○尹学龙

2012 年 11 月，我与首都文明办赴德国公共文明建设考察团一行 15 人，先后到德国法兰克福、柏林、慕尼黑等城市进行了为期 21 天的培训与考察。在专题考察德国公民文明素养和城市文明程度的同时，对德国制造的特点感受颇深。德国制造是一种世界顶尖级的长盛不衰的品牌，是德国人职业精神和文化品质在产品中的集中体现。它从衣食住行的生活用品，到遍布大街小巷的城市家具，再到汽车、飞机、轮船、医药、商场、影院等所有公共产品，乃至行业建设、法制建设、社会建设和组织管理等，无一不贯穿着德国人精诚、精心、精细、精准的特点，即精诚敬业、精心设计、精细化做事、精准化制造。德国制造是德国人向全世界展示的一种国家文化形象，它不仅是一套赢得了广泛商业信誉的产品质量体系，而且是一套促进国家发展进步的核心价值体系和社会管理体系。德国制造与德国职业精神的品牌效应对于弘扬和培育中国精神具有重要启示。

一、注重细节，以追求产品质量培育科学严谨、讲究信誉的精神

德国制造的特征是精细、精准、精密、耐用，从细节上追求卓

越。美国《新闻周刊》曾发表《众厂之厂》的文章称，德国制造之所以称霸世界，是因为德国人能把普通的金属敲打成震惊世界的科技奇迹。这种从细节上追求精致的特征反映了德国人精诚敬业、精心做事的精神。且不说当年的克虏伯大炮驰骋战场、西门子电子产品享誉世界、奔驰和宝马领先汽车工业，单以德国厨具这一最简单的生活用品为例，其精密、齐全、完备就给人深刻的印象：从高压锅、平底锅、蒸锅、炒菜锅，到菜刀、水果刀、削土豆皮刀、擦萝卜丝刀，再到搅蛋器、核桃夹、玻璃杯刷等各类专用厨具，应有尽有，每一种产品都质量极佳，经久耐用，吸引了世界各地的顾客。再如德国宾馆中的起居用品，卫生洁净，可靠耐用，也是在每一个细节上追求卓越质量。卫生间墙壁上所用瓷砖，光滑洁白如玉，无一点瑕疵，瓷砖与瓷砖之间的缝隙抹的白色水泥均匀细致，无一点溢漏现象。卫生间的马桶安置注重节约空间，储水放水装置往往埋藏在墙壁里，增加了卫生间的洁净，所用水龙头、灯开关、门把等装置精致耐用、安全可靠，基本没有用坏的现象。与国内房间墙上电开关插座安置方法不同，德国的电开关插座皆镶嵌并凹进在墙内，不易触摸触电。卫生间所用毛巾、卫生纸又白又软，质量一流；毛巾、卫生纸所放置的地方也恰到好处，既方便使用又节省空间。即便是洗发水、沐浴露，也是讲究品质，对人非常适宜。门缝、窗缝都很严实，没有一点歪斜的毛病。门的设计也很特别：关门的一侧呈台阶状，关门时过渡一下，而不是把一侧完全关进，这样很不容易漏风。此外，走在法兰克福、慕尼黑、斯图加特的大街上会看到，许多街面上用石头和砖头铺了各种图案的人行道和无障碍行道，每一块砖、每一块石头都像宾馆卫生间贴的瓷砖一样，仔仔细细地铺好摆好，其间每一条缝隙都用水泥均匀抹平，大大小小不同的石头在不同方式的组合下，形成了美丽的图案。街道两边的房屋、车站、商场、剧院等设施也精心设计，错落有致，一般很少有高层建筑，但都用料讲究、经久耐用。

正是由于追求细节的精准、精密，德国制造的产品经久耐用，信誉可靠。科隆大教堂至今已有 400 多年历史，仍旧巍然屹立。德国 20 世纪上半叶在青岛修建的基督教堂的钟表迄今运转正常，2010 年，制造钟表齿轮的德国商家考察之后表示，这些齿轮没有任何问题，可以再用 300 年。由此可见，德国产品质量不仅表现了一种设计水平和制作工艺，更表现了一种精诚敬业、科学严谨、一丝不苟、讲究诚信的职业精神。这些都启示我们，人的敬业精神、职业道德、服务水平可以通过产品质量展现出来，同样，一个国家的精神文明也会通过物质文明表现出来。因而，产品质量和人品质量、物质文明和精神文明既有区别，又有联系。要把产品质量和信誉作为检验人的职业道德水平的重要环节来抓，要通过抓产品的质量来提升人的素质，通过抓物质文明来提高精神文明建设水平。而无论是抓产品质量还是抓人的素质提升，都必须注重细节。细节决定质量，细节决定成败，要关注细节、研究细节，从细节入手，通过细节实现产品零缺陷，提升产品质量和信誉。而精细化的关键是精诚、精心的职业道德精神，只有精诚敬业，精心做事，扎扎实实，心无旁骛，才能做到精细、精准。

德国人的注重细节不仅在产品质量上，而且推广到社会管理和服务的一切领域之中。以垃圾处理为例，德国的垃圾分类体现了精细化管理。考察过程中，德国街头遍布大街小巷的垃圾桶给人以深刻印象，这些垃圾桶大致分为五类：第一类是放在酒店附近的垃圾箱，体积较大，容量为 1—2 吨，主要盛放的是饭店的废纸、废布等。第二类是放在社区的由不同颜色标注的分类垃圾桶，每个垃圾桶体积约 100—120 升，主要盛装生活垃圾。第三类是放在街头的大垃圾箱，主要是为经营规模较小、经营范围相对集中的商户设置的，容量为 1 吨。第四类是设在露天市场的分类垃圾桶，这些垃圾的主要成分是包装纸、面包等食物，垃圾桶容量是 60 升。第五类是盛装玻璃瓶子的垃圾桶，容量在几百升不等。从 20 世纪 70 年代开始，德国就先后制定和实施了《废物避免产生和废物管理法》等法律，对垃圾分类和处理的每一个环节都作了严格的规范。按照法律规定，德国的垃圾收运和处理向居民收费，以经济手段促使居民垃圾分类。同时，政府将垃圾处理的工作交由专业的公司，并付给它们费用。经过精细化管理，德国每年在生产过程中的垃圾再循环利用率达到了 65%，在一些领域，如包装行业，原材料的再循环利用甚至高达 80%。再以交通文明为例，德国人非常喜欢乘坐公共交通工具，其原因也与公共交通的精细化管理和服务水平有关。在一些城市的公共交通网站上，输入出发地和目的地的街道名和门牌号，电脑马上就会列出几种交通方案。只要按照这些提示乘车，就不会有走错路或找不到路的情况，乘车、步行和换乘的时间也计算得非常准确。德国公交车不仅有专属车道，部分公交车还配备了信号传感装置，在十字路口可通过该装置来控制红绿灯，以减少等待时间，确保准时运行。每个公交车站都有一个密密麻麻的时刻表，详细显示各班次汽车的到达时间，让乘客心里有底。公共交通购票也十分方便。交通运输联盟设计了日票、周票和月票等，乘客可以在自己选择的时间内，无限次乘坐各种公共交通工具。从以上可以看出，德国的社会管理和服务如同一台精密的大型仪器，每一个环节都进行了精准的设计和处理。这就启示我们，社会的管理和服务工作，也是一种公共服务产品，必须注重细节。尤其是诸如城市环境改善和交通秩序建设这样的基础工程，更要防止大而化之、笼而统之的工作方式，在工作流程和服务质量上实施精细化管理、精准化服务；要从单纯的凭经验办事的定性管理转变为定性和定量相结合的科学管理，提高社会管理的技术含量，只有这样，才能真正提高社会公共服务产品的质量和信誉，使城市环境秩序建设的目标任务落实到基层的每一个角落。

二、诚实务实，以长盛不衰的德国制造抵御各种风险

当今国力的竞争，究竟是靠制造还是靠创造？德国经验说明，制造和创造不是截然对立的，制造中有创造，创造必须体现于制造之中。制造业要靠文化创意来提升品质，文化创意产业要以制造业为基础，并渗透到制造业之中，为制造业的换代升级贡献智慧。德国人讲究务实，无论干什么事情，都追求实实在在的内容而不是形式的华丽，追求扎扎实实、有条不紊地循序推进而不是单纯追求速度，追求精诚敬业、精诚做事而不是投机取巧，这一切都促进德国制造这一实体经济的发展。近年来，在欧债危机的大背景下，欧洲各国经济普遍

下滑，唯有德国一家风景独好，究其原因，除了德国完善的社会市场经济体制和严格的金融监管以外，实力强大的制造业是其抵御风险的中流砥柱。金融危机前，随着全球产业转移的持续进行和房地产业的快速发展，欧美发达国家普遍出现产业空心化的趋势，工业占 GDP的比重逐年下降，与房地产密切相关的金融业、租赁及其他服务业占GDP 的比重逐年上升，而德国却始终专注于工业制造业的发展，同期德国工业占 GDP 的比重上升了 1 个百分点，金融、房地产和租赁服务业占 GDP 的比重基本保持不变。正是对制造业的重视和执着，使得德国免受泡沫经济破灭后的痛苦。德国的经验说明，在世界仍处于大动荡、大调整的形势下，国家安全、国家的核心利益及对外交往，仍然要依赖实体经济。2008 年由美国次贷危机引发的金融危机迅速波及全球，最终导致世界金融危机，与此同时，新自由主义思潮的泛滥，泡沫经济、虚拟经济的兴起，都严重伤害了实体经济，导致各国人民特别是发展中国家人民蒙受严重损害。① 这一教训说明，当今世界，制造业这一实体经济不仅没有过时，而且需要大力发展。制造业的水平，不仅要看导弹、卫星、电子计算机等高、精、尖产品，而且要看百姓衣食住行等生活用品。不管社会发展到什么地步，百姓衣食住行所需的日用品永远不会过时。这里的关键是，要提升制造业产品的质量而不仅是数量。中国制造业有着光荣的历史，从中国古代的丝绸、瓷器、茶叶到新中国成立后的青藏铁路、大庆油田、两弹一星、载人航天飞机等，无不充满了中国人民的勤劳和智慧。改革开放30 多年来，中国制造业迅速走向世界，目前就产值数量来说，已位居世界第一位。但中国制造业的素质、产品质量和技术水平，同包括德国这样的发达国家的制造业相比，仍有很大差距，为此必须从人的素质抓起，奋起赶追。应学习和借鉴德国人诚实务实的精神，在各行各业中倡导做老实人、说老实话、办老实事的作风，反对炒概念、投机取巧、做表面文章；倡导着眼长远、真抓实干，反对急功近利、盲目追求速度。为发展制造业，应当注重借鉴德国人把科技创新体系与

① 陈锦华：《论制造业》，《人民日报》2012 年 2 月 20 日。

德国制造业融为一体的经验，据了解，德国企业研发经费约占国民生产总值 3%，位居世界前列。欧盟企业研发投资排名中，前 25 位有 11 家德国公司，排名第一的德国大众汽车公司年度研发经费高达 58 亿欧元。即便在欧债危机期间，尽管订单有所减少，但德国企业的研发投入不仅没有递减，反而逐步增加。因而，德国制造的背后始终有文化创意的支撑，德国产品充满德国人的创意智慧。这就启示我们，要提高中国制造业水平和竞争能力，必须把创造和制造结合起来。从制造业角度看，要使中国制造的所有产品不断换代升级，不仅在新能源、新材料、精密仪器、人工智能、生物工程等新领域加快发展制造业，而且注重日常民用生活产品的研发，提高其科技含量和工艺品质，力争推出展示中国形象的世界顶级品牌。从文化创意产业的角度看，文化创意不仅是指文化艺术领域的创意，更包括所有产业领域的创意。文化创意产业的发展，不仅要靠影视、动漫、媒体、艺术团体、博物馆图书馆等意识形态和文化艺术领域产品的繁荣，而且要靠所有制造业领域通过文化创意实现产品品质提升。只有在国家的经济、产业和产品都体现出文化品格的时候，文化创意产业才能实现真正发展，国家经济也才能进入更高的发展阶段。

三、标准规范精细严密，以完备的法规体系和诚信体系确保德国制造质量

德国人的科学严谨同时体现在注重法规、标准和规范建设的精细化、精密化。德国长期以来实行严谨完备的工业标准和质量认证体系，为德国制造业的产品质量提供了有力保障。首先是建立了完善、统一的行业标准，最主要的制定机构为德国标准化学会（DIN），其制定的标准涉及建筑、采矿、冶金、化工、电工、安全技术、环境保护、卫生、消防、运输和家政等几乎所有领域，每年发布上千个行业标准，其中约 90% 被欧洲及世界各国采用。其次是建立了公正、客观的质量认证和监督体系，最主要的认证和监督机构为南德技术监督公司、北德技术监督公司、莱茵技术监督公司。这次为我们培训班授

课的德国莱茵技术监督协会创立于 1872 年，140 多年来，秉承德国严谨文化，莱茵技术监督协会从最初的锅炉监督协会发展为德国官方授权的政府监督机构和享誉全球的国际性认证公司，现已在全球 50 多个国家及地区设立了 300 多个分支机构。该协会是德国工业和经济领域提供专业验证服务的最高机构，负责检验产品及其产供销过程中的质量和安全，它提供所有产品的特性、服务、组织和系统的检验证明。它的验证体系有 SA8000、ISO9000、ISO9004、ISO20000 等一系列国际通用标准，内容不仅涉及企业的生产、销售等环节，而且涉及社会管理和服务。协会负责人为我们详细介绍了各标准体系的框架结构及执行情况，内容可谓包罗万象。据介绍，德国企业较普遍地采取相关国际标准验证体系，不仅保证了产品质量，而且提高了企业的社会信誉。据统计，"德国标准"每年为德国制造业创造价值达 180 亿欧元。

德国属于大陆法系国家，因此德国人重视成文法的作用，讲究法律规范，规范企业和人的行为往往体现在一系列的法典中。关于诚信体系的建设也是这样，体现在一般法典与行业法律规范之中，有商法、民法、信贷法和数据保护法等系列法规明确规定信用行为。其中，《信贷法》对于商业信用进行严格监督，规定德国联邦银行和联邦金融服务监管局负责对银行和金融机构的监督与管理，联邦银行是唯一具有对金融机构行使统计权力的机构，各类金融机构须每月向联邦银行报送包括信贷业务数据在内的各类统计报表。《联邦数据保护法》《信息和电信服务法》及《欧盟数据保护指南》均有对个人数据的严格保护措施，规定德国内政部负责国家秘密保护工作的指导、监督和管理。在德国信用体系中发挥关键作用的还有德国的信用保障机构（SCHUFA），它的数据库里拥有 6620 万自然人以及 150 万法人的信用记录，也就是说全德国 3/4 人口的信用都有据可查。德国人去办银行卡、租房子、买车、买房，银行全都要参考其个人信用分数。一个信用等级很低的人，银行会拒绝给他办理信用卡，想贷款买房买车也会受到限制，甚至在租房子、找工作的时候都可能碰壁。

德国的经验说明，要提升国家制造业的整体水平，必须注重标准化和法制建设。而标准和法制建设也应贯穿精细化原则，这是把注重细节的精神贯穿到产品质量保障体系和诚信体系之中的必然要求。目前尽管我们的各行各业都制定了若干标准和规范，但按照精细化管理的要求，仍然还有差距。要把法规和标准建设作为产品质量体系的基础性工程，进一步向精细化、精准化、精密化发展，使产品生产流程和企业行为的每一个环节都有法规和标准规范。同时，按照标准和法规建设的要求，推进诚信体系建设。要建立全民诚信档案和企业诚信档案，健全诚信监督奖惩机制，确保产品质量的社会信誉。

四、职业教育发达，以大批高水平的技术工人为制造业提供人力资源

德国制造的品质与德国高度发达的职业教育密切相关。德国是一个非常重视职业教育的国家。德国社会普遍认为，人才的定义范围并非局限于前沿行业或学科的领军人物，更包括在普通行业中发挥专长的个人。这种广义的人才观和平等尊重的社会共识，使得德国有大量年轻人愿意接受职业教育，成长为优秀的产业工人。在德国，大学毕业生仅占同龄人的 20%，将近 80% 的年轻人接受的是职业教育，并由此走上工作岗位。德国的职业教育也是一种精细化管理方式，其主要模式是"双元制"职业教育，这是一种将传统的"学徒"培训方式与现代职业教育思想结合的一种企业与学校合作办学的职业教育模式。"双元制"的特点，一是有两个决策机制，由德国联邦政府经济部组织专家每年对所有职业工种、就业市场、工作岗位进行统计分析，由此确定专业培训内容；由各州教育主管部门根据本州情况制订教育计划。二是学生具有学校学生和工厂学徒两种身份，学生须与企业签订具有法律效力的录用合同后，才能具有入学资格。三是有两类培训教师，即学校文化课教师和企业指导教师，后者为企业雇员。四是有两种教学方式，由学校和企业共同实施教学，教材包括理论教材和实训教材两种。五是有两种资格证书，学生经考核合格后，除获得

学校颁发的毕业证书和企业颁发的培训证书外，还获得行业协会颁发的技术资格证书。在德国，企业不仅参与教学过程，而且投入教育经费。据介绍，德国约有70%的青少年在中学毕业后会接受双元制职业教育。在德国，技术工人的社会地位很受人尊重，他们的平均工资远高于英、法、美、日等国，与白领阶层相差无几。正是这些技术娴熟的工人把研发部门研发出来的设计蓝图变成了精美的产品，投放市场，帮助德国企业在经济全球化过程中始终保持强大竞争力。总之，德国通过大规模、系统化的职业教育体系，培养了一支庞大的高水平技术工人队伍，创造了质量型的人口红利优势，为德国制造提供了源源不断的人力资源。这一职业教育模式被誉为德国经济发展的秘密武器。

借鉴德国以上经验，我国应当高度重视职业教育，转变人才观念，在全社会提高对职业教育的认识，加强职业学校体系建设，提升职业教育在教育体系中的规模和效益。要把学校建设、教育计划、课程设置、教学实施、毕业考核、学生就业等各个环节与国家制造业紧密衔接，特别要发动企业和社会的力量，积极参与职业教育，实行人才的"订单式"培养，增强职业教育的针对性。可借鉴德国经验，在普通教育与职业教育、学历教育与继续教育以及全日制教育与非全日制教育之间建立相互沟通、有机衔接的"立交桥"，积极探索在义务教育阶段后学生根据个人志愿和兴趣特长在职业技术教育和普通教育间自主选择的教育体制，建立以职业资格为导向，以国家职业技能等级为设置标准，从中级工、高级工、技师到高级技师的技能人才梯次培训和认证制度，真正在全社会形成做技术工人光荣、做技术工人有出路的良好局面。只有把职业教育当作教育界的基础工程、战略工程抓紧抓好，抓出成效，培养大批既有理想又有文化、既有实践能力又守纪律的高技术工人，才能真正实现振兴中国制造业的目标，进而为实现中华民族伟大复兴的"中国梦"作出贡献。

（本文作者为首都精神文明建设委员会办公室巡视员）

话剧制作人的国际化理念

○崔　宁

关于话剧制作人，在百科全书上尚找不到相应的诠释，但在当今中国话剧活动中，已成为随处可见的现象，并逐渐形成话剧制作规律的主流。如果把制作人的概念不仅局限于是对个人的称谓，而扩大性地去理解为凡是单位、组织或个人在话剧创作、生产、宣传、销售、分配中起主导作用的，均可认作"制作人"，则我们的讨论在现实的文化体制下会更有广泛意义。拿享誉全球的大师级著名艺术活动制作人瑞克·伯奇的话说，制作人就是负责将创意、人员和金钱汇聚到一起的人，这个人（或这个组织）可能会扬名世界，也可能被演艺事业的历史彻底遗忘。

党的十七届六中全会提出中国文化的大发展大繁荣，"十二五"规划中也早已列出鼓励文化发展的多项政策，其中一项就是在国内和国际两个市场发展文化和娱乐产业，目的是通过多个创意领域的经济发展，使中国文化产业在 GDP 总盘子的增长量达到 5%。这一政策着实令人振奋。但摆在文化工作者面前的任务却十分艰巨，即在扩大和完善国内文化市场的同时，必须着力开发国际演艺市场，把中国的民族文化产品打出去。改革开放 30 多年，国内的杂技、歌舞、音乐等艺术品类在国外的演出屡见不鲜，而要完成"十二五"规划的目标，需要在更宽泛的领域作深度开发，尤其是在欧美等发达国家崇拜和热捧的戏剧领域，其中最具文化交流深刻含义的当属话剧。

北京人民艺术剧院在中国话剧走向国际市场方面名列前茅，无论是 1980 年携《茶馆》首次把中国话剧带出国门，还是 2011 年演《雷雨》震惊戏剧大国俄罗斯，直到不久前《天下第一楼》在华盛顿肯尼迪艺术中心创下座无虚席的话剧演出奇迹，屡次证明了中华民族的话剧可以在世界话剧舞台上占有重要一席。但是，不能不承认，在我们的戏剧库存中可与戏剧大国相称的剧目十分有限，尤其是除经典剧目之外，缺少与国际接轨的戏剧观念下的原创剧目，在话剧走向国际市场上，我们显得后继乏力。如何改变这种状况，话剧制作人尤为重要。我们所面临的现实是，在国内话剧演艺技术制作方面的专业人才相对匮乏的同时，对制作人在职业概念、从业经验、专业知识的培养已成当务之急，其中最先急于解决的是制作人员的国际化理念问题。

首先，我们要把目光集中到中国与西方之间的重大文化差异，它会大大影响话剧走向海外或者供国内消费的文化产品类型。所有的这些差异均起因于演艺的目的。毋庸置疑，我们从事话剧制作和演出的专业团体或制作机构，在选择创作一个演艺作品的时候，最先想到的是国内观众的审美需求。中国的历史积淀与发展，决定了生活在这片土地上的人们在欣赏文艺作品时的思维定式，即首先希望通过文艺作品及其反映途径来阐释社会的变革和生命的意义，其次才可提及愉悦身心。由此，文艺作品的制作机构会自然而然地把社会责任当作自身的第一使命，作品类型的指向受制于使命的驱使，多为思想性、艺术性的舞台体现。在这方面是应当肯定、无可厚非的。但是，如果一旦涉及制作国际演艺市场能够接受和喜爱的中国作品时，事情就不那么简单了。欧美国家，尤其是美国人的个人享乐权力与中国人造福社会的责任之间存在着很大的差别，这种差别也体现在两种社会所发展的娱乐风格与类型上。有一种说法，在以英语为母语的人看来，"文化"是一个表现非常自我的词。对于伦敦和纽约的权威艺术家而言，除了歌剧与芭蕾是艺术，其余的艺术形式都被列入娱乐范畴，其中包括了戏剧。"娱乐"并不是一个比"艺术"低廉的词汇，只是表现途径和制作方法不同，当然，对表达的内容会有适当的选择。北京的话剧在丰富和繁荣的过程中出现了一些不尽如人意的现象，主要是少数小剧场话剧的制作者过于迎合愉悦观众心态，导致低俗娱乐剧目的出现。这种现象对话剧本体的危害是难以估量的，它的媚态让很多观众大倒胃口，尤其对一些初识话剧的青年观众伤害更大，使他们很难鼓起再进话剧剧场的勇气。真正的娱乐型话剧是什么？2011 年北京人艺《雷雨》剧组在莫斯科观摩的契诃夫戏剧节的几台国际演出，就让我们的艺术家倍加赞赏。一是要有一个引人入胜的故事，使观众在欣赏中受到启迪；二是导演手段多样，不拘一格，在保持话剧原有本质的前提下，利用多种艺术形式加以补充，增强戏剧的感染程度；三是演员表演大方松弛，来去自如，既各具风格，又不拘泥于任何一种表演程式；四是舞台美术紧贴剧情，把握舞台处理的分寸，简洁到位，设计巧妙，绝不求大求实，非常适于流动演出。这也许就是我们应当学习借鉴的国际交流的话剧样式吧。

其次，我们应当关注的，是不同文化背景下的人存在着相同的审美取向，以便在共同审美取向之下确认话剧的表现内容，即剧本。尽管人类的每一个社会群体，无论是一个村落、一个城市或地区，以至于种族或国家，在数代之后都已发展出其自身的文化，而且对于文化的含义可能持有不同见解。但令人惊奇的是，在这些不可磨灭的差异背后，人类对待娱乐的情感与美感竟是那么的相似！几千年来，各大洲的人们都曾利用图画表达过自己的想法，开始是在洞穴的石壁上刻画，后来又在石块和陶土上雕刻，再发展到在毛皮、织物和纸上绘画，直到近代，人类将图像复制到胶片、磁带上，表现在镜框式的舞台上。人类在进步，但有一点是保持在原点上的，那就是人们想利用图像式的记录，储存史料和思想，并与同时代的他人和后人品味及分享，而艺术的视觉化再现，是分享历史文化的重要方式。正是基于共同的文化发展史，才缔造出人类的审美同感。解读这一审美同感，不是语言，不是事件，是大众情感。所以，当我们思考如何从中国5000 年流传的文学记载中挑选一个故事，把它创作成艺术作品带到世界各地演出的时候，不能单纯地从自己的好恶感受出发，而要把握住这个文化形象是大众喜闻乐见的"情感故事"。之所以不仅仅是故事，而冠之以"情感"定义，是指该故事必须基于大众的情感和元素。举例说明：如果有一部关于医学科技的话剧需要观众具备较高的医学学识才能理解其中的对话，那么制作这样的话剧是没有意义的；但如果是关于医学科技工作者的故事，该医学工作者为了一项造福人类的科研项目需要在爱情和事业之间做出选择，甚或放弃个人的生活，那么观众在不需要理解医学知识的情况下就能理解该主角所背负的情感压力，从而达到观与演之间的共鸣。再举例：一部中国人司空见惯的、细腻有余的情感戏剧，美国观众却不解其意，深感费解，达不到人情上的呼应，这种情感故事的讲述，也只能产生对牛弹琴的结果。而北京天创国际演艺制作交流有限公司创排的《功夫传奇》却是成功的"走出去"的范例。他们把中国武术贯穿到一个凄美的人情故事中去，在形式和内容上占据有利地位，让来北京旅游的外国观众为之动容，不但用一出戏盘活了一个剧场，还带来了不断的国际演出签单，形成国内外有口皆碑的旅游文化产品。

再次，是制作人的团队创作精神。制作人应学会集团军作战，并把这个集团军的创作意识全部提升到国际标准上来，目标一致地进军国际演出市场。任何一部话剧作品，从剧本的确立到演出的实施，且不论是艺术性的项目还是娱乐性的项目，都是一个训练有素的专业化团队的集体创作。对一个制作人而言，最重要的是挑选能够为了一个共同的目标而团结协作的人员，这些人包括编剧、导演、主演、设计、运作人员等。而聚拢他们对制作人来说是相对简单的工作，把他们的创作思维集中到一个统一的理念上，尤其是具有国际理念的思维意识上来，则是一项细致而艰巨的工作，也是制作人达到成功所必须的工作。制作人要用自己的意识笼罩并统领整个团队，他虽然是幕后人物，但他是决策者，在这点上，导演和主演们谁都不可替代。

我们党在促进文化发展繁荣方面的政策正越来越明确和具体，全国各地都在争相建设文化硬件，一批崭新的、可与全世界现代化剧院相媲美的演出场所即将投入使用，现在急需的是文艺院团自身的改革奋起，是艺术作品制作体制的多样和有效，是用优秀的、吸引人的节目充实演出场地，最大可能地满足人民群众日益增长的文化需求。为了达到这一切，我们呼唤出现更多的具有国际化理念的、能够将其作品带到国内和世界舞台上的文艺产品制作人。

（本文作者为北京人民艺术剧院副院长）

中国有线电视运营商
应对三网融合的发展思路

○郭章鹏

　　我们通常所说的三网融合是一种社会化的概念。狭义上来讲，就是有线电视网、互联网、电信网这三大网络的基础设施合一、共享、互相渗透。但从更深层的意义上来说，三网融合的本质是通过高层业务的融合，使其实现信息的互通互联，从而达到服务的一体化。三网融合是通过对三大网络的整合，使原来需要通过三个网络才能做到的语音传输、视频接收、网络及宽带业务，全都融合在一起，只需要一个网络就可以轻松享受到多姿多彩的媒体及信息服务。三网融合不仅是网络之间的融合，更主要是指对业务、产品的融合，包括通信、资讯、娱乐、商务等多个层面，不仅可以满足用户个性化需求，还能满足以家庭、公司、机关为单位的团体客户的深层次需求。

　　三网融合打破了广电和电信两个产业链原本相对稳定的平衡，并对它们各自的传统产业链提出了新需求，这一新需求主要是对语音、数据、视频三类业务的融合，而导致产业链变化的焦点则是视频业务。因视频业务在广电传统产业链中处于重要环节，在电信产业链中的地位也呈不断上升趋势，发展至 IPTV 和 OTT 阶段，几乎已经上升至电信产业链中的次重点地位。本文旨在分析三网融合对有线电视运营商的影响，并结合实例分析中国有线电视运营商应对三网融合的发展思路。

一、三网融合给有线电视运营商带来的机遇与挑战

（一）机遇

我国有线电视网络已成为仅次于电信网络的第二大完整网络，是国家重要的信息产业基础设施之一。三网融合将加快传播技术创新、融合型新业务产业链延伸的速度，电信网、广电网、互联网之间将实现所经营业务的双向进入。有线电视网络亟待加快建设与整合集音频、视频、语音、数据服务于一体的宽带、双向、高速的综合功能信息业务网，加速构建广播电视节目和宽带高速数据传输综合平台。有线网络的盈利模式也将发生变化：一是主要业务收入将从网络使用费逐渐转为向服务内容收费；二是宽带接入和语音业务成为新的盈利点。三网融合推动有线电视运营商从单一有线电视传输商向全业务综合服务提供商转型，从传统媒介向新型媒体转型。

总体而言，中国有线电视运营商比竞争对手电信运营商在付费市场有天然的优势。截至 2012 年年底，中国有线电视产业拥有超过 2 亿家庭用户，付费电视作为一种个性化服务能够获得更高的附加值。中国有线电视运营商可以充分发挥在电视生态系统中的优势，提升 ARPU 值，贯通产业链，拓展新媒体产业。

（二）挑战

随着三网融合进程不断加快，广电、电信、互联网均可逐渐承载同质化的业务，用户的选择权也变得更大。这使得有线电视运营商的视频业务由"唯一"变成了"之一"，原本在用户、内容、广告等方面的优势地位也逐渐受到挑战，内容自给自足、内部循环的局面也将彻底被改变。面对电信运营商拥有的庞大的客户资源、成熟的品牌运营经验，以及 3G、IPTV、网络电视等创新产品，有线电视运营商需要改变传统单一单向的线性业务模式，进行所有媒介生态的复合性生产，否则将难以立于时代潮头。此外，电信、互联网也比较容易开展

网络游戏、电子理财、网络视频等内容业务，可以轻松将电视服务与互联网浏览、电子邮件以及多种在线信息咨询、娱乐、教育、商务功能相结合，在市场竞争中处于主动、优势地位。有线电视网络宽带业务也将受到电信"多业务捆绑"营销模式的巨大冲击，业务增长放缓。

二、中国有线电视运营商应对三网融合的发展思路

由于实力对比悬殊，有线电视运营商必须尽快探索在三网融合背景下适合广电的融合业务，探索适应电信、互联网、传媒、娱乐等多种生态系统的全业务融合运营模式，这样才能在未来的竞争中充分利用广电内容资源的有利条件，将内容产业的核心优势延伸到融合产业链，形成具有广电特色的创新业务模式，真正实现化挑战为机遇。下面，结合美国 Comcast 公司发展，对中国有线电视运营商应对三网融合的发展思路进行探究。

（一）巩固视频主业，推广高清交互数字电视

针对有线电视的传统视频业务，美国 Comcast 公司逐渐确立了融合互联网技术的数字化、高清化和互动化电视的发展方向。Comcast 以内容为王的多元主业，深耕更适于全媒体发展和运营的渠道，其宽带接入和网络语言 IP 服务也是提高用户 ARPU 值的重要手段。据其 2010 年财报，高清电视频道已经成为 Comcast 赚钱的法宝，目前可为全美大多数服务区提供 100 个左右的高清电视频道，向有线数字电视用户传输 40—250 个节目频道。同时，Comcast 年产近 15 万条视频，具备强大的内容生产、集成、传收实力。尽管在 2012 年，Comcast 的付费视频用户出现流失的现象，但其有线数字电视渗透率一直在提高，2012 年第三季度达到 96%；视频业务的收入也一直在增长，2012 年第三季度增长率为 2.7%，达到 50 亿美元。

在优质内容资源稀缺、内容制作产业竞争激烈的电视生存环境中，Comcast 制定了针对传统主业"创新内容生产来实现全美最大的

有线网的立体增值""致力于提高每个用户价值"的竞争策略，提供具有强大内容支撑的个性化电视服务和多终端视频服务；通过外部购买、持有内容方股份和自身制作三种途径集成海量的内容资源，确立了儿童、体育、电影、音乐四大内容结构板块，与频道、电影、电视剧集、节目紧密结合，实现可持续发展。

相较美国，我国的有线电视用户数已达到 2.14 亿户（其中数字电视用户 1.43 亿户），在数量上是美国有线电视用户的 3 倍多，位居世界第一。中国有线电视运营商在付费电视市场独具天然优势，数字付费电视作为增值服务，也是有线电视运营商的主要收入来源。面对三网融合，中国的有线电视运营商应当如何发挥自身的优势呢？

一是提供更多的高清节目内容。用户对付费电视节目品质、数量、画面、声效等方面的要求在不断提高。美国在 2009 年 6 月 12 日关闭了模拟电视，西班牙在 2010 年关闭了模拟电视，日本、加拿大、法国、英国、韩国等国家也先后在 2011 年、2012 年关闭了模拟电视，数字化、高清化成为全球有线电视业发展的大趋势。日本公共媒体日本广播协会综合频道已有 90% 以上的高清节目，教育频道中 50% 以上为高清节目；英国早在 2009 年就已开播几十套高清电视频道；美国数字高清电视一直是推进广播电视数字化转换的重要推动力，四大商业电视网均在黄金时间播出各类高清节目。中国高清电视发展也比较迅猛，2012 年全国已开播 16 个高清频道，首个 3D 电视试验频道已于 2012 年春节正式上线。

二是积极发展各项增值业务。在当今电信、互联网普遍提供视频服务的情况下，高清视频是广电服务区别于电信的重要特征，有线电视运营商应迅速开展以互动电视业务为重点的各项增值业务，并采取捆绑销售策略，满足广大数字电视用户对优质节目内容的需求。通过市场细分，传统广电应为最有购买潜力、回报率最高的那部分细分用户"量体裁衣"，充分利用 HDTV 高清电视，提供优于电脑或笔记本上观赏 IPTV 的用户体验，拓展互动电视业务平台，如视频点播、时移电视、个人网络录像、远程教育、卡拉 OK 等基于交互式的视频应用，突破时间和空间局限。

三是充分发挥点播内容的优势。在视频交互业务上，有线电视运营商有丰富的内容制作与经营经验，有真正意义上适合视频传输的网络，特别是针对高清业务有优于电信的传输速率，在节目制作上更多运用数字技术及 3D 技术，优势明显，所以更应把大力发展基本类视频业务的重点放在点播内容上，做精做强互动点播内容。

四是多角度、立体化满足用户需求。视频内容的数量很重要，但更关键的是，要做到立体化内容分发，多角度满足用户需求，充分挖掘内容的价值和效益。比如，可以同时买断内容资源版权的直播权、拆分销售权，包括在电视、互联网等不同的平台进行收看的权利，对同样的内容进行多层次、多平台、多观看方式的分发，保证能在不同平台、不同时间段满足用户观看、点播等各项需求。Comcast 提供的集成型全媒体终端的接入、广播、点播服务，就能随时为全生活形态的用户带来便捷的媒体接触体验，通过各种传播平台，使消费者能够收听收看所有被准许纳入搜索服务体系的视听内容。

综上，时代浪潮敦促我们从政治、体制、技术、资金、市场等多个方面去提高内容生产能力和视频制作能力，立足于内容丰富度、用户体验度、图像清晰度、价格实惠度等角度，降低客户流失率，在全媒体时代巩固广电的基础视频服务市场地位。以北京歌华有线为例，歌华有线目前已在北京地区推广超过 320 万户高清交互数字电视用户，打造了全国最大的高清交互数字电视平台，该平台共收转 167 套数字电视节目（包括 14 套高清节目）、16 套数字广播节目和 1 套 3D 频道，在线视频节目近 3 万小时（高清节目超过 7000 小时），拥有"歌华 – SiTV""北广高清"两个付费节目包，以及包括"北京数字学校""新闻纵览""综艺荟萃""数字文化社区""街道资讯""电视银行"等在内的 30 余项应用栏目，极大地丰富了北京地区用户的精神文化生活，使用户率先享受到了从"看电视"到"用电视"的新体验。

（二）拓展三网融合业务，实现向全业务综合服务提供商转型

目前，全球有线电视行业都在朝着"语音 + 数据 + 视频"综合

业务的方向发展。英国有线电视业务运营商维珍传媒（Virgin Media）提供包括数字电视服务、宽带网接入服务、固话和移动电话服务在内的三重打包一揽子服务；法国唯一的有线电视运营商 Numericable 兼营宽带互联网接入服务和电话服务。作为美国"三网融合"的全业务明星，自 1996 年美国获准广播电视和电信业相互准入的原则后，Comcast 公司发展多种业务，成为全国性的有线电视、宽带网络、IP 电话语音全业务运营和内容提供商。Comcast 还积极推进 DOCSIS（同轴电缆数字传输标准）技术标准从 1.0 向 3.0 的跃升，极大地提升了网速。在高速互联网的支持下，Comcast 积极拓展多样化应用服务领域，如积极推广网络视频点播业务、在线游戏频道等，创新语音与视频服务融合的新兴增长点。2011 年，Comcast 重磅构建了下一代视频平台——X3（IP 机顶盒），这是基于纯 IP 网络、支持 HD 高清播放的客户端设备，它能够运行 Comcast 最新的云平台 EPG 系统，能够处理各种 DVR 等新的增值业务。2012 年第三季度，Comcast 的宽带用户增加了 28.7 万，收益增长率为 8.8%，达 24 亿美元；语音用户增加了 12.3 万，收益增长率为 1.5%；商企服务的收益增长率达 33.6%；宽带业务及商企服务的收益率远高于总收益 7% 的增长率。

三网融合的提出，打破了行业壁垒，拓宽了行业经营范围。社会信息化、经济信息化、家庭信息化、人民群众对精神文化产品的需求，都为广电、电信和互联网企业提供了前所未有的发展空间和战略机遇，当然同质化竞争也在所难免。2012 年，工信部已向 12 个试点城市的广电企业发放了互联网接入服务和互联网数据传送增值业务许可，湖南有线、歌华有线、天威视讯等有线运营商也发布了公告，表明了广电一方独立经营数据业务的趋势。中国有线电视运营商可以借鉴国外比较成熟、先进的发展经验，结合中国社会科技、文化、行业现状，在巩固传统视频业务的基础上，加快三网融合全业务发展。主要可以从以下几方面考虑：

一是积极推进网络基础设施建设。数字化、双向化是有线电视网开展各类综合业务的前提和基础，是有线电视网络升级的主要任务和中心工作。有线电视运营商要想在三网融合中求得生存和发展，首先就得加强网络基础设施建设和技术系统建设，加快双向网络改造的建设力度和运营平台建设的步伐，全面提高业务承载和运营支撑能力。自 1993 年开始实现全国省级联网以来，中国有线电视网络目前已形成 3.9 万余公里国家级广电光缆干线网、11 万余公里省级干线网为主，总规模超过 400 万公里的中国有线广播电视网，连接 1600 多个县、市，接入 1.75 亿家庭，是全球最大的有线电视网络。截至 2012 年年底，全国双向网络覆盖用户近 8000 万户，实际开通双向业务的用户达到 1900 万户。此外，国务院于 2012 年 10 月正式批准组建中国广播电视网络有限公司，其主要任务是建立全国有线电视的互联互通平台，带动各地网络技术提升，调动全系统的内容资源，全面提高网络的大规模内容汇集能力，开发各种跨域型新兴业务，通过技术和业务的互联互通，使广电网络迅速壮大，真正担负起三网融合的使命。

二是全面加强对外合作。融合发展是三网融合时代的主旋律，三网融合是竞争，更是合作，要寻求差异化竞争，实现合作共赢。有线电视运营商应以更加开放、包容的心态加强对外合作，争取实现优势互补、资源共享、风险共担、利益均沾，通过合作开发新的增值业务，创造新的利润增长点，贯通产业链，提升整体竞争力。在视频业务、信息业务和移动多媒体发展方面，与电信运营商深度合作；在技术方面，与各大技术厂商加强合作；在内容方面，与各大内容提供商共同打造内容平台，切实把渠道优势和内容优势结合起来。

三是打造"语音＋视频＋数据＋无线"的全业务模式。从 Comcast 以新媒体打造传统业务的经验可以看出，面对有线电视网络运营商提升 ARPU 值以及创造新用户、留住老用户的压力，应将发展策略锁定于"语音＋视频＋数据＋无线"的全业务模式，基于机顶盒实现多维度立体互动，提供全业务捆绑服务方案，争取新用户并拓展市场。目前，国内有线电视运营商把更多目光放在了机顶盒推广上，这样比较容易忽略用户潜在的全业务服务诉求，不能深挖市场潜力，不能通过创新业态、创新服务、创新运营模式的途径去渗透潜在用户并赢得消费者的青睐。同时，有线电视运营商应迎合三网融合未来技术发展方向，以创新技术构建宽带 IP 数据平台、交互业务平台和互联网业务平台，培育多业务捆绑品牌，并在海量内容存储的强力支持下，开发内容产业，多渠道分发，拓展内容增值服务。Comcast 的三网融合业务就是以用户需求为核心，注重业务创新、技术创新和运营模式创新，为用户提供"套餐捆绑销售""阶梯优惠"的营销策略，使用户可在不同价格区间对视频、宽带、话音等业务进行选择，同时通过对有线电视频道和视频点播套餐等进行优化组合，使用户选择最能满足自己需求的产品和服务。

四是做好用户服务工作。"服务为王"既是一句流行语，也是用户选择接入商的一个重要依据。目前三大电信运营商都有自己完善的服务体系、数量庞大的服务人员、成熟完备的服务管理制度，与其相比，广电网络的服务能力、服务水平都有很大差距。广电没有全国统一的运营主体，没有全国统一的客服号，更不用说全国统一的计费体系了，因此，要想达到电信现有的服务水平，广电网络仍有很长的路要走。有线电视运营商应不断改革和完善服务体系，加强软硬件建设，健全维护体系及流程，切实提高服务响应能力和服务水平，用服务来赢得用户、赢得市场。同时应看到，由于广电系统具备优良的公信力，提供的视频服务物美价廉，用户对广电网络服务品牌也具有天然的亲和力，这也是有线电视运营商的优势所在。

总之，三网融合已经进入推广普及阶段，有线电视运营商应当把握发展机遇，找准发展的着力点。只有坚定不移地推进有线电视网络的双向化升级改造，做好有线电视数字化工作，围绕政府、家庭、用户提供更多的新服务、新业态，向全业务综合服务提供商和新型媒体转型，才能在三网融合中站稳脚跟，大放异彩。

（本文作者为北京广播电视台副台长、北京歌华有线电视网络股份有限公司党委书记、董事长）

　　在党的十八届三中全会即将召开之际，北京市委宣传部编辑出版了《文化创新思考——2012 年北京市宣传系统领导干部研究文集》。市委常委、宣传部长李伟同志高度重视，对本书的编辑出版工作专门作出批示，提出了指导性意见。市委宣传部常务副部长王海平同志主持研究全书框架和基本内容，确定编写风格，并对书稿进行了审阅和修改。

　　在本书编辑过程中，宣传系统各单位领导干部积极配合，提供了许多优秀的研究文章和调研报告。各单位组宣处长、党办主任、机关党委专职副书记做了许多协调联络工作。何卓新、陶一凡、张文启、陶信成、颜世贵、孙玉山等宣传系统离退休老领导也积极为本书的编辑出版出谋划策。北京出版集团党委书记、董事长钟制宪，副总经理、副总编辑李清霞，项目组钱颖等同志为本书的编辑出版付出了大量心血。在此，我们对所有提供稿件的领导表示感谢，对为本书的编辑出版作出贡献的单位和同志致以谢意。

　　参加本书编辑工作的有：市委宣传部有关处室张爱军、计功成、朱娜、徐林、何继禄、陈文杰、傅娜、杜侃、来源等同志。

　　囿于篇幅，许多领导干部的优秀文章未能收录。同时，本书可能还有一些疏漏和不到之处，敬请大家谅解并提出宝贵意见。

编　者

2013 年 10 月